CATALOGUE
DE
LA BIBLIOTHÈQUE
DE LA VILLE DE ROANNE

DRESSÉ

Par J. AUGAGNEUR, Bibliothécaire

ET PUBLIÉ

PAR L'ADMINISTRATION MUNICIPALE

PRÉCÉDÉ D'UNE NOTICE

PAR

ARTHAUD DE VIRY (Jⁿ-B^{te}-Arthur)

Docteur en médecine, Médecin en chef de l'Hôpital, Chevalier
de la Légion-d'Honneur, Directeur de la Bibliothèque

ROANNE
IMPRIMERIE SAUZON, RUE IMPÉRIALE, 70
1856

CATALOGUE
DE LA BIBLIOTHÈQUE
DE LA VILLE DE ROANNE

CATALOGUE
DE
LA BIBLIOTHÈQUE
DE LA VILLE DE ROANNE

DRESSÉ

Par J. AUGAGNEUR, Bibliothécaire

ET PUBLIÉ

PAR L'ADMINISTRATION MUNICIPALE

PRÉCÉDÉ D'UNE NOTICE

PAR

ARTHAUD DE VIRY (Jn-Bte-Arthur)

Docteur en médecine, Médecin en chef de l'Hôpital, Chevalier
de la Légion-d'Honneur, Directeur de la Bibliothèque

ROANNE
IMPRIMERIE SAUZON, RUE IMPÉRIALE, 70
1856

NOTICE

SUR

LA BIBLIOTHÈQUE DE LA VILLE DE ROANNE

> Otium sine litteris, mors est, et vivi hominis sepultura. — SENEC. Epist. 86.

L'impression du Catalogue de la Bibliothèque a été votée par une délibération du Conseil municipal. En ma qualité de Conservateur de la Bibliothèque, mes collègues ont bien voulu me charger de présider à un travail que j'ai naturellement confié à M. Augagneur, bibliothécaire, qui a déjà rendu à l'établissement de nombreux services.

Un catalogue imprimé était une œuvre depuis longtemps jugée nécessaire; il convenait de montrer au Gouvernement notre pénurie, à nos concitoyens les petites ressources dont ils peuvent disposer, et de donner à tous l'assurance qu'il ne peut rester aucun soupçon de dilapidation dans un établissement que la loi a placé sous la double surveillance de l'Etat et des municipalités.

J'ai parcouru avec attention les registres et les archives qui pouvaient me fournir les éléments de cette très courte notice, et j'y ai vu d'abord qu'un inventaire manuscrit a dû être fait à diverses reprises, d'après les ordres du Gouvernement, mais que, dans la plupart des cas, ce travail s'était borné à une indication générale du nombre des ouvrages ou des volumes, et que ce nombre avait été accru ou restreint, suivant que l'intérêt du moment portait à cet accroissement ou à cette diminution.

L'origine de la Bibliothèque remonte à l'époque de la fondation du beau collége de Roanne. En 1648, le fondateur Jacques Coton, seigneur de Chenevoux, gouverneur de Néronde, fit don aux Jésuites de deux cents volumes qui en formèrent le premier fonds et dont un certain nombre existe encore aujourd'hui, portant les armes de la famille des Coton, lesquelles sont d'azur à la croix d'argent, cantonnée de quatre étoiles d'or. Après l'expulsion des Jésuites, la collection qui n'avait pas encore une grande importance tomba dans les mains des Joséphistes, sous la direction desquels elle s'accroissait quelque peu, par les subventions de la Commission administrative préposée au collége, lorsqu'un décret révolutionnaire fit verser au chef-lieu du district les livres appartenant aux diverses communautés religieuses.

Ces dépouilles restèrent longtemps entassées dans les magasins du district, lorsque le 21 prairial an II, on songea à leur placement, sous la présidence d'un commissaire nommé par le Conseil général de la Commune. Au 12 ventôse an III, lors du décret portant suppression des colléges, le Conseil de la Commune, dans la demande qu'il faisait d'une école centrale, entre autres avantages que pouvait offrir la ville de Roanne, fit valoir celui de posséder une bibliothèque de plus de vingt-cinq mille volumes.

Cependant, au 20 frimaire an V, le jury d'instruction de l'École centrale, ne tenant sans doute aucun compte du chiffre exagéré qui avait été fourni, et voulant établir la responsabilité du bibliothécaire, invita l'Administration municipale à faire l'inventaire des livres destinés à la nouvelle école. L'inventaire fut fait en présence de M. Lapierre, bibliothécaire depuis la révolution, cédant alors sa place à l'ex-abbé Vignon, ancien commissaire du ~~pouvoir~~ exécutif.

+ Directoire.

Néanmoins, nous voyons qu'au 18 frimaire an VI, il restait encore, dans les magasins du district, une foule d'ouvrages qu'il était ordonné de vendre, et pour la vente desquels on obtint un sursis, puis enfin l'ordre de les placer dans la bibliothèque de l'Ecole centrale.

Le 29 pluviôse an XI, l'Ecole secondaire avait remplacé l'Ecole centrale ; la direction de la Bibliothèque fut confiée à M. l'abbé Boissard, supérieur de la nouvelle école. L'établissement était sous sa responsabilité ; il devait l'administrer par lui-même ou par l'intermédiaire de l'un de ses professeurs. Nouveau catalogue est alors dressé. En 1808, M. Laroche ayant succédé à M. Boissard et ayant été lui-même remplacé, en 1809, par l'abbé Alary, la Bibliothèque était encore à la discrétion de tous les professeurs, lorsque en 1813, M. Lapierre redevenu bibliothécaire, fatigué d'un titre purement nominal, entreprit de mettre quelque ordre au sein de ce chaos, et obtint du Sous-Préfet une nomination plus régulière. Un catalogue fut réellement dressé et envoyé au Ministre, avec un rapport sur la situation. D'après ce rapport, il restait seulement de 50 à 100 volumes à dépouiller, ce qui n'empêchait pas qu'en 1814, lorsque j'étais au collége, mes camarades et moi n'ayons vu les greniers encombrés d'un nombre infini de volumes non classés disparus rapidement sous l'action destructrice des élèves, attirés par l'appât des couvertures de parchemin. Ces ouvrages, qui étaient probablement alors considérés comme des inutilités, se représentent à nous comme des singularités littéraires plus appréciées aujourd'hui qu'une infinité d'ouvrages dont la reliure a fait le mérite et a été la sauvegarde.

En 1835, après la mort de M. Lapierre, l'établissement fut confié à M. Gourrier, professeur de rhétorique, puis, en 1844, à M. Thoral, qui le trouva dans un tel état de délabrement, qu'il céda bientôt sa place à M. Fleury Mulsant, auquel il prêta cependant son concours pour y mettre quelque ordre, avec la coopération de MM. de Sevelinges, Brissac et Jules Coquard. Le travail allait être terminé, lorsque le Principal du collége, réclamant le local pour en faire des dortoirs supplémentaires, favorisa un changement qui est tout à la fois dans l'intérêt de la bonne discipline du collége et dans celui d'une bonne administration. Après la mort de M. Mulsant, le travail de classement a été repris par M. Augagneur, bibliothécaire actuel, auquel l'établissement doit une infinité d'améliorations matérielles importantes.

La Bibliothèque est actuellement composée de 3,300 ouvrages imprimés, formant 6,975 volumes, non compris les doubles, et de 75 manuscrits, formant 87 volumes. Elle est placée à l'Hôtel-de-Ville, dans deux appartements contigus, spacieux et bien éclairés, où les amateurs peuvent faire leurs recherches deux fois par semaine.

Dans la confection du présent Catalogue, l'auteur se plaît à reconnaître l'utilité qu'il a retirée des cartes et notes dressées par mon excellent ami M. de Sevelinges, bibliographe fort érudit, et auteur connu par des recherches consciencieuses pleines d'intérêt pour notre arrondissement.

L'ordre général suivi par l'auteur est celui de Brunet, également indiqué par les instructions ministérielles ; la question des subdivisions, peu importante lorsque les objets à classer sont peu nombreux, a été traitée à l'instar

Cette tâche sera dorénavant facile, au moyen des recollements faits à la sortie de chaque bibliothécaire, à l'aide d'un catalogue aujourd'hui officiel et qui n'a plus l'inconvénient d'un manuscrit, propriété en quelque sorte exclusive du bibliothécaire, et susceptible de recevoir des retranchements, s'il était confié à des mains moins sûres que celles qui en disposent en ce moment.

Si la ville pouvait faire annuellement un petit sacrifice pour l'achat de quelques livres choisis et bien appropriés, elle préparerait à notre établissement un avenir brillant. Mais quoi qu'il en soit, la dépense qu'elle fait aujourd'hui n'en portera pas moins ses fruits; et, si nous ne sommes dans l'erreur, déjà le commencement d'exécution nous a valu diverses offrandes dont nous avons religieusement indiqué les auteurs. Mais comme un simple accusé de réception serait insuffisant, et qu'il faut aux hommes qui nous entourent de leur bienveillance un remercîment spécial comme l'intérêt qu'ils nous portent, j'accomplis ici un devoir qui m'est infiniment agréable, en citant le nom de M. Alain Maret, un de nos voisins, de Perreux, littérateur aussi distingué que modeste, historien consciencieux qui a bien voulu nous confier les manuscrits de ses recherches inédites sur le Forez, Lyonnais et Beaujolais. A ce don, M. Alain Maret a joint celui de plusieurs ouvrages de sa bibliothèque, et sa visite gracieuse nous a valu les moyens de quelques améliorations dont il a saisi la nécessité.

Notre établissement est donc aujourd'hui placé sous le patronage de nos concitoyens; l'honorable M. Clerjon, maire de la ville et amateur des beaux-arts, a signalé son avènement à l'administration par l'offrande d'un ouvrage important, suivant en cela l'exemple donné par M. Audra-

Fauvel, son prédécesseur. Enfin, dans ces derniers jours, M. Gubian ayant légué par ses dernières volontés au docteur Imbert et à moi la partie littéraire et médicale de sa bibliothèque, et à la ville ce que nous ne prendrions pas, nous avons l'intention d'être discrets sans impolitesse, et de réserver à la Bibliothèque une part que nous désirons être bonne, mais que nous ne connaissons pas, la mort ayant frappé notre honorable confrère au moment où nous commencions ces lignes.

Malgré cela, notre collection se sentira longtemps encore de son origine et de l'emprunt forcé qu'elle fit aux ordres monastiques. Plus d'un quart y est consacré à la théologie : la section des sciences et arts y est nulle, surtout en ce qui concerne la physique, la chimie, l'histoire naturelle, les mathématiques, les arts et les métiers. On y trouve peu de choses dans la catégorie des belles-lettres et dans celle de l'histoire. En deux mots, il est facile de voir qu'elle renferme peu de publications capables de donner satisfaction aux besoins du pays et d'y répandre le goût de l'étude ; aussi voyons-nous que les personnes qui s'y livrent sont obligées d'aller chercher au loin les matériaux d'un travail rendu ainsi tout à la fois difficile et dispendieux.

Nous avons l'espoir que les hommes jaloux de préparer à leurs enfants la possibilité d'une instruction supérieure à la nôtre, parcourront ce travail et y trouveront les lacunes qu'il leur serait si facile de combler. Combien d'ouvrages devenus inutiles aux mains qui les possèdent, combien de collections destinées aux maigres profits de l'ignoble encan ou devant tomber dans la dévorante boutique de l'épicier, trouveraient une destination honorable et capable de transmettre à l'avenir le souvenir d'une famille ou

de ce qui se fait pour les bibliothèques très considérables. Le but était de montrer les lacunes par la presque nullité de certains articles. Nous avons jugé à propos de faire des ouvrages doubles ou triples une liste séparée, qu'il sera facile de porter économiquement à la connaissance du public, afin de faciliter les ventes ou échanges que la commune pourrait réaliser après l'autorisation du Gouvernement, et en suivant les formes voulues par la loi qui régit cette matière.

La Bibliothèque ne renfermant pas de grandes raretés typographiques, d'éditions remarquables des XVe et XVIe siècles, d'éditions sur vélin, d'ouvrages à figures ou autres livres de grand prix, nous n'aurions pu en faire une catégorie spéciale. Cependant, on verra que nous possédons quelques incunables, un ouvrage imprimé sur vélin, orné de belles vignettes coloriées. Il est porté au n° 210, et se trouve malheureusement dans un mauvais état de conservation.

Le présent Catalogue a été tiré à 200 exemplaires, dont un petit nombre in-4° affecté aux usages de la Bibliothèque, et à la marge desquels sera indiqué le n° d'ordre afin de favoriser les recollements. Une partie des exemplaires in-8° pourra être vendue aux amateurs, après l'autorisation du Conseil (1).

Dans ma pensée, l'avenir de la Bibliothèque repose tout entier sur le soin que l'Administration prendra de ne jamais laisser planer aucun soupçon d'une gestion infidèle.

---

(1) En attendant les suppléments qui pourraient devenir nécessaires, les exemplaires affectés à l'usage des lecteurs et à celui du bibliothécaire, seront suivis de feuilles cotées et paraphées, sur lesquelles devront s'inscrire au fur et à mesure toutes les nouvelles acquisitions ou donations.

le nom d'un homme d'étude que les circonstances qui se résument dans ce mot *la fortune*, empêcheront d'arriver à la postérité !

A l'espoir que nous signalons nous ajoutons celui, non moins fondé, que le Gouvernement tiendra compte du sacrifice aujourd'hui fait par la ville, et qu'il se débarrassera, à notre grande satisfaction et à notre profit, d'un bon nombre de livres qui encombrent ses ministères et qui y restent ensevelis, faute de connaître les besoins et de pouvoir faire une application judicieuse.

De Viry.

Roanne, 28 avril 1856.

CATALOGUE
DE
LA BIBLIOTHÈQUE
DE LA VILLE DE ROANNE

Première Partie
THÉOLOGIE

CHAPITRE PREMIER
ÉCRITURE SAINTE

SECTION PREMIÈRE. — **Textes et Versions.**

§ 1. — TEXTE HÉBREU.

1. Biblia hebraica (le texte hébreu seul), 1 vol. in-4.
2. Biblia hebraica, cum interpretatione latinâ Sebastiani Munsteri et annotationibus ex Rabinorum commentariis. *Basileæ, ex officinâ Bebelianâ*, 1534, 2 vol. in-fol.
3. Biblia hebraica et græca. *Genevæ, apud Petrum de la Rovière*, 1620, 1 vol. in-4.
4. Biblia hebraica et græca cum interpretatione latinâ interlineari Xantis Pagnini et Benedicti Ariæ Montani,

Antuerpiæ, excudebat Christophorus Plantinus, 1571.
1 vol. in-fol.

5 Quinque libri legis hebraicè ; *Parisiis, ex officinâ Roberti Stephani*, 1543, 1 vol. in-4.

6 Canticum canticorum , Ruth , Lamentationes Jeremiæ, Ecclesiastes et Esther hebraicè. *Parisiis, ex officinâ Roberti Stephani, typographi regii*, 1540, 1 vol. in-4.

7 Psalterium hebræum, græcum, arabicum et chaldæum, cum tribus latinis interpretationibus et glossis. *Impressit miro ingenio Petrus Paulus Porrus Genuæ*, 1516, 1 vol. in-4.

8 Psalmi Davidis hebraici cum interlineari versione Xantis Pagnini et Ariæ Montani. *Raphelengii, ex officinâ Plantinianâ*, 1608, 1 vol. in-8.

§ 2. — TEXTE GREC.

9 Biblia græca. *Francofurti, ap. hæredes Wecheli*, 1597, 1 vol. in-fol.

10 Biblia græca. *Argentorati, ap. Vuolfium Cephalæum*, 1526, 4 vol. in-8.

11 Biblia græca et latina : 1ª pars continens : Mosis quinque libros, Josuam, Judices et Ruth. *Basileæ, ap. Nic. Brylingerum*, 1550, 1 vol. in-8.

12 Novum Testamentum græcum, 1638, 2 vol. in-4.
<small>Sans nom de lieu , mais avec la marque des Aldes. Belle édition à deux colonnes, contenant deux textes ou versions différentes.</small>

13 Novum Testamentum græcum cum notis Casauboni et Henrici Stephani. *Olivâ Pauli Stephani*, 1617, 1 vol. in-32.

14 Novum Testamentum græcè et latinè, Theodoro Beza interprete. *Excudebat Henricus Stephanus*, 1565, 1 vol. in-8.

§ 3. — VERSIONS LATINES.

15 Biblia sacra, 1 vol. in-fol.
<small>2ᵐᵉ volume, commençant aux psaumes ; très ancienne édition gothique, papier fort, belles marges, lettres initiales à la main en couleur, reliure en bois avec cinq gros clous en cuivre sur le plat. Le frontispice et les derniers feuillets manquent.</small>

16 Biblia sacra, 1 vol. in-fol.

> Caractère gothique, papier fort, lettres initiales à la main en couleur, d'une médiocre exécution, reliure en bois ; le premier feuillet manque. On lit à la fin du volume, avant les tables, les vers suivants :
>
> Fontibus ex græcis Hebræorum quoque libris
> Emendata satis et decorata simul :
> Biblia sum præsens : Superos ego testor et astra
> Est impressa nec in orbe mihi similis.
> Singula quæque loca cum concordantibus
> Orthographia simul quæ bene pressa manet.
> MCCCCLXXXVII.

17 Biblia sacra goth. *Lugduni*, *ap. Jacobum Sacon*, 1506, 1 vol. p. in-fol. rel. en bois (édition estimée).

18 Biblia sacra goth. cum figuris. *Lugduni, Sacon*, 1518, 1 vol. in-fol. rel. en bois.

19 Biblia sacra cum fig. *Lugd., excudebat Joannes Frellonius*, 1551, 1 vol. p. in-fol.

> Encadrements en lignes rouges.

20 Biblia sacra cum fig. *Lugd., ap. Tornœsium*, 1569, 1 v. in-f.

21 Biblia sacra cum fig. *Lugd., ap. Rovillium*, 1569, 1 v. in-f.

22 Biblia sacra à Theologis parisiensibus recognita et emendata. *Parisiis, ap. Seb. Nivellium*, 1573, 1 vol. in-fol.

> Belle édition à lignes pleines avec notes marginales.

23 Biblia sacro-sancta ex hebræo translata per Leonem Judæ et alios. *Tiguri (Zurich), excudebat Christophorus Proschoverus*, 1543, 1 vol. in-fol.

24 Biblia interprete Sebastiano Castalione. *Basileæ, per Joan. Oporinum*, 1554, 1 vol. in-fol.

25 Biblia sacra Vulgatæ editionis. *Lugd., sumptibus Claudii Bourgeat*, 1669, 1 vol. in-4.

> Belle édition à lignes pleines.

26 Biblia sacra Vulg. edit. *Lugd., ap. viduam Rigaud*, 1631, 1 vol. in-8.

27 Biblia sacra Vulg edit. *Lugd., ap. Carteron*, 1685, 1 v. in-8.

28 Biblia sacra. *Lugd., ap. Gryphium*, 1542, 3 vol., t. p. f., pour 5 ; il manque le 3e et le 5e.

> Remarquable par l'élégance de la reliure d'un genre particulier, et les ornements imprimés sur la tranche : l'un des volumes a perdu sa couverture primitive.

29 Quincuplex Psalterium, gallicum, romanum, hebraicum, vetus, conciliatum. *Parisiis, ex calcographiâ Henrici Stephani*, 1519, 1 vol. in-fol.

§ 4. — VERSIONS FRANÇAISES.

30 La saincte Bible traduicte par Maistre Jehan Calvin, avec notes marginales continues. *Genève*, 1565, 1 vol. in-fol.
Le frontispice manque.

31 La Bible, contenant les Sainctes Escriptures tant du vieil que du Nouveau Testament. *A Lyon, par Michel Du Boys*, 1558, 1 vol. in-4.

32 La sainte Bible, autre traduction protestante dont le frontispice manque, 1 vol. in-fol.

33 La sainte Bible traduite par les docteurs de Louvain. *Anvers, Plantin*, 1578, 1 vol. in-fol.

34 La sainte Bible traduite par les docteurs de Louvain. *Lyon, Pillehotte*, 1582, 1 vol. in-4.

35 La sainte Bible, gravures dans le texte. *Lyon, Honorati*. 1581, 1 vol. in-fol.

36 La sainte Bible, 1er vol., grav. dans le texte. *Lyon, De Tournes*, 1554, 1 vol. in-fol.

37 La sainte Bible en latin et en français, avec des notes littérales, la concorde, les livres apocryphes, etc. de la traduction de M. Le Maistre de Saci. *Paris, Desprez*, 1715, 3 vol. in-fol.

38 Le Nouveau Testament traduit par Calvin. *Lyon, Bartholomé Molyn*, 1569, 1 vol. in-4, doré s. tr.

39 Le Nouveau Testament traduit par le P. Amelote. *Paris, Muguet*, 1683, 2 vol. in-12.

— Le Nouveau Testament, traduction de Mons (OEuvres d'Arnaud, tome VI.

§ 5. — VERSIONS EN LANGUES ÉTRANGÈRES.

40 Le Nouveau Testament en allemand. *Anvers*, 1566, 1 vol. in-8.

41 Epîtres et Evangiles pour les dimanches et fêtes, en espagnol, 1544, 1 vol. in-12.

SECTION II.

Commentaires.

§ 1ᵉʳ. — OUVRAGES FRANÇAIS.

42 Commentaire littéral sur tous les livres de l'Ancien et du Nouveau Testament, par le R. P. Dom Augustin Calmet. *Paris, Emery*, 1715, 26 vol. in-4.
43 Le même ouvrage. *Paris*, 1724, 9 vol. in-fol.
44 Discours et dissertations tirés de l'ouvrage précédent. *Paris*, 1715, 5 vol. in-8.
45 Sainte Bible en latin et en français (traduction de Carrière) avec des notes, préfaces et dissertations tirées de Calmet, Vence, etc. *Paris, Boudet*, 1767, 14 vol. in-4. Pour 16 il manque le 2ᵉ et le 12ᵉ.
46 L'Ancien Testament avec une explication tirée des SS. PP. et des auteurs ecclésiastiques, 27 vol. in-8 de différentes éditions.
47 L'Esprit de l'Eglise dans l'usage des Psaumes (paraphrase sur les psaumes). *Paris*, 1697, 2 vol. in-12.
48 L'Histoire royale, ou les plus belles et les plus curieuses questions de la Genèse et de l'Histoire sainte, par le sieur de Hauteville. *Paris*, 1666, 2 vol. in-4.
49 Explication du livre de la Genèse, selon la méthode des SS. PP. *Paris*, 1732, 6 vol. in-12.
50 *Idem* des Rois et des Paralipomènes. *Paris*, 1738, 6 vol. in-12.
51 *Idem* de Job. *Paris*, 1732, 4 vol. in-12.
52 *Idem* des Psaumes. *Paris*, 1733, 7 vol. in-12.
53 *Idem* d'Isaïe. *Paris*, 1734, 6 vol. in-12.

54 Paraphase des CL Psaumes de David tant littérale que mystique, par Ant° de Laval, géographe du Roy. *Paris*. 1619, 1 vol. in-4.
   L'auteur est né à Cremeaux, vers 1550.
55 Heures canoniales contenues dans le psaume CXVIII, avec un commentaire tiré des SS. PP. *Paris*, 1684, 1 vol. in-12.
56 Explication des principales prophéties de Jérémie, Ezéchiel et Daniel. *Avignon*, 1749, 5 vol. in-12.
57 Essai sur le livre de Job, précédé d'un Mémoire sur le projet d'une académie polyglotte, par les R. P. Capucins de la rue St-Honoré. *Paris*, 1768, 2 vol. in-12.
58 Les Actes des Apôtres, les Epîtres catholiques et l'Apocalypse traduits par le P. Amelote, avec notes, commentaires, cartes et plans. *Paris*, 1670, 2 vol. in-8.
59 Le Nouveau Testament en français avec des réflexions morales, par le P. Quesnel. *Trévoux*, 1694, 4 v. in-8.
60 L'Apocalypse avec une explication, par Bossuet, 1 vol. in-8, sans frontispice.
61 Catholique exposition sur les Epistres et Evangiles des dimenches et festes. *Paris*, 1561, 1 vol. t. p. f.
62 Commentaires de M. Jehan Calvin sur les Epistres. *Imprimé par Conrad Badius*, 1556, 1 vol. in-fol.
63 Le livre des Psaumes, exposé par M. Jehan Calvin. *Conrad Badius*, 1558, 1 vol. in-fol.
64 La sainte Bible, avec glose ou paraphase; 1 vol. in-fol.
   1ᵉʳ volume finissant au psaume 117, goth. figures dans le texte. Le frontispice manque.

§ 2. — OUVRAGES LATINS.

1° Commentaires généraux.

65 Biblia sacra cum glossâ ordinariâ et postillâ Nicolai Lirani. *Duaci, ex officinâ Baltazaris Belleri*, 1617, 6 v. in-f.
66 Ejusdem, 1ª pars. *Lugd.*, 1520, 1 vol. in-fol.
   Goth. lettres initiales coloriées, rel. en bois gauff.
67 G. Estii Annotationes in præcipua et difficiliora S. Scripturæ loca. *Antuerpiæ*, 1652, 1 vol. in-fol.

68 R. P. Menochii Commentarii totius S. Scripturæ. *Avenione*. 1768, 4 vol. in-4.
69 Jac. Tirini. S. J. Commentarius in S. Scripturam. *Lugd.*. 1736, 2 vol. in-fol.
70 Ant. Fernandii Commentarius in visiones Veteris Testamenti, 1616, 1 vol. in-fol. Le frontisp. manque.
71 Biblia sacra cum commentariis ad sensum litteræ et explicatione temporum, locorum, rerumque omnium quæ in sacris codicibus habent obscuritatem auct. R. P. Jac. Gordono, S. J. *Lutetiæ*, 1632 ; les tomes 2 et 3, 2 vol. in-fol.
72 Biblia sacra cum universis F^{ci} Vatabli et variorum interpretum annotationibus et duplici interpretatione. *Parisiis*, 1729, 2 vol. in-fol.
73 Hugonis de S^{to} Charo Commentarii in S. Scripturam. *Lugd.*, 1645, 6 vol. in-fol.
74 R. P. Corn. Cornelii à Lapide, S. J. Commentarii in S. Scripturam, 9 vol. in-fol. variarum edit.

2° Livres historiques.

75 B^{ti} Pererii, S. J. Commentaria et disputationes in Genesim. *Lugd.*, 1607, 4 vol. in-4.
76 B^{ti} Fernandii, S. J. Commentaria in Genesim. *Lugd.*, 1625, 3 vol. in-fol.
77 Corn. Jansenii Yprensis episc. Pentateuchus, sive Commentaria in quinque libros Moysis. *Parisiis*, 1649, 1 v. in-4.
78 Cardinalis Thomæ de Vio Cajetani Commentarii illustres in quinque Mosaicos libros. *Parisiis*, 1539, 1 v. in fol.
79 Joan. Columbi Commentaria in S. Scripturam (usque ad finem librorum Regum). *Lugd.*, 1656, 1 vol. in-fol.
80 B^{ti} Pererii, S. J. Commentaria in xv priora Exodi capita. *Lugd.*, 1607, 1 vol. in-4.
81 F^{is} Nodin Commentaria in xv priora Exodi cap. *Lugd.*, 1611, 1 v. in-fol.
82 Nic. Serrarii Josue ab ortu ad tumulum. *Lutetiæ*, 1610, 1 vol. in-fol.

83 R. P. Cosmæ Magaliani Commentarius in librum Josue. *Lugd.*, 1611, 1 vol. in-fol.
84 F^{ci} de Mendoça, S. J. Commentaria in iv libros Regum. *Lugd.*, 1636, 3 vol. in-fol.
85 Judith illustris perpetuo commentario, auct. R. P. de Celada. *Lugd.*, 1641, 1 vol. in-fol.
86 Philippi presbyteri in historiam Job Commentaria. *Basileæ*, 1527, 1 vol. in-fol.
87 S^{ti} Odonis, abb. Clun. II Moralium in Job libri xxxv. *Lutetiæ*, 1617, 1 vol. in-8.

3° Psaumes.

88 Postilla Nic. de Lira super Psalterium unà cum Canticis ; s. l., 1493, 1 vol. in-4; goth., rel. bois.
89 Idem opus. *Lugd., ap. Baland*, 1504, 1 vol. in-4 ; goth., rel. bois.
90 Expositio Jac. Perez de Valentia in cl Psalmos Davidicos. *Lugd., in officinâ Jac. Myt.* 1518, 1 v. in-4; goth., r. b.
91 Psalmi Davidis, Vulgatâ editione, calendario hebræo, syro, græco, latino, argumentis et commentariis germinum et primarium Psalmorum sensum, hebraismosque.... aperientibus, auct. Genebrardo. *Parisiis*, 1581, 1 vol. in-8.
92 Idem opus, editio aucta. *Parisiis*, 1582, 1 vol. in-8.
93 Cathena aurea super Psalmos, auct. P. F^{co} de Puteo. *Parisiis*, 1534, 1 vol. in-fol.
94 Idem opus. *Parisiis*, 1520, 1 vol. in-4.
   Titre curieux par son étendue et par l'originalité de sa rédaction. L'auteur, François Dupuy, est né à Saint-Bonnet-le-Château.
95 Michaelis Ayguani Bonon (auctoris priùs incogniti) Commentaria in Psalmos. *Parisiis*, 1626, 1 vol. in-fol.
96 F^{ci} Titelmani Elucidatio in omnes Psalmos. *Parisiis*, 1552, 1 vol. in-fol.
97 Ant. Flaminii in librum Psalmorum brevis Explanatio et paraphasis ; 1 vol. in-32, doré s. tr., le frontisp. manq.
98 Idem opus. *Venetiis, Aldus*, 1545, 1 vol. in-12.

99 D. Augustini Enarrationes in psalmos, editio Benedictinorum. *Parisiis*, 1681, 1 vol. in-fol.
100 Ant. Agellii Commentarius in Psalmos et Cantica. *Parisiis*, 1611, 1 vol. in-fol.
101 J. B. Folengii Commentarius in Psalmos. *Romæ*, 1585, 1 vol. in-fol.
102 Dionysii Carthusiani elucidatio in Psalmos, 1 vol. in-fol.
Le frontisp. manq.
103 Seraphici doctoris R. P. Bonaventuræ super psalmo CXVIII magnifica expositio. *Parisiis*, 1 vol. in-8, goth.
104 Enchiridion Psalmorum, cum paraphrasi Joannis Campensis. *Lugd., Gryphius*, 1533, 1 vol. p. f.
105 Simeonis de Muis Opera, inter quæ Commentarius in Psalmos. *Parisiis*, 1650, 1 vol. in-fol.
106 Liber divinæ lucis (centesimi noni psalmi expositio). *Coloniæ Agr.*, 1603, 1 vol. in-4.
107 Corn. Jansenii Gandav. episc. Paraphrasis in Psalmos Davidicos cum argumentis et annotationibus. — Ejusdem commentarius in Proverbia et in Ecclesiasticum. *Lugd.*, 1592, 1 vol. in-fol.
108 Expositio in omnes Davidicos Psalmos, auth. P. Bernardo Lapalisse. *Tolosæ*, 1665, 1 vol. in-fol.
109 Roberti Bellarmini explanatio in Psalmos. *Lugd.*, 1682, 1 vol. in-4.
110 Joan. Bugenhagii in librum Psalmorum interpretatio. *Basileæ*, 1524, 1 vol. in-4.
111 Liber Psalmorum cum argumentis, paraphrasi et annotationibus, 1 vol. in-4. Les 1res feuillets manq.
112 Commentarium in decem primos Davidis Psalmos, 1 vol. in-fol., parch., le frontisp. manq.
113 Commentarium hebraicum Rabbi David Kimhi in decem primos Psalmos Davidicos cum versione latinâ, etc. *Constantiæ*, 1543, 1 vol. p. in-fol. br.

4° Livres prophétiques.

114 Joan. de Pineda de Rebus Salomonis regis; 1 vol. in-fol., le frontisp. manq.

115 Joan. de Pineda in Salomonis Ecclesiasten Commentarium;
1 vol. in-fol., le frontisp. manq.

116 Fernandi Quirini de Salazar, S. J. Expositio in Proverbia Salomonis. *Parisiis*, 1623, 2 vol. in-fol.

117 Expositio moralis in Canticum Canticorum. auct. R. P. Lud. de Ponte, S. J. *Lutetiæ*, 1622, 2 vol. in-fol.

118 Anteloquia in Salomonis Canticorum Canticum, ethica pariter et historica, auct. P. Paulo Sherlogo, S. J. *Lugd.*, 1633, 1 vol. in fol.

119 Commentarii Michaelis Ghislerii in Canticum Canticorum. *Lutetiæ*, 1613, 1 vol. in-fol.

120 In Isaiæ prophetæ oracula Martini Borrhæi Commentarius. — Ejusdem in Apocalysim explicatio. *Basileæ*, 1561, 1 vol. in-fol.

121 F^{ci} Riberæ, S. J. in librum duodecim prophetarum Commentarius. *Lutetiæ*, 1611, 1 vol. in-fol.

122 Lezioni morali sopra Giona profeta del Padre Maestro F. Angelo Paciuchelli. *Venetiæ*, 1677, 3 vol in-fol.

123 R. P. Magistri F. Angeli Paciuchelli Lectiones morales in Jonam prophetam latinitati consignatæ à P. D. Carolo à Marimont. *Antuerpiæ*, 1680, 3 vol. in-fol.

124 Gasparis Sanctii, S. J. in Ezechielem et Daniele.n Commentarii. *Lugd.*, 1619, 1 vol. in-fol.

125 Joan. Maldonati Commentarii in Jeremiam, Baruch, Ezechielem et Danielem. *Parisiis*, 1610, 1 vol. in-4.

126 Nicolai de Lira super Prophetas ad litteram expositio; 1 vol. in-fol.

Caract. goth. papier fort, lettres initiales en couleur, le fr. m. Ce volume offre une particularité : les figures qui devaient être intercalées dans le texte n'ont pas été imprimées et les places sont restées en blanc.

127 Haymonis episc. Halberstattensis in Isaiam Commentaria. *Coloniæ*, 1531, 1 vol. in-8.

128 Oseas commentariis illustratus; 1 vol. in-fol., le fr. m.

129 Theatrum rerum creat$_a$rum... in canticum III puerorum Dan. 3 auct. R. P. B$_{to}$ Pererio, S. J. *Augustæ, Trev.*, 1618, 1 vol. in-18.

130 In Isaiam prophetam Hypomnematon, seu Commentario-

rum Joannis Acolampadii libri vi. *Basileœ*, 1548, 1 vol. in-4.

Nouveau Testament.

131 Novum Testamentum cum postillâ Nic. de Lyra. *Venetiis*, 1482, 1 vol. in-fol.
Caract. goth. beau papier, lettres initiales en couleur sur fond d'or, ou accompagnées de traits de plume de diverses couleurs. Le fr. m.

132 S^{ti} Thomæ Aquin. Expositio continua super quatuor Evangelistas quæ dicitur Catena aurea. *Lugd.*, *Briasson*, 1686, 1 vol. in-fol.

133 In Evangelium Matthæi et Marci paraphrasis per Des. Erasmum; 1 vol. in-8, le fr. m.

134 Des. Erasmi Paraphrasis in Novum Testamentum. *Basileœ, Froben*, 1524, 2 vol. in-fol.

135 Des. Erasmi in Novum Testamentum Annotationes. *Basileœ, Froben*, 1542, 1 vol. in-fol.

136 Dionysii Carthusiani in quatuor Evangelistas Enarrationes. *Parisiis*, 1539, 1 vol. in-fol.

137 D. Thomæ Aquin. in omnes B. Pauli epistolas Commentaria. *Parisiis*, 1563, 1 vol. in-fol.

138 Commentaria Nic. Gorrani in quatuor Evangelia. *Coloniæ*, 1537, 1 vol. in-fol.

139 Postilla elucidativa et magistralis P. Nicolai de Goran super Epistolas Pauli. *Parisiis*, 1531, 1 vol. p. in-fol.

140 Theophylacti, Archiep. Bulgariæ, in quatuor Domini nostri Jesu Christi Evangelia, Enarrationes. *Parisiis*, 1542, 1 vol. in-fol.

141 Theophylacti in omnes D. Pauli Epistolas Enarrationes. *Parisiis*, 1539, 1 vol. in-fol.

142 Commentarii initiatorii in quatuor Evangelia. *Meldis*, 1525, 1 vol. in-fol.

143 R. P. Joannis Da Sylveira Commentaria in textum evangelicum. *Lugd.*, 1645, 2 vol. in-fol.

144 Joan. Maldonati, S. J. Commentarii in quatuor Evangelistas. *Parisiis*, 1668, 1 vol. in-fol.

145 R. P. Didaci Stellæ in sanctum Jesu Christi Evangelium

sec. Lucam doctissima pariter et piissima Commentaria. *Lugduni, ex officinâ Juntarum* , 1592 , 1 vol. in-fol.

146 Ant. de Escobar et Mendoza, S. J. ad Evangelia Sanctorum et temporis Commentaria. *Lugduni* , 1642, 1 vol. in-fol.

147 Rutilii Benzonii lauretani episc. Dissertationes et Commentaria in canticum *Magnificat. Duaci, ex officinâ Baltazaris Belleri*, 1626, 1 vol. in-fol.

148 Cornelii Jansenii episc. Yprensis Tetrateuchus, sive Commentarius in sancta Jesu Christi Evangelia. *Parisiis,* 1649, 1 vol. in-4.

149 R. Dⁿⁱ Thomæ de Vio Cajetani card. Commentaria in quatuor Evangelia *Parisiis* , 1542 , 1 vol in-8.

150 Pauli de Palacio Enarrationes in Evangelium sec. Matthæum. *Lugd.*, 1571, 1 vol. in-8.

151 In sacro-sanctum Jesu Christi Evangelium sec. Matthæum Commentarium, auct. P. Fero. *Moguntiæ,* 1559, 1 vol. in-8.

152 In sacro-sanctum Jesu Christi Evangelium sec. Joannem Commentarium, auct. P. Fero. *Parisiis* , 1557 , 1 vol. in-8.

153 R. D^{di} Friderici Episc. Viennensis in Evangelia totius anni Commentariorum Epitome. *Coloniæ,* 1549, 1 vol. in-8.

154 Postilla, sive Expositio Epistolarum et Evangeliorum dominicalium. *Lugd.*, 1 vol. in-4, goth., fig. dans le texte, rel. en b. gauff.

155 Postillæ majores totius anni suprà Epistolarum et Evangeliorum expositiones. *Lugd.*, 1514 , 1 vol. in-4, goth.. rel. v. noir avec garniture en cuivre.

156 Opus aureum ornatum omni lapide pretioso super Evangeliis totius anni. *Venundantur Lugduni à Steph. Gueynard* , 1508 , 1 vol. in-4, caract. goth., lettres en couleur, rel. bois gauff.

157 Epistolæ Apostolorum cum argumentis delphicis et scholiis seu postillis ascensianis. *Parisiis, ap. de Marnef fratres,* 1503 , 1 vol. in-4, rel. b. gauff.

158 Enarrationes vetustissimorum Theologorum in Acta

Apostolorum, Epistolas et Apocalypsim. *Antuerpiæ*, 1545, 1 vol. in-fol.

159 Trina Pauli Theologia, seu omnigena in universas Apostoli epistolas Commentaria, auct. P. Georgio Ambranate. *Parisiis*, 1661, 2 vol. in-fol.

160 Collatio in omnes D. Pauli Epistolas per Cl. Guilliaudum. *Lugduni*, 1543, 1 vol. in-4.

161 D. Joannis Chrysostomi Commentaria in omnes epistolas Pauli. *Parisiis, ex officinâ Carolæ Guillard*, 1543, 1 vol. in-fol.

162 D. Thomæ Aquin. Commentaria in Epistolas Apostolorum adnotationibus illustrata. *Parisiis, ap. Joan. de Roigny*, 1563. — Sequitur Catena aurea. *Parisiis, ap. Joan. Macæum*, 1566, 1 vol. in-fol.

163 Epistolarum B. Pauli apostoli triplex expositio, auth. R. P. Bernardino à Piconio. *Parisiis, ap. Joan. Anisson*, 1703, 1 vol. in-fol.

164 D. Thomæ Aquin. Commentaria in epistolas Pauli. *Basileæ, per Michaelem Furter*, 1495, 1 vol. in-fol., rel. en bois découvert, lettres initiales à la main.

165 In Epistolam B. Pauli ad Philippenses Commentarii et Adnotationes, auct. P. Joan. Ant. Velasquez, S. J. *Lugd.*, 1632, 1 vol. in-fol.

166 F. Balthasari Paes Commentarii in Epistolam B. Jacobi. *Lugduni, sumptibus Jac. Cardon et P. Cavellat*, 1626, 1 vol. in-4.

167 Haymonis episc. Halberstattensis in D. Pauli epistolas Interpretatio. *Parisiis*, 1538, 1 vol. in-8.

168 Paraphrasis Erasmi in aliquot B. Pauli epistolas. *Basileæ, Froben*, 1323, 1 vol. in-8.

169 R. P. Ludovici ab Alcasar Vestigatio arcani sensûs in Apocalypsi. *Lugd.*, 1618, 1 vol. in-fol.

170 Commentarii exegetici in Apocalypsim, auct. Blasio Viegas. *Turnoni*, 1614, 1 vol. in-4.

171 B^{ti} Pererii, S. J., 183 Disputationes super libro Apocalypsis. *Lugd.*, 1615, 1 vol. in-4.

172 Ruperti abb. Tuitiensis Commentaria in Apocalypsim. *Parisiis*, 1541, 1 vol. in-8.

173 In caput 1um Matthæi, de Christo Domino, Sanctissimà Virgine Deiparâ Mariâ, veroque ejus dulcissimo et virginali sponso Josepho libri v, auct. Petro Morales, S. J. *Lugd.*, 1614, 1 vol. in-fol.

SECTION III.

Concordances.

174 Concordantiæ Bibliorum utriusque Testamenti. *Francofurti*, 1620, 1 vol. in-4.

175 Concordantiæ sacrorum Bibliorum, auct. Hugone cardinali. *Lugd.*, 1649, 1 vol. in-4.

176 Concordantiæ Testamenti Novi græco latinæ, auct. Roberto Stephano, 1599, 1 vol. in-fol.

— Histoire et concorde des quatre Evangélistes (le 3e vol. de la Bible de Sacy.)

177 Quatuor Evangeliorum consonantia ab Ammonio congesta. *Coloniæ*, 1532, 1 vol. in-12.

178 Didaci de Baeza Commentaria moralia in evangelicam historiam. *Lugd.*, 1636, 1 vol. in-fol.

179 Corn. Jansenii Gandav. episc. Commentaria in suam Concordiam ac totam historiam evangelicam. *Lugd.*, 1648, 1 vol. in-fol.

180 R. P. Sebastiani Barradas, S. J. Commentaria in Concordiam et historiam evangelicam. *Lugd., sumptibus Horatii Cardon*, 1611, 4 vol. in-fol.

181 Flores sacrorum Bibliorum, sive loci communes veteris et novi Testamenti per Thomam Hibernicum. *Parisiis*, 1662, 1 vol. in-12.

182 Scriptura sacra in locos communes morum et exemplorum digesta, auct. R. P. Antonio de Balinghem, S. J. *Trivoltii*, 1705, 1 vol. in-fol.

183 Concordance qu'on appelle harmonie composée de trois Evangélistes : St. Matthieu, St. Marc et St. Luc, avec les commentaires de M. Jehan Calvin. *Imprimé par Conrad Badius,* 1555, 1 vol. in-fol.

SECTION IV.

Philologie.

184 Bibliotheca sancta à Fratre Sixto senensi ex præcipuis catholicæ Ecclesiæ auctoribus collecta. *Lugd., ap. Carolum Pesnot*, 1575, 1 vol. in-fol.

185 Idem opus, editio aucta. *Parisiis, ex typographiâ Rolini*, 1610, 1 vol. in-fol.

186 Sanctis Pagnini Isagogæ ad sacras Litteras.—Ejusdem isagogæ ad mysticos sacræ Scripturæ sensus. *Prostant, Lugd., ap. Hugonem à Portâ*, 1536, 1 vol. in-fol.

187 Pharus veteris Testamenti et sacrarum quæstionum, auct. P. Nic. Abramo. *Parisiis*, 1647, 1 vol. in-fol., le fr. m.

188 R. P. Cælestini Clavis David, sive Arcana Scripturæ sacræ *Lugd.*, 1659, 1 vol. in-fol.

189 Sylva allegoriarum totius sacræ Scripturæ, auct. Hieronymo Laureto. *Lugd.*, 1622, 1 vol. in-fol.

190 Briani Waltoni Biblicus apparatus chronologico-topographico-philologicus. *Tiguri*, 1673, 1 vol. in-fol.

191 Apparatus biblicus, sive Manuductio ad S. Scripturam, auct. P. Bernardo Lamy. *Lugd.*, 1723, 1 vol. in-4.

192 Adagialia sacra veteris et novi Testamenti collectore ac interprete R. P. Martino del Rio, S. J. *Lugd., ap. Horatium Cardon*, 1612, 1 vol. in-4.

193 Recognitio veteris Testamenti ad hebraicam veritatem per Augustinum Eugubinum. *Venetiis, Aldus*, 1529, 1 vol. in-8.

194 Officina sacra biblica in quâ significata litteralia, etymologica, doctrinalia, moralia, mystica et allegorica præcipuarum dictionum totius sacræ Scripturæ..... explicantur opera ac studio R. P. Guillelmi Oonselii. *Duaci*, 1624, 1 vol. in-8.

195 L'Anacrise des Bibles.... Examen judiciel pour discerner les Bibles françoises fausses et dépravées par les Hé-

rétiques, etc., par Jacques Severt. *Lyon*, 1625, 1 vol. in-fol.

196 Le Grand Dictionnaire de la Bible, ou Explication littérale et historique de tous les mots propres du Vieux et du Nouveau Testament, etc., par M. Simon, prêtre. *Lyon*, 1703, 2 vol. in-fol.

197 Dictionnaire historique, critique, chronologique, etc., de la Bible, par le R. P. Dom Augustin Calmet. *Paris*, 1730, 4 vol. in-fol.

_{Ouvrage orné d'un grand nombre de planches et cartes.}

198 Histoire critique du vieux Testament, par le R. P. Richard Simon. *Amsterdam*, 1685, 1 vol. in-4.

199 Histoire critique des versions du Nouveau Testament, par le P. Richard Simon. *Rotterdam*, 1690, 1 vol. in-4.

200 Nouvelles observations sur le texte et les versions du Nouveau Testament, par le P. Richard Simon. *Paris*, 1695, 1 vol. in-4.

201 Réflexions sur les vérités évangéliques, contre les passages que les traducteurs de Mons ont corrompus dans le *Nouveau Testament traduit en françois, etc.* (voir cette traduction et ses défenses dans les œuvres d'Arnaud, tom. VI et VII), par le R. P. Maximin d'Aix. *Trévoux*. 1684, 1 vol. in-8.

202 Observations sur la nouvelle défense de la version française du Nouv. Testament, imprimée à Mons. *Rouen*, 1684, 1 vol. in-8.

203 Nouveaux éclaircissements sur l'origine et le Pentateuque des Samaritains, par un religieux Bénédictin. *Paris*, 1760, 1 vol. in-8.

204 Principes discutés pour faciliter l'intelligence des livres prophétiques et spécialement des psaumes, relativement à la langue originale. *Paris*, 1755, 11 vol. in-12 pour 15 ; manq. le 5e, 8e, 12e et 14e.

205 Nouvelles lettres d'un Prieur à un de ses amis, pour la défense du livre des Règles pour l'intelligence des Saintes Ecritures. *Paris*, 1728, 1 vol. in-12.

CHAPITRE II.

SAINTS PÈRES.

SECTION PREMIÈRE.

Introduction, Extraits et Collections.

206 Traité de la lecture des Pères de l'Eglise, ou Méthode pour les lire utilement. *Paris*, 1688, 1 vol. in-12.

207 Bibliothèque portative des Pères de l'Eglise, par M. l'abbé Tricalet. *Paris*, 1758, 8 vol. in-8 p. 9 ; manq. le 8e.

208 Choix de monuments primitifs de l'Eglise chrétienne, comprenant plusieurs traités de Tertullien, St. Cyprien, Lactance, etc. *Paris, Desrez*, 1837, 1 vol. in-8. P. L.

209 Les Prescriptions de Tertullien. — St. Vincent de Lerins contre les hérésies ; — Lettre de St. Cyprien à Donat, etc., le tout traduit du latin par le sieur de la Brosse. *Paris*, 1612, 1 vol. in-8, rel. parch., dorés. tr.

210 Les Expositions et Homélies de Monseigneur St. Grégoire sur 40 Evangiles. *Paris, Regnault*, 1521, 1 vol. in-4.

<small>Imprimé sur vélin en caract. goth. avec de nombreuses vignettes or et couleurs. Le frontisp. m. Ce beau vol. a été donné à la Bibliothèque par M. Popuille, maire, le 10 mai 1813.</small>

211 Sacra Bibliotheca Sanctorum Patrum, per Margarinum de la Bigne. *Parisiis, ap. Michaelem Sonnium*, 1576, 8 tomes en 3 vol. in-fol.

212 Sanctorum Patrum Ecclesiæ primitivæ Opera. *Lugd., ap. Hieronymum Delagarde*, 1642, 1 vol. in-fol.

213 SS. PP. Leo Magnus, Maximus Taurinensis, Petrus Chrysologus, Fulgentius, Valerianus, Amedeus, Asterius, Heptas Præsulum sapientiâ et facundiâ clarissimorum. *Lugd.*, 1672, 1 vol. in-fol.

214 Sanctorum Patrum qui temporibus apostolicis floruerunt

Barnabæ, Clementis, Hermæ, Ignatii, Polycarpi Opera vera et suppositicia J. B. Cotelerio collectore editio aucta. *Amstelodami, ap. Wetstenios*, 1724, 2 vol. in-fol.

215 Vitæ et sententiæ Patrum Occidentis, auct. P. B^to Gonono. *Lugd.*, 1624, 1 vol. in-fol., frontisp. déch.

216 Tertulliani Omniloquium alphabeticum rationale, sive Tertulliani Opera in novum ordinem digesta studio, F^ci Caroli Moreau. *Parisiis, Dallin*, 1657, 3 vol. in-fol.

217 S^ti Augustini Milleloquium veritatis à Fratre Bartholomæo digestum. *Parisiis, Huré*, 1649, 2 vol. in-fol.

218 S^ti Gregorii Papæ primi cognomento Magni Milleloquium morale, auct. Jac. Hommey. *Lugd., Deville*, 1683, 1 vol. in-fol.

219 D. Ambrosii Milleloquium, auct. F. Bartholomæo. *Lugd., ap. Senetonios fratres*, 1556, 1 vol. in-fol.

220 Epitome Operum D. Augustini, per R. P. Matth. Hauzeur. *Parisiis, Soly*, 1646, 2 vol. in-fol.

221 Epitome Operum D. Augustini, per Joan. Piscatorium; *ap. Jo. Crispinum*, 1555, 1 vol. in-fol.

222 Veterum aliquot Galliæ theologorum Scripta. *Parisiis, ap. Seb. Nivellium*, 1586, 1 vol. in-4.

223 Abrahami Sculteti Medulla theologiæ Patrum. *Ambergæ, in officinâ Abrahami Vetteri*, 1613, 1 vol. in-4.

224 Flores omnium Doctorum illustrium qui cùm in theologiâ tùm in philosophiâ hactenùs claruerunt, sedulò collecti per Thomam Hibernicum. *Parisiis, ap. Petrum Variquet*, 1664, 1 vol. in-12.

SECTION II.

Œuvres des Pères grecs.

225 Origenis Adamantii Opera (latinè conversa). *Parisiis, in ædibus ascensianis*, 1522, 2 vol. in-fol.

226 Origenis Adamantii Opera, doctissimorum virorum studio

primùm translata, à Gilberto Genebrardo posteriùs recensita et aucta. *Parisiis, Chaudière*, 1574, 1 vol. g. in-fol.

227 S^{ti} Epiphanii Episcopi Constantiæ Cypri Opera. *Coloniæ, sumptibus Ant. Hierat*, 1617, 1 vol. in-fol.

228 S^{ti} Athanasii Magni Alexandriæ Archiepiscopi Opera. *Coloniæ, Hierat*, 1617, 1 vol. in-fol.

229 S^{ti} Ephraem Syri Opera omnia quæ exstant græcè, syriacè, latinè. *Romæ, ex typographiâ pontificiâ vaticanâ, sub auspiciis SS^{mi} Patris Benedicti XIV*, 1732, 6 vol. in-fol., belle rel. v.

230 S^{ti} Basilii Magni Cæsareæ Cappadociæ Archiep. Opera quæ ad nos latinè pervenerunt omnia. *Antuerpiæ, ap. Henricum Aertssium*, 1616, 1 vol. in-fol.

231 Opera quædam Beati Basilii Cæsariensis episc. *Venetiis, per Steph. de Sabio*, 1535, 1 vol. p. in-fol. (texte grec).

232 Les Ascétiques de saint Basile-le-Grand, trad. par Godefroy Hermant, avec des remarques tirées des conciles. *Paris, Dezallier*, 1679, 1 vol. in-8.

233 Dionysii Areopagitæ Opera græcè et latinè cum annotationibus Corderii ; 1 vol. in-fol., les 1ers et d^{ers} feuillets manq.

234 Dionysii Areopagitæ Opera à Joachimo Perionio conversa. *Lutetiæ, ex officinâ Mich. Vascosani*, 1565, 1 vol. in-fol.

235 D. Cyrilli Alexand. Episc. Opera per Gentianum Hervetum è græco conversa. *Parisiis, ap. Mich. Sonnium*, 1573. 1 vol. in-fol.

236 Eadem, *ap. hæredes Jo. Hervagii*, 1566, 3 vol. in-fol.

237 D. Clementis Alexandrini Opera, Rufino interprete. *In inclytâ Germaniæ Basileâ, ap. Bebelium*, 1526, 1 vol. p. in-fol.

<small>Frontispice gravé représentant Homère couronné par les Muses.</small>

238 T. Flavii Clementis Alexandrini presbyteri Opera, Gentiano Herveto interprete. *Parisiis, ap. Cl. Chappelet*, 1612, 1 vol. in-fol. rel. mar. vert, doré s. tr. armes sur le plat.

239 Les œuvres de St. Clément d'Alexandrie traduites du grec, avec les Opuscules de plusieurs autres Pères grecs. *Paris, Denys Mariette*, 1701, 1 vol. in-8.

240 Eusebii Pamphilii de evangelicâ præparatione Opus à Georgio Trapezuntio è græco in latinum versum. *Michael Manzolinus Parmensis exactissimâ impressit diligentiâ Tarvisii*, 1480, 1 vol. p. in-fol., rel. bois.

241 Eusebion ton Pamphilion, etc. Eusebii Pamphilii evangelicæ præparationis libri xv (texte grec). *Lutetiæ, ex officinâ Roberti Stephani*, 1544, 1 vol. in-fol.

242 Les OEuvres de saint Justin, philosophe et martyr, mises de grec en françois, par Jan de Maumont. *A Paris, de l'imprimerie de Michel de Vacosan*, 1554, 1 vol. in-fol.

243 B. Theodoreti Episc. Cyrensis Opera latinè versa. *Coloniæ, ap. Joan. Birckmannum*, 1567, 1 vol. in-fol.

244 Theodoreti Episc. Cyri Dialogi tres contrà quasdam hæreses (texte grec). *Romæ, per Steph. Nicolinum*, 1547, 1 vol. in-4.

245 B. Theodoreti Episc. Cyrensis, de selectis Scripturæ sacræ quæstionibus ambiguis (texte grec suivi du latin). *Parisiis, ex officinâ Jac. Puteani*, 1558, 1 vol. in-4.

246 Theodoreti Episc. Cyr. de Providentiâ Sermones X (texte grec suivi de la traduction latine). *Tiguri, Proschoverus excud.*, 1546, 1 vol. in-12.

247 D. Gregorii Nazianzeni Opera novâ translatione donata cum variorum scholiis. *Antuerpiæ, ap. hæredes Stelsii*, 1570, 1 vol. in-fol.

248 B. Joannis Damasceni Opera græcè et latinè, interprete Jac. Fabro. *Basileæ, ap. Henrichum Petri*, 1548, 1 vol. in-fol.

249 Opera D. Gregorii Nysseni Episc. in latinum sermonem conversa studio Laurentii Sifani. *Basileæ, ap. Episcopium*, 1571, 1 vol. in-fol.

250 D. Joannis Chrysostomi Archiep. Constantin. Opera omnia (latinitate donata). *Lugd., Anisson*, 1687, 6 v. in-f.

251 Eadem. *Basileæ, ap. Froben*, 1558, 4 vol. in-fol. p. 5; manq. le 4e.

252 Homélies ou Sermons de saint Jean Chrysostôme sur l'E-

vangile de saint Matthieu traduit en françois, par Ant⁰ de Marsilly (Le Maistre de Sacy), suivies des homélies au peuple d'Antioche, trad. par Maucroix. *Lyon*, 1685, 4 vol. in-8.

253 Homélies de saint Jean Chrysostôme sur l'Epître aux Romains. *Paris, Lambert Roulland*, 1675, 1 vol. in-8.

254 B. Basilii Seleuciæ Isauriæ Episc. Opera (texte grec). *In bibliopolio H. Commelini*, 1606, 1 vol. in-8.

255 Contrà Hæreses D. Irenæi Opus latinè. *Parisiis, ap. Audoenum Parvum*, 1545, 1 vol. in-8.

256 Abrégé de saint Jean Chrysostôme sur l'Ancien Testament. *Lyon, Vᵛᵉ Chavance*, 1702, 1 vol. in-12.

SECTION III.

Œuvres des Pères latins.

257 Tertullianus redivivus, scholiis et observationibus illustratus, auct. P. Georgio Ambianate. *Parisiis, ap. Michaelem Soly*, 3 vol. in-fol.

258 Tertulliani Opera Rigaltii observationibus et notis illustrata. *Lutetiæ, sumptibus Mathurini Du Puis*, 1641, 1 vol. in-fol.

259 Jac. Pamelii et alior. Argumenta et Annotationes in Tertulliani Opera. *Parisiis, ap. Mathurinum Du Puis*, 1634, 1 vol. in-fol.

260 De la Chair de Jésus-Christ et de la Résurrection de la chair, ouvrages de Tertullien, traduits par Louis Giry. *Paris, Pierre Le Petit*, 1661, 1 vol. in-12.

261 D. Cypriani Episc. Carthag. Opera per Erasmum repurgata. *Basileæ, ex officinâ Hervagianâ*, 1540, 1 v. p. in-f.

262 Eadem. *Lugd., apud Gryphium*, 1535, 1 vol. in-8.

263 Eadem, Rigaltii observationibus illustrata. *Parisiis, ap. Viduam Mathurini Du Puis*, 1648, 1 vol. in-fol.

264 Lepida Lactantii Firmiani Opera accuratè castigata. *Parisiis, excudebat Nicolaus de Pratis pro Johan. Parvo*, an. 1513, 1 vol. in-4, goth.

265 L. Cœlii Lactantii Firmiani Opera. *Parisiis, ap. Andream Cratandrum*, 1532, 1 vol. p. in-fol.

266 Lactance Firmian. Des divines Institutions, traduict par René Fame. *Paris, Galliot Du Pré*, 1644, 1 v. in-fol.

267 S^{ti} Optati Milevitani Opera. *Parisiis, ap. Sonnium*, 1631, 1 vol. in-fol.

268 S^{ti} Ambrosii Mediolan. Episc. Opera studio et labore Monachorum S^{ti} Benedicti emendata. *Parisiis, Coignard*, 1686, 2 vol. in-fol.

269 S^{ti} Ambrosii Opera diversa. *Basileæ, per Magistrum de Amerbach*, 1492, 1 vol. in-fol., goth., r. en bois, le frontisp. manq.

270 Opera D. Hieronymi Stridonensis unà cum scholiis Erasmi. *Parisiis, ap. Chevallonium*, 1533, 9 tomes en 3 vol. in-fol., rel. parch.

271 Eadem. *Francofurti ad Mœnum, ap. Christian. Genschium*, 1684, 11 tomes en 4 vol. in-fol.

272 Œuvres de saint Jérôme, publiées par M. Benoît Matougues. *Paris, Desrez*, 1538, 1 vol. in-8. P. L.

273 Epistolarum Opus D. Hieronymi cum scholiis Erasmi. *Basileæ, Froben*, 1543, 1 vol. in-fol.

274 Idem Opus. *Lugd., per magistr. Nicolaum de Benedictis*, 1513, 1 vol. in-fol., rel. bois. gauff. agraff.

275 Opera D. Aurelii Augustini Hipp. Episc. *Parisiis, ap. Guill. Merlin et Seb. Nivellium*, 1571, 10 tomes en 6 vol. in-fol.

276 Eadem. *Lugd., Radisson*, 1664, 11 t. en 7 vol. in-fol.

277 S. Augustinus. De Civitate Dei, 1 vol. gr. in-f., rel. en b.

A la dernière page, on lit les vers suivants :

    Aspicis illustris lector quicunq. libellos
    Si cupis artificum nomina nosse : lege.
    Aspera ridebis cognomina teutona : forsan
    Mitiget ars musis inscia verba virum
    Côradus suneynbeym : Arnoldus pânartzq. magistri
    Romæ impresserunt talia multa simul.
    Petrus cum fratre Francisco Maximus ambo
    Huic operi aptatam contribuere domum.
               MCCCCLXX.

Ce magnifique incunable, imprimé sur fort papier, avec grandes marges, est orné de beaucoup de lettres initiales en couleurs, sur fond d'or.

278 Idem opus, *impressum Venetiis à diligenti magistro Gabriele Petri de Tarvisio*, 1475, 1 vol. p. in-fol., goth.
279 De la Cité de Dieu, ouvrage de saint Augustin, trad. par Gentian Hervet avec les commentaires de Vives et les notes de Belleforest. *Paris*, 1610, 1 vol. in-fol., le fr. m.
280 D. Augustini prima Quinquagena (Explanatio in Psalmos). *Basileæ, per Joan. de Amerbach*, 1493, 1 vol. in-fol., goth., rel. en b.
281 Idem opus. *Parisiis, ap. Christian. Wechel*, 1529, 1 vol. p. in-fol.

<small>Orné de deux frontispices gravés, dont le dernier, qui contient le vrai titre, est placé après le 55° feuillet; rel. en b. gauff.</small>

282 D. Aurelii Augustini Hipp. Episc. De summâ Trinitate Opus, cum notis Francisci Maronis, s. l., 1520, 1 vol. p. in-fol.
283 D. Aurelii Augustini De Spiritu et Litterâ, lib. unus, 1544. *Parisiis, ex officinâ Dionysii Janotii, typographi regii*, 1 vol. in-32, parch.
284 B. Aurelii Augustini Hipp. Episc. Confessiones. *Lugd., Rigaud*, 1610, 1 vol. in-12.
285 Les Confessions de saint Augustin, trad. par M. Arnauld d'Andilly. *Paris, Camusat*, 1655, 1 vol. in-12.
286 S^{ti} Augustini Epistolæ. *Lutetiæ, Jodocus Badius excud.*, 1517, 1 vol. in-fol., le frontisp. manq.
287 Les Lettres de saint Augustin, trad. en français, par M. Du Bois. *Paris, Coignard*, 1701, 6 vol. in-8.
288 S^{ti} Augustini Opuscula quædam selecta. *Lutetiæ Parisiorum, per Bibliopolarum Societatem*, 1726, 3 vol. in-12.
289 Acta Marii Mercatoris S^{ti} Augustini discipuli cum notis Rigberii. *Bruxellis, typis Lamberti Marchant*, 1673, 1 vol. in-12.
290 Opera D. Gregorii Papæ, primi cognom. Magni omnia quæ exstant. *Basileæ, ap. Froben*, 1551, 2 vol. in-fol.
291 Eadem, Sixti V jussu emendata. *Parisiis*, 1640, 2 v. in-f.
292 Moralia D. Gregorii Papæ. *Impressum est opus istud Parisiis, per Udalricum Gering et Berchtoldum Rembolt*, 1495, 1 vol. in-fol., goth.

293 Les Morales de saint Grégoire pape, sur le livre de Job, trad. par le sieur de Laval. *Paris, Cl. Rey,* 1692, 2 vol. in-8 p. 4 ; m. le 2°.

294 Le livre de saint Grégoire-le-Grand, du Soin et du Devoir des Pasteurs. *Lyon, Pierre Valfray,* 1683, 1 vol. in-12.

295 S^{ti} Bonaventuræ Opera. *Moguntiæ, sumptibus Ant. Hierati,* 1609, 4 vol. in-fol.

296 S^{ti} Bonaventuræ Opuscula. *Lugd., sumptibus Societatis Biliopolarum,* 1647, 1 vol. in-fol.

297 D. Bernardi Clarævallensis Abbatis primi Opera omnia. *Parisiis, ap. Nivellium,* 1572, 1 vol. in-fol.

298 S^{ti} Bernardi Opera collata et emendata studio et labore Joan. Mabillon monachi Benedict. *Parisiis, Leonard,* 1667, 2 vol. in-fol.

299 Opuscula B. Anselmi, archiep. Cantuar.; 1 vol. in-4, goth., s. l. n. d., rel. bois.

300 D. Anselmi Cantuariensis archiep. Opera. *Parisiis, Roigny,* 1549, 1 vol. in-fol.

301 S^{ti} Francisci Assisiatis et S^{ti} Antonii Paduani Opera ; 1 vol. in-fol., le frontisp. manq.

302 D. Prosperi Episcopi Regiensis Opera. *Lugd., ap. Gryphium,* 1539, 1 vol. in-fol.

303 D. Isidori Hispalensis Episc. Opera. *Madriti, typographiâ regiâ,* 1599. 1 vol. in-fol.

304 Johannis de Gerson Cancellari Operum tertia pars. *Basileæ, per Nic. Kesler,* 1489, 1 vol. in-fol., rel , b., gauffrure à personnages.

305 Quarta pars Operum Johan. Gerson priùs non impressa. *Argentinæ, ex calcographiâ Martini Flanci,* 1502, 1 vol. in-fol., goth., une grav. s. b. au verso du titre, lettres initiales en couleurs.

306 D. Eucherii Episc. Lugdun, Formularum intelligentiæ spiritalis liber. — Ejusdem Opuscula quædam. *Basileæ, per Andream Cratandrum,* 1530, 1 vol. in-4.

307 S^{ti} Agobardi Episc. Ecclesiæ Lugdun. Opera. *Parisiis, excudebat Dionysius Duvallius,* 1605, 1 vol. in-8.

308 M. Aurelii Cassiodori senatoris Opera. *Aurel,. Allobr.*, 1622, 1 vol. in-8.
309 Joan. Cassiani eremitæ Opera. *Romæ*, 1588, 1 vol. in-8.
310 Lettre adressée à l'Eglise catholique par Salvianus, evesque de Marseille, trad. par F^{ois} Joulet. *Paris, Cl. Chappelet*, 1611, 1 vol. in-12.

CHAPITRE III.

CONCILES, DROIT-CANON ET LITURGIE.

SECTION PREMIÈRE.

Conciles.

311 Traité de l'Étude des Conciles et de leurs collections. *Paris, chez Denis Horthemels*, 1724, 1 vol. in-4.

312 Analyse des Conciles généraux et particuliers, par le R. P. Charles-Louis Richard. *Paris, Vincent*, 1772, 4 vol. in-4.

313 Sanctissimi Domini Nostri Benedicti Papæ XIV de Synodo diœcesana libri XIII. *Ferrariæ*, 1756, 2 vol. in-4.

314 Nova Collectio Conciliorum, auct. Stephano Baluzio, tomus 1us. *Parisiis, Muguet*, 1683, 1 vol. in-fol.

315 Summa Conciliorum omnium, seu Collegium synodicum, auct. M. L. Bail. *Parisiis, Leonard*, 1672, 2 vol. in-fol.

316 Concilia antiqua Galliæ, ordine digesta studio et operâ Jac. Sirmondi, S. J. *Lutetiæ, Cramoisy*, 1629, 3 vol. in-fol.

317 Concilia novissima Galliæ, quæ nunc primùm prodeunt operâ et studio Ludovici Adespun, presb. *Parisiis, Bechet*, 1646, 1 vol. in-fol.

318 R. P. Joan. Cabassutii Notitia ecclesiastica Historiarum, Conciliorum, et Canonum invicem collatorum. *Lugd., ap Anissonios et Joan. Posuel*, 1680, 1 vol. in-fol.

319 Notitia Conciliorum sanctæ Ecclesiæ, auct. Joan. Cabassutio. *Lugd., Borde*, 1668, 1 vol. in-12.

320 Epitome Canonum Conciliorum, Historia omnium Conciliorum, collectore F. Gregorio de Rives. *Lugd., Coral*, 1663, 1 vol. in-fol.

321 Codex Canonum vetus Ecclesiæ romanæ, à F^{co} Pithæo ad veteres manuscriptos codices restitutus et notis illustratus. *Parisiis, typographiâ regiâ,* 1687, 1 vol. in-fol.

322 Canones Apostolorum; Veterum conciliorum Constitutiones; Decreta Pontificum antiquiora. *Moguntiæ*, 1525, 1 vol. in-fol.

323 Summa Conciliorum et Pontificum à Petro usque ad Pium Quartum collecta, per F. *Barth.* Carranzam Mirandam. *Lugd., ap. hæredes Jac. Junctæ,* 1570, 1 vol. in-32.

324 Acta scitu dignissima Constantiensis Concilii. — Idem Concillii Basiliensis. — Idem Concilii Pisani. *Mediolani,* 1512. 1 vol. in-4., goth.

325 Concilium provinciale Ebreduni habitum à D^{no} Petro Guerin de Tencin, anno 1727, *Gratianopoli,* 1728, 1 vol. in 4.

326 Concilium provinciale Rhemense primum habitum per DD. Ludovicum Card. à Cuysia, Archiep. Rhem., an. 1583. *Rhemis,* 1585, 1 vol. in-8.

327 Statuta sinodalia diœcesis Matisconensis, 1493, 1 vol. in 4., goth., lettres initiales ornées en noir.

328 Canones Concilii provincialis Coloniensis celebrati anno 1536. *Parisiis, Guiot,* 1554, 1 vol. in-8.

329 Gennadii Scholarii Patriarchæ Constantin. Expositio pro sanctâ et œcumenicâ Synodo Florentinâ è græco in lat. vers., per Benevolentum Fabium, s. fr.; 1 vol. in-8.

330 Sacro-sancti et œcumenici Concilii Tridentini Canones et Decreta. *Lugd.,* 1712, 1 vol. in-12.

331 Idem opus. *Parisiis,* 1646, 1 vol. in-18.

332 Le saint œcuménique et général Concile de Trente, trad. par Gentien Hervet. *Lyon,* 1680, 1 vol. in-12.

333 Notes sur le Concile de Trente. *Cologne,* 1706, 1 v. in-8.

334 Historia del Concilio Tridentino di Pietro Soave. *In Geneva,* 1629, 1 vol. in-4.

335 Histoire du Concile de Trente de Fra Paolo Sarpi, trad. par M. Amelot de la Houssaie. *Amsterdam,* 1754, 1 vol. in-4.

SECTION II.

Droit canonique.

§ 1. — TRAITÉS GÉNÉRAUX.

336 Institution au Droit ecclésiastique, par M. Claude Fleury. *Lyon*, 1692, 2 vol. in-12.

337 Institutiones Juris canonici à Joan. Paulo Lancelotto. *Lugd., ap. Rovillium*, 1571, 1 vol. in-32.

338 Corpus Juris canonici emendatum et notis illustratum Gregorii XIII jussu editum. *Parisiis*, 1587, 1 vol. in-fol.

339 Juris canonici Theoria et Praxis, auct. Joan. Cabassutio Or. *Lugd., Boudet*, 1719, 1 vol. in-4.

340 Jus ecclesiasticum universum, auct. Bern. Van Espen. *Colon. Agr., sumptibus Vilhelmi Metternich*, 1729, 3 vol. in-fol.

341 Decretum Gratiani emendatum et notationibus illustratum unà cum glossis. *Parisiis*, 1612, 1 vol. in-fol.

342 Idem opus; 1 vol. in-4. goth., rel. b. gauff.

343 Decretales D. Gregorii Papæ IX cum glossis. *Lugd.*, 1612, 1 vol. in-fol.

344 Idem opus. *Lugd.*, 1508, 1 vol. in-fol., goth., rel. en bois.

345 Liber sextus Decretalium D. Bonifacii Papæ VIII, unà cum Clementinis et extravagantibus earumque glossis. *Parisiis*, 1612, 1 vol. in-fol.

346 Idem opus, sine glossis ; 1 vol. in-8, le frontisp. m.

347 D[ni] Nicolai de Tudeschis abb. Siculi, Panormitani, Archiep. 1ª, 2ª et 3ª pars sup. 2° Decretalium. *Papiæ*, 1482, 2 vol. in-fol.

348 D. Nic. de Tudeschis sup. 3° Decretalium lectura. *Lugd*, 1531, 1 vol. in-fol.

349 D. Nic. de Tudeschis Commentarium in 4um et 5um Decretalium. *Lugd., ap. Seb. Ghryphium*, s. d., 1 vol. in-fol.

350 Paratitla in v libros Decretalium, auct. Chassanæo. *Tolosæ*, 1684, 1 vol. in-12.

351 Andreæ Vallensis Paratitla Juris canonici, sive Decretalium summaria explicatio. *Lugd.*, 1673, 1 vol in-4.

352 D. Martini ab Aspilcueta Navarri Opera omnia. *Venetiis*, ap. *Sessas*, 1601, 3 vol. in-fol., frontisp. encadré.

353 Epistolarum Innocentii III libri IV collectore, Steph. Baluzio. *Parisiis*, 1682, 2 vol. in-fol.

354 Pii II Pontificis Maximi Epistolæ. *Mediolani, impressit Ant. Zarothus, anno Domini* 1481, 1 vol. in-fol., rel. en bois, lettres initiales à la main.

355 D. de Rota. Decisiones novæ, antiquæ, antiquiores. *Augustæ, Taur.*, 1579, 1 vol. in-fol.

356 Regule, Ordinationes et Constitutiones cancellarie Leonis Papæ X. *Romæ*, s. d., 1 vol. p. in-8.

357 De antiquâ Ecclesiæ Disciplinâ Dissertationes historicæ, auct. Ludovico Ellies du Pin. *Parisiis*, 1686, 1 v. in-4.

358 De antiquis et majoribus Episcoporum Causis. *Leodii*, 1678, 1 vol. in-4.

359 Pro Canonibus Apostolorum, et Epistolis decretalibus Pontificum apostolicorum, adversùs Magdeburgenses centuriatores Defensio, auct. Turriano. *Lutetiæ*, 1573, 1 vol. in-8.

360 Josephi Gibalini de Simonia universa Tractatio. *Lugd.*, 1659, 1 vol. in-4.

361 Conférences ecclésiastiques, ou Dissertatiors sur les auteurs, les conciles et la discipline des premiers siècles, par M. l'abbé Duguet. *Cologne*, 1742, 2 vol. in-4.

362 Traité historique de l'établissement et des prérogatives de l'Eglise de Rome et de ses Evêques, par M. Maimbourg. *Paris, Mabre-Cramoisy*, 1685, 1 vol. in-4.

363 Des Droits de patronage, de présentation aux bénéfices, etc., par M. Cl. de Ferrières. *Paris*, 1686. 1 vol. in-4.

364 Défense des droits des Evêques dans l'Eglise, par M. Corgne. *Paris*, 1762, 2 vol. in-4.

365 Dissertation canonique et historique sur l'autorité du St-Siége et les décrets qu'on lui attribue. *Utrecht*, 1779, 1 vol. in-12.

366 Traité du gouvernement spirituel et temporel des paroisses. *Paris, Debure*, 1769, 1 vol. in-12.

367 Consultations canoniques sur les sacrements, par M. Gibert. *Paris*, 1750, 8 vol. in-12.

368 Traité des dispenses en général et en particulier, par M. Collet. *Paris*, 1752, 2 vol. in-12.

§ 2. — LIBERTÉS GALLICANES ET OUVRAGES DIVERS RELATIFS A L'ÉGLISE DE FRANCE.

369 Manuel du droit ecclésiastique français, contenant les libertés de l'Eglise gallicane en 83 articles, etc., par M. Dupin aîné. *Paris*, 1844, 1 vol. in-12.

370 Les Lois ecclésiastiques de France, par M. Louis de Héricourt. *Paris, Mariette*, 1748, 1 vol. in-fol.

371 Traités des Droits et Libertés de l'Église gallicane, s. l., 1731, 2 vol. in-fol.

372 Preuves des Libertés de l'Eglise gallicane. *Paris*, 1751, 2 vol. in-fol.

373 Defensio declarationis quam de potestate ecclesiasticâ sanxit Clerus gallicanus xix Martii 1682, à Jac. Benigno Bossuet. *Luxemburgi*, 1730, 2 vol. in-4, portrait.

374 Traité de la Puissance ecclésiastique et temporelle, s. l.; 1 vol. in-8, 1707.

375 Recueil des actes, titres et mémoires concernant les affaires du clergé de France. — Abrégé du Recueil des actes, etc., servant de table. *Paris*, 1716 et suiv., 15 vol. in-fol.

376 Procès-verbaux des assemblées du clergé de France, 1681 — 82 et 1700 — 1758. *Paris*, 1703, et suiv. 8 vol. in-fol.

377 Rapport de l'Agence, contenant les principales affaires du clergé, de 1750 à 1755; 1 vol. in-fol.

378 Abrégé des actes, titres et mémoires du clergé, par M. Borjon. *Paris*, 1680, 1 vol. in-4.

379 Pragmatica Sanctio cum glossis Cosmæ Gueymier. *Parisii·*, 1532, 1 vol. in-8, goth.

380 Concordata inter SS. Papam Leonem X et Regem Franciscum I. , cum glossis Jo. Dajma, s. l., 1535, 1 vol. in-8, goth.

381 Lettre de M. l'archevêque de Lyon, primat de France, à M. l'archevêque de Paris (relative à la primatie de l'Eglise de Lyon et à l'affaire des religieuses du faubourg St-Marcel). *Lyon*, 1760, 1 vol. in-12.

382 Traité de l'abus et du vrai sujet des appellations, par Ch. Fevret. *Dijon*, 1653, 1 vol. in-fol.

Orné d'un beau frontispice gravé.

383 Petri Aurelii Opera, jussu et impensis Cleri gallicani edita. *Parisiis, excudebat Antonius Vitray*, 1642, 1 vol. in-fol.

§ 3. — MATIÈRES BÉNÉFICIALES.

384 Recueil de Jurisprudence canonique et bénéficiale, par M. Guy du Rousseaud de la Combe. *Paris*, 1755, 1 vol. in-fol.

385 Ancienne et nouvelle discipline de l'Eglise touchant les Bénéfices et les Bénéficiers, par le R. P. Louis Thomassin. *Paris*, 1725, 3 vol. in-fol.

386 Abrégé du même ouvrage. *Paris*, 1702, 1 vol. in-4.

387 La Somme bénéficiale réduite à l'usage et pratique de France, par M. Laurent Bouchel, av. *Paris*, 1628, 1 vol. in-fol.

388 Tractatus de Beneficiis et Censuris ecclesiasticis, auct. Melchiore Pastore. *Aquis Sextiis*, 1660, 1 vol. in-4.

389 Les Définitions du Droit-Canon, contenant un recueil de toutes les matières bénéficiales. *Paris*, 1668, 1 vol. in-4.

390 Institution à la pratique bénéficiale et ecclésiastique, par Cl. Horry. *Paris*, 1693, 1 vol. in-4.

391 Recueil des édits, déclarations et arrêts rendus en faveur des curés, vicaires perpétuels, etc. *Lyon*, 1697, 1 vol. in-4.

392 Traité des Bénéfices de Fra Paolo Sarpi. *Amsterd.*, 1687, 1 vol. in-12.

393 Principes et usages concernant les dîmes, par L. F^{ois} de Jouy. *Paris*, 1775, 1 vol. in-12.

394 Histoire de l'origine et du progrès des revenus ecclésiastiques, par Jérôme Acosta (le P. Richard Simon). *Francfort*, 1691, 1 vol. in-12.

395 Dissertation historique et critique, touchant l'état de l'immunité ecclésiastique, sous les Empereurs romains. *Soissons*, 1766, 1 vol. in-12.

396 Code des curés, ou nouveau Recueil des règlements concernant les dismes, portions congrues, fonctions, droits, honneurs, etc. *Paris*, 1736, 2 vol. in-12.

397 Code ecclésiastique, ou Questions importantes et Observations sur l'édit du mois d'avril 1695, concernant la juridiction ecclésiastique, etc., par M. Coudert, av. *Paris*, 1770, 3 vol. in-12.

398 Traité des moyens canoniques pour acquérir et conserver les bénéfices et biens ecclésiastiques, par M. Michel Duperray. *Paris*, 1726, 4 vol. in-12.

399 Instruction très-facile et nécessaire pour obtenir de la Cour de Rome toutes sortes d'expéditions, de bénéfices, etc., par Jacques Pelletier. *Lyon*, 1699, 1 v. in-12.

400 L'Abbé commendataire, où l'injustice des commendes est condamnée par la loi de Dieu, etc., par le Sr Des Bois Franc. *Cologne*, 1673, 1 vol. p. f.

401 Abrégé des matières bénéficiales, par Husson-Charloteau. *Paris*, 1664, 1 vol. in-18.

402 Questions intéressantes sur les dîmes inféodées appartenantes aux seigneurs laïques, broch. in-8 de 107 p., le fr. m.

403 Traité de la Régale; 1 vol. p. f., le fr. m.

§ 4. — OFFICIALITÉS.

404 Stile général des Notaires apostoliques. *Lyon*, 1654, 1 vol. in-8.

405 Le nouveau Stile général des Notaires apostoliques. *Paris*, 1672, 1 vol. in-4.

406 La véritable Théorie, pratique civile et criminelle des Cours ecclésiastiques et Officialités, par Jean Auboux, sieur des Vergnes. *Paris*, 1659, 1 vol. in-4.

407 Practica criminalis canonica, auct. Bernardo Diaz. *Venetiis*, 1563, 1 vol. in-8, le fr. m.

§ 5. — JURISPRUDENCE DES RÉGULIERS.

408 Bullarium Ordinis Fratrum Minorum Capucinorum. *Romæ*, 1740, 3 vol. in-fol.

409 Privilegia Regularium, auct. R. P. Brunone Chassaing. *Parisiis*, 1652, 1 vol. in-fol.

410 Nova collectio et compilatio privilegiorum Regularium. *Lugd.*, 1613, 1 vol. in-fol.

411 Justification des priviléges des Réguliers. *Paris*, 1658, 1 vol. in-4.

412 Quæstiones regulares et canonicæ, auct. R. P. Roderico. *Lugd.*, 1613, 1 vol. in-fol.

413 Directorium Regularium, auct. R. P. Antonio à S^{to} Spiritu. *Lugd.*, 1661, 1 vol. in-fol.

414 Summa quæstionum Regularium, seu de Casibus conscientiæ ad personas religiosas spectantibus, per R. P. de Lezana. *Venetiis, ap. Juntas*, 1646, 1 vol. in-fol.

— Regula S^{ti} Pachomii (à la suite de Cassiani Opera, n° 308).

415 La Règle de saint Benoît, traduite et expliquée par M. de Rancé. *Paris, Muguet*, 1689, 2 vol. in-4.

416 Pratique de la Règle de saint Benoît (suivie du texte de la règle en latin.) *Paris*, 1700, 1 vol. in-12.

417 Explication de la Règle de saint Benoît. *Paris*, 1738, 1 vol. in-12.

418 Du premier esprit de l'ordre de Cisteaux, par le R. P. Dom Julien Pâris. *Paris, Ve Gervais Alliot*, 1664, 1 vol. in-4.

SECTION III.

Liturgie.

419 Livre d'heures, entièrement gravé et orné d'un grand nombre de vignettes, lettres initiales et traits de plume; 1 vol. p. in-8, le frontispice manque.

420 Rationale divinorum officiorum, à R. Gulielmo Durando mimat. Episc. *Lugd.*, *sumptibus Joan. B. Buysson*, 1592, 1 vol. in-8.

421 Thesaurus sacrorum rituum, seu Commentarius in rubricas Missalis et Breviarii romani, auct. R. P. Barthol: Gavanto. — Ejusdem Manuale Episcoporum. *Lugd.*, 1672, 1 vol. in-4.

422 Abrégé du Thrésor des cérémonies ecclésiastiques, du R. P. Gavantus, traduit par le R. P. Arnaud. *Lyon*, 1674, 1 vol. in-12.

423 Manuale sacrarum cæremoniarum juxtà ritum S^{tæ} Romanæ Ecclesiæ, auct. Michaele Bauldry. *Venetiis*, 1681, 1 vol. in-4.

424 Manuel des cérémonies romaines. *Lyòn*, 1691, 1 v. in-12.

425 Instruction sur le Manuel, par M. Matthieu Beuvelet, prêtre. *Lyon*, 1677, 1 vol. in-12.

426 Discours sur les ordres sacrés, où toutes les cérémonies de l'ordination selon le Pontifical romain sont expliquées. par Ant^e Godeau. *Lyon*, 1669, 1 vol. in-12.

427 De divinâ Psalmodiâ, ejusque causis, mysteriis et disciplinis, auct. D. Joan. Bona, card. *Coloniæ, Agr.*, 1683, 1 vol. in-8.

428 La science et la pratique du plain-chant, par un Bénédictin. *Paris*, 1673, 1 vol. in-4.

429 Traité de l'Exposition du St-Sacrement, par Jacques Thiers. *Paris*, 1673, 1 vol. in-12.

430 Eruditissimi viri Gabrielis Byel sacri canonis missæ tum mystica, tum litteralis Expositio. *Lugd. Crespin*, 1524, 1 vol. in-4, goth.

431 Martyrologium romanum, Gregorii XIII Pont. Max. jussu editum. *Venetiis*, 1693, 1 vol. in-4.

432 Le Martyrologe romain mis en lumière par le commandement de feu Notre S. Père le Pape Grégoire XIII. *Lyon, Borde*, 1667, 1 vol. in-8.

433 Manuductio sacerdotis ad primum ejus ac præcipuum officium, sive Explanatio sacro-sancti Missæ sacrificii juxtà romani Missalis præscriptum, auct. P. Raphaele ab Herissonio. *Lugd., ap. Petrum Valfray*, 1690, 1 v. in-4.

434 Explication des prières et cérémonies de la Messe, par le R. P. Pierre Le Brun. *Paris*, 1726, 4 vol. in-8.

435 Explication des cérémonies de la Grand'Messe, par M. Olier. *Paris*, 1667, 1 vol. in-12.

436 La Liturgie sacrée, où l'antiquité, les mystères et les cérémonies de la Ste Messe sont expliquées, par Messire Gilbert Grimaud. *Paris*, 1678, 3 vol. in-12.

437 Traité de la Messe de paroisse. *Paris*, 1691, 1 vol. in-8.

438 Missa apostolica, seu Divinum Sacrificium S. Apostoli Petri, græcè et latinè. *Lutetiæ, ap. Morellum*, 1595, 1 vol. in-8, parch.

439 Cæremoniale monasticum Congregationis S. Mauri. *Parisiis*, 1680, 1 vol. in-8, frontisp. gravé.

440 Rituale lugdunense. *Lugd.*, 1692, 1 vol. in-4.

441 Rituel d'Alet. *Paris*, 1667, 1 vol. in-4.

442 Cæremoniale ad usum FF. Minimorum. *Florentiæ*, s. d., 1 vol. in-4.

443 Liber pontificalis. *Romæ excusus, per magistr. Steph. Plannck*, 1497, 1 vol. in-fol., goth.

444 Series ordinationum ex Pontificali romano. Clement. VIII, Pont. Max. jussu, restituto atque edito. *Lugd.*, 1702, 1 vol. in-12.

445 Breviarium sanctæ lugdunensis Ecclesiæ. *Lugd.*, 1760, 4 vol. in-12.

446 Psautier de la sainte Vierge, composé par saint Bonaventure, lat. fr. *Lyon*, 1723, 1 vol. in-12.

447 Règles et Offices de la Compagnie des Pénitents du très-St-Sacrement de l'autel établie à Roanne, et des autres

compagnies qui lui sont agrégées. *A Lyon, chez Guillaume Barbier,* 1657, 1 vol. in-4, grav.

448 Mémoire du Chapitre primatial de Lyon, contenant ses motifs de ne point admettre la nouvelle liturgie. *Paris,* 1776, 1 vol. in-4.

449 Missale secundùm ritum Ecclesiæ lugdunensis; 1 vol. in-4, goth., s. d.

450 Missale lugdunense; 1 vol. in-fol., goth., gros caractère, lettres initiales à la main en couleur, s. d.

451 Missale ad usum Ecclesiæ matisconensis; 1 vol. in-fol., goth., s. d.

452 Missale ad usum Ecclesiæ bisuntinensis. *Parisiis, Regnault,* 1530, 1 vol. in-4.

453 Missale monasticum ad usum Ordinis cluniacensis. *Parisiis,* 1733, 1 beau vol. in-fol.

Frontispice gravé, où est représentée l'abbaye de Cluny.

454 Processionale romanum. *Parisiis,* 1723, 1 vol. in-8.

CHAPITRE IV.

THÉOLOGIE PROPREMENT DITE.

SECTION PREMIÈRE.

Théologie scolastique.

§ 1. — COURS GÉNÉRAUX.

455 Breviarum theologicum, continens definitiones, descriptiones et explicationes terminorum theologicorum auth. Joan. Polmano. *Parisiis, ap. Georgium Josse,* 1666, 1 vol. in-8.

456 S^{ti} Thomæ Aquinatis Summa totius Theologiæ. *Parisiis, ex officinis Tri-Adelphorum,* 1608, 1 vol. in-fol.

457 Summa totius Theologiæ S. Thomæ. *Lugd., sumptibus viduæ Petri Bailly,* 1663, 10 vol. in-12.

458 Summa theologica D. Thomæ Aquin. elucidationibus F. Seraphini Capponi à Porrecta et commentariis R. D. Thomæ de Vio Cajetani, card. illustrata. *Venetiis, ap. Juntas,* 1596, 5 vol. in-fol., le frontisp. m. aux 2 1ers.

459 Summæ D. Thomæ tertia pars. *Impressa Venetiis per Philippum Pinzium, an.* 1493 ; 1 vol. in-fol., rel. en b.

460 Hieron. de Medicis formalis explicatio Summæ D. Thomæ. *Parisiis,* 1657, 3 vol. in-fol.

461 Gregorii de Valentia Commentaria in Summam D. Thomæ. *Lugd.,* 1609, 4 vol. in-fol.

462 F^{ci} Sylvii Commentaria in 1^{am} et 3^{am} partem Summæ D. Thomæ. *Antuerpiæ,* 1684, 2 vol. in-fol.

463 R. P. Puteani Commentaria in Summam D. Thomæ. *Tolosæ,* 1627, 1 vol. in-fol.

464 Commentaria in 1ᵃᵐ partem Summæ D. Thomæ, auct. Gabriele Vasquez. *Lugd.*, 1609, 2 vol. in-fol.

465 Commentaria in 3ᵃᵐ part. Summæ D. Thomæ, auct. Fᶜᵒ Suarez. *Lugd.*, 1608, 5 vol. in-fol.

466 Scholastica Commentaria in Summam D. Thomæ, auct. Barthol. de Medina ; 1619, 2 vol. in-fol.

467 R. P. Georgii de Rhodes Disputationes theologiæ scholasticæ ad mentem Sᵗⁱ Thomæ. *Lugd.*, 1661, 2 v. in-f.

468 Sᵗⁱ Thomæ Summæ theologicæ compendium, auct. Petro Alagona, S. J. ; 1635, 1 vol. in-8.

469 La Théologie angélique, dans laquelle sont expliquées toutes les questions de la première partie et de la première seconde de St. Thomas, par le Sʳ Nic. de Hauteville. *Lyon*, 1658, 3 vol. in-4.

470 Sᵗⁱ Thomæ Opuscula omnia theologica et moralia. *Parisiis*, 1656, 1 vol. in-fol.

471 Idem opus, *impressum Venetiis curâ et ingenio Boneti Locatelli*, an. 1498, 1 vol. in-fol., goth.

472 Manuale Thomistarum, seu brevis Theologiæ Cursus, auct. J. B. Gonet. *Lugd.*, 1690, 6 vol. in-12.

473 Clypeus Theologiæ thomisticæ, auct. J. B. Gonet. *Antuerpiæ*, 1725, 5 vol. in-fol.

474 Petri Lombardi Episc. Parisiensis Sententiarum libri IV. *Parisiis, ap. Joan. Macæum*, 1557, 1 vol. in-8.

475 Guillelmi Estii in quatuor Sententiarum libros Commentarius. *Parisiis*, 1680, 2 vol. in-fol.

476 Dominici Soto in quartum ˜ententiarum librum Commentarius. *Duaci*, 1613, 2 vol. in-fol.

477 Sᵗⁱ Bonaventuræ Perlustratio in quatuor libros Sententiarum; 1493, 2 vol. in-fol., rel. bois, s. fr.

478 Sᵗⁱ Bonaventuræ Breviloquium in quo theologiæ fundamenta et fidei catholicæ mysteria explicantur. *Lugd.*, *Valençot*, 1642, 1 vol. p. in-fol.

479 Summa Seraphica S. Bonaventuræ ex ejus in libros Sententiarum scriptis collecta, per R. P. Marcellum. *Massiliæ*, 1669, 2 vol. in-fol.

480 Sᵗⁱ Bonaventuræ Summa theologica ex ejus in Magistrum

Sententiarum scriptis collecta, per R. P. Trigosum. *Lugd.*, 1616, 1 vol. in-fol.

481 Bonaventuræ Bonaventura et Thomas, seu Theologiæ Summa ex sanctis Thomâ et Bonaventurâ, per R. P. Bonaventuram excerpta. *Lugd., sumpt. Laurentii Anisson*, 1655, 1 vol. in-fol.

482 Quodlibeticæ Quæstiones D. Thomæ Aquin. *Prostant ap. Claudium Chevallon*, 1 vol. in-12, goth., s. d., rel. b. gauff.

483 Liber quartus doctoris subtilis Duns Scoti super Sententias. *Parrhisiis*, s. d., 1 vol. in-4, goth.

484 Theologia universa ad mentem Scoti, auct. P. M. de Berulle. *Gratianopoli*, 1668, 5 vol. in-12.

485 Theologia Scoti à prolixitate.... libera, auct. Gabriele Boyvin. *Parisiis*, 1682, 4 vol. in-12.

486 R. P. de Lugo Disputationes scolasticæ et morales. *Lugd.*, 1652, 1 vol. in-fol.

487 R. P. Lallemandet Cursus theologicus. *Lugd.*, 1656, 1 vol. in-fol.

488 Collegii Salmanticensis Cursus theologicus. *Parisiis*, 1634, 1 vol. in-fol.

489 R. P. Ludovici Caspensis Cursus theologicus. *Lugd.*, 1641, 2 vol. in-fol.

490 R. P. Joannis à S^{to} Thomâ Cursus theologicus. *Lugd.*, 1663, 3 vol. in-fol.

491 R. P. Martini de Esparza Cursus theologicus. *Lugd.*, 1666, 2 vol. in-fol.

492 Raynerii de Pisis Pantheologia ordine alphabetico digesta. *Lugd.*, 1655, 3 vol. in-fol.

493 R. P. Jacobi Platelii, S. J., Synopsis cursûs theologici. *Duaci*, 1706, 1 vol. in-fol.

494 Ad naturalem et christianam philosophiam, maximè verò ad scholasticam theologiam Institutiones, auct. Joan. Viguerio. *Parisiis, veneunt ap. Claudium Fremy*, 1558, 1 vol. in-fol.

495 R. P. Martini Becani Summa theologiæ scholasticæ. *Lugd.*, 1633, 1 vol. in-fol.

496 B. Antonini Archiep. Florent. Summa theologica. *Venetiis, ap. Juntas*, 1582, 4 vol. in-4.
497 Tertia pars ejusdem; 1 vol. in-fol., goth., s. d., papier fort et lettres coloriées.
498 Prælectiones theologicæ, auct. Honorato Tournely. *Parisiis*, 1725, 27 vol. in-8.
499 Compendiosæ Institutiones excerptæ ex contractis prælectionibus theologicis Honorati Tournely. *Parisiis*, 1731, 2 vol. in-8.
500 Summa Theologiæ ad usum scholæ, auct. Nicolao Lherminier. *Parisiis*, 1719, 7 vol. in-8.
501 Compendiosæ Institutiones theologicæ ad usum seminarii Pictaviensis. *Pictavii*, 1736, 4 vol. in-12.
502 Principia totius Theologiæ, auct. Florentio de Cocq. *Coloniæ, Agr.*, 1689, 4 vol. in-12.
503 Institutiones theologicæ ad usum seminariorum, auct. Gaspare Juenin. *Lugd.*, 1704, 7 vol. in-12.
504 Compendium sacræ Theologiæ. *Argentine, per Martinum Flach*, 1494, 1 vol. in-4., goth., rel. en bois, découvert.
505 Vincentii Contenson Theologia mentis et cordis. *Lugd.*, 1675, 9 vol. in-12.
506 Totius Theologiæ specimen, auct. R. P. Paulo. *Lugd.*, 1734, 6 vol. in-12.
507 Medulla theologica, auct. Ludov. Abelly. *Parisiis*, 1652, 2 vol. p. in-fol.
508 Lexicon theologicum, auct. Joan. Altenstaig. *Coloniæ*, 1619, 1 vol. in-4.
509 Le Théologien françois selon l'ordre de l'école, par le Sr de Marande *Paris*, 1652, 1 vol. in-fol.
510 La Théologie françoise, par le Sr Georges Quantin. *Paris*, 1663, 1 vol. in-4.
511 Le Nouveau Théologien françois, par le R. P. Daniel de St-Joseph. *Paris, Jean Jost*, 1653, 1 vol. in-4.
512 La Somme théologique des vérités capitales de la Religion chrétienne, par le R. P. François Garassus, S. J. *Paris*, 1626, 1 vol. in-fol.

§ 2. — COURS SPÉCIAUX DE THÉOLOGIE MORALE.

513 Ethices christianæ libri III, auct. Lamberto Danæo, S. J. *Genevæ*, 1582, 1 vol. in-8.

514 R. P. Eligii Bassæi Flores totius Theologiæ practicæ. *Lugd.*, 1653, 2 vol. in-fol.

515 R. P. Pauli Laymann Theologia moralis. *Lugd.*, 1681, 1 vol. in-fol.

516 Morales Quæstiones ad formam cursûs Collegii romani, auct. Vincentio Filliucio, S. J. *Lugd.*, 1626, 1 vol. in-fol.

517 Summa moralis Theologiæ, auct. Bonacina. *Parisiis*, 1645, 2 vol. in-fol.

518 R. P. Antonini Diana Resolutiones morales. *Lugd.*, 1638, 2 vol. in-fol.

519 Summa decem partium Resolutionum moralium, R. P. Antonini Diana. *Lugd.*, 1654, 1 vol. in-fol.

520 Summa Theologiæ moralis doctoris angelici D. Thomæ ex ejus operibus deprompta, per R. P. Franciscum Hetium. *Avenione*, 1668, 1 vol. in-8.

521 Specimen Theologiæ moralis, auct. F^{co} Malatra. *Lugd.*, 1698, 1 vol. in-4.

522 Liber Theologiæ moralis, viginti quatuor S. J. doctoribus reseratus, quem R. P. Ant. de Escobar digessit et illustravit. *Lugd.*, 1659, 1 vol. in-8.

523 Francisci Toleti, S. J., presb. Card. Instructio Sacerdotum. *Leodii*, 1716, 2 vol. in-12.

524 L'Instruction des Prêtres du cardinal Tolet, trad. par M. A. Goffard. *Lyon, Rigaud*, 1638, 1 vol. in-4.

525 Summa angelica R. P. Angeli de Clavasio ; 1 vol. in-8, goth., s. d., rel. bois gauff.

526 Medulla Theologiæ moralis, auct. R. P. Hermanno Busembaum. *Tolosæ*, 1700, 2 vol. p. in-fol.

527 Institutiones theologicæ (morales) ad usum seminariorum, auct. Petro Collet. *Parisiis*, 1757, 5 vol. in-12.

528 Somme de la Théologie morale et canonique traduite

de l'espagnol, du R. P. Henry de Villalobos, par le R. P. Léon Bacane. *Paris*, 1635, 1 vol. in-fol.

529 Théologie morale, ou Résolution des cas de conscience selon l'Ecriture sainte, les Conciles et les Saints-Pères (Théologie de Grenoble). *Paris*, 1708, 8 vol. in-12.

530 Remarques sur un livre intitulé : *Théologie morale*, ou *Résolutions des cas de conscience selon l'Ecriture sainte*, etc., par J. Remonde, D^r en théol. *Avignon*, 1678, 2 vol. in-12.

531 Le Cours de la Théologie morale, dans lequel les cas de conscience sont amplement enseignés, par M. Raymond Bonal. *Paris*, 1669, 2 vol. in-12.

532 Dictionnaire de cas de conscience, par Mre Jean Pontas. *Paris*, 1730, 3 vol. in-fol.

533 Abrégé du Dictionnaire des cas de conscience de J. Pontas, par M. Collet. *Paris*, 1764, 2 vol. in-4.

534 Le Dictionnaire des cas de conscience, par Mrs de Lamet et Fromageau. *Paris*, 1733, 2 vol. in-fol.

535 Résolutions de plusieurs cas de conscience touchant la morale et la discipline ecclésiastique, par M. Jacques de Ste-Beuve. *Paris*, 1705, 6 vol. in-12.

536 Conférences ecclésiastiques du diocèse d'Angers. *Paris*, 1775 et suiv., 30 vol. in-12, de différentes éditions.

537 Conférences ecclésiastiques du diocèse de Luçon. *Paris*, 1684, 11 vol. in-12.

538 Conférences ecclésiastiques de Paris, par le P. Semellier. *Paris*, 1755, 18 vol. in-12, pour 19.

539 Conférences théologiques et morales sur les Commandements de Dieu et de l'Eglise et sur les Sacrements, par le P. Daniel. *Lyon*, 1746, 7 vol. in-12.

540 R. P. Francisci Labata, S. J. Loca moralia. *Parisiis*, 1637, 1 vol. in-fol.

SECTION II.

Œuvres théologiques et Traités particuliers sur différents sujets.

§ 1. — SUR DIEU, LE SYMBOLE, LE DÉCALOGUE, LE PÉCHÉ ORIGINEL.

541 Otium theologicum tripartitum, sive Amœnissimæ disputationes Barthol. Sibillæ, Joan. Trithemii, Alph. Tostati, de Deo, etc. *Duaci,* 1625, 1 vol. in-8.

542 Philosophia sacra, sive Entis supernaturalis, auct. R. P. Emanuele Maignan. *Tolosæ*, 1664, 2 vol. in-fol.

543 Discours théologiques des perfections de Dieu, en forme de lettres adressées au Roi, par le Sr Demaisière. *Lyon,* 1689, 3 vol. in-12.

544 Le grand Commandement de la loi, ou le Devoir principal de l'homme envers Dieu et envers le prochain, par le P. Bernard. *Paris,* 1734, 1 vol. in-12.

545 L'homme criminel, ou la Corruption de la nature par le péché, selon les sentiments de saint Augustin, par le R. P. Senault. *Paris,* 1650, 1 vol. in-4.

546 L'homme chrétien, ou la Réparation de la nature par la grâce, par le R. P. Senault. *Paris,* 1648, un vol. in-4.

547 Defensio fidei Nicænæ, auct. Georgio Bullo presb. Angl. *Oxonii,* 1688, 1 vol. in-4.

548 R. P. Amedei Chiroli Lumina fidei divinæ. *Lugd.,* 1671, 1 vol. in-4.

549 De Fide et Symbolo libri iv, auct. F. Thomâ Beauxamis. *Parisiis, ap. Guilielmum Chaudière,* 1573, 1 vol. in-8.

550 De almæ et sanctissimæ Trinitatis Mysterio, auct. P. Theodoro Foresto. *Romæ,* 1633, 1 vol. in-fol.

551 Fidei catholicæ Digestum, auct. R. P. Francisco Carrière. *Lugd.*, 1657, 2 vol. in-fol
552 Dionysii Carthusiani summæ fidei orthodoxæ libri duo. *Parisiis, Roigny*, 1548, 1 vol. in-12, parch.

§ 2. — SUR LES ANGES, LA VIERGE ET LES SAINTS.

553 Historiæ SS. Angelorum Epitome, auct. R. P. Bonifacio. *Lugd.*, 1652, 1 vol. in-12.
554 Ferdinandi Quirini de Salazar, S. J. Defensio pro immaculatâ Deiparæ Virginis conceptione. *Parisiis*, 1625, 1 vol. in-fol.
555 R. D. Joseph de Lazerda. Maria effigies, revelatioque Trinitatis et attributorum Dei. *Lugd.*, 1651, 1 vol. in-f.
556 Victricis Mariæ Deiparæ Epinicia de peccato, de serpente et de morte, auct. R. P. Paulo à Sta Catharina. *Lugd.*, 1660, 1 vol. in-fol.
557 De Mariâ Deiparâ Virgine, auct. Petro Canisio. *Ingolstadii*, 1576, 1 vol. in-fol.
558 Chronicon SS. Deiparæ Virginis Mariæ, in quo omnia vitæ ejus acta et celeberrima miracula per totum orbem patrata describuntur, auct. R. P. Gonono. *Lugd.*, 1637, 1 vol. in-4.
559 La Triple Couronne de la Mère de Dieu, par le P. Poiré, S. J. *Paris, Cramoisy*, 1 vol. in-fol., le frontisp. manq.
560 Les Grandeurs de la Mère de Dieu (tiré de l'ouvrage précédent par une Religieuse). *Paris, Billaine*, 1681, tome 1er, 1 vol. in-4.
561 La mystique Cité de Dieu.... Histoire divine et la Vie de la B. Vierge Marie Mère de Dieu, manifestée à la sœur Marie de Jésus, abbesse d'Agreda; tome 1er, traduit de l'esp., par le P. Thomas Croset. *Marseille*, 1695, 1 vol. in-8.
562 Enigmes sacrés composés en l'honneur de la Vierge Marie, par le grand évêque d'Avila, Tostat. *Paris*, 1619, 1 vol. in-8.
563 Cinq livres de méditations théologiques et récréations spi-

rituelles sur le Cantique de la Vierge Marie ; 1 vol. in-4.
564 Lettre sur le Culte de la Vierge dans la Religion catholique, par J.-B. de Sevelinges. *Roanne, Ferlay,* 1849, broch. p. f. de 28 pages.

§ 3. — SUR L'ÉGLISE ET LE SAINT-SIÉGE.

565 De visibili monarchiâ Ecclesiæ libri VIII, auct. Nic. Sandero. *Antuerpiæ,* 1580, 1 vol. in-fol.
566 F^{ci} Turriani, S. J. Defensio locorum S. Scripturæ de Ecclesiâ et ejus Pastore Episcopo romano. *Coloniæ,* 1580, 2 vol. in-4, dorés s. tr.
567 De la Puissance hiérarchique, ou Primauté qui est en l'Eglise, par le sieur de Lartigue. *Lyon,* 1685, 1 v. in-4.
568 De la Monarchie du Verbe incarné, ou de l'immense Pouvoir du plus grand des Rois, etc., par le P. Zacharie de Lisieux. *Paris,* 1642, 2 vol. in-4.
569 L'Esprit de Gerson, ou Instruction catholique touchant le St-Siége ; 1692, 1 vol. p. f.
570 Instruction pastorale sur les promesses de Jésus-Christ à son Eglise, par J^{ques} B^{gne} Bossuet. *Paris,* 1729, 1 v. in-12.
571 Mandement de Mgr Louis-Antoine-Augustin Pavy, évêque d'Alger, sur la divinité de l'Eglise. *Alger,* 1855, broch. in-8, 62 p.

§ 4. — SUR LES QUATRE FINS DE L'HOMME, LE PURGATOIRE, LES APPARITIONS.

572 Dionysii Carthusiani liber utilissimus de quatuor hominis novissimis. *Coloniæ, opera et impensa Melchioris Novesiani,* 1535, 1 vol. in-8.
_{Titre encadré d'une vignette, tranche dorée et guillochée.}
573 Idem opus. *Parisiis, ap. viduam Mauricii à Portâ,* 1551, 1 vol. t. p. in-8.
574 De l'estat des ames après le trépas, et comment elles vivent étant du corps séparées et des purgatoires qu'elles

souffrent en ce monde et en l'autre après icelle séparation, par Melchior de Flavin. *Rouen*, 1614, 1 v. in-12.

575 L'âme souffrante.... dans le Purgatoire, par le R. P. Paul d'Ubaye. *Lyon*, 1671, 1 vol. in-8.

576 Le Trésor des âmes du Purgatoire, par Mre Pierre de Laura. *Lyon*, s. d., 1 vol. in-12.

577 Traité sur les apparitions des Esprits et sur les Vampires ou sur les Revenants de Hongrie, de Moravie, etc., par le R. P. Dom Augustin Calmet. *Paris*, 1751, 2 v. in-12.

578 Discours et histoires des Spectres, Visions et Apparitions des Esprits, Anges, Démons et Ames se montrant visibles aux hommes..... aussi est traité des Extases, Ravissements, etc., par Pierre le Loyer, conseiller du Roy. *Paris*, 1605, 1 vol. in-4.

579 Cinq histoires admirables, èsquelles est montré comme miraculeusement par la vertu et puissance du saint Sacrement de l'autel a été chassé Beelzebud...., par D. Ch. Blendée, religieux de Marchiennes. *Paris*, 1582, 1 vol. in-8.

§ 5. — SUR LA GRACE.

580 Veritates de auxilio Gratiæ, auct. Petro Jammy. *Gratianopoli*, 1659, 2 vol. in-12.

581 Tractatus theologicus de Gratiâ, auct. R. P. Petro Magallaneo ; 1673, 1 vol. in-8.

582 Exposition de la foi catholique, touchant la Grâce et la Prédestination. *A Mons, chez Gasp. Migeot*, 1 v. in-12.

583 Le Miroir de la piété chrétienne, où l'on considère l'enchaînement des vérités catholiques de la Prédestination et de la Grâce de Dieu, etc., par Flore de St-Foy. *Liége*, 1677, 1 vol. in-12.

584 De l'Action de Dieu sur les créatures (traité de la prémotion physique), par M. Boursier. *Paris*, 1715, 1 vol. in-4.

585 Histoire et analyse de l'Action de Dieu, de M. Boursier (apologie de cet ouvrage), s. l.; 1753, 3 vol. in-12.

586 Réflexions sur la Prémotion physique, par le R. P. Malle-

branche (réfutation du livre de l'Action de Dieu);
Paris, 1715, 1 vol. in-12.

587 Traité de la Nature et de la Grâce (par le P. Mallebranche). *Cologne*, 1683, 1 vol. in-12.

§ 6. — SUR LES SACREMENTS.

588 Commentarius historicus et dogmaticus de Sacramentis, auct. Gasp. Juenin. *Lugd.*, 1717, 1 vol. in-fol.

589 De Triplici examine Ordinandorum, Confessariorum et Pœnitentium, auth. Ludovico Bail. *Lugd.*, 1670, 1 vol. in-8.

590 Joannis Sanchez selectæ et practicæ Disputationes de rebus in administratione Sacramentorum occurrentibus. *Lugd.*, 1643, 1 vol. in-fol.

591 Demonstrationum ex verbo Dei de septem Sacramentis Ecclesiæ lib. unus, auct. F^{co} Sonnio. *Antuerpiæ*, 1576, 1 vol. in-8.

592 Praxis fori pœnitentialis ad directionem Confessarii in usu sacri sui muneris, auct. R. P. Valerio Reginaldo. *Lugd.*, 1616, 2 vol. in-fol.

593 Exomologesis, sive Modus confitendi, per Erasmum Roterodamum, opus nunc primùm et natum et excusum. *Basileæ*, 1524, 1 vol. in-32, goth., couv. en papier.

594 Opusculum R. P. Guillermi Pepyn super *Confiteor*. *Parrhisiis*, ap. *Chevallon*, 1519, 1 vol. in-8, goth., rel. gauff.

595 Historia eucharistica, auct. R. P. B^{to} Gonono. *Lugd.*, 1635, 1 vol. in-12.

596 Accidentia profligata species instauratæ, sive de Speciebus panis et vini post consecrationem...., opus philosophico-theologicum. *Mediolani*, 1700, 1 vol. in-12.

597 Historia scholastica de Speciebus eucharisticis, auct. Jacobo Sallier ; 1687, 2 vol. in-4.

598 Systema eucharisticum R. P. Maignani vindicatum, opus philosophico-theologicum, auct. R. P. Joan. Saguens. *Tolosæ*, 1705, 1 vol. in-4.

599 Théorie et pratique des sacrements, des censures, des monitoires et des irrégularités. *Paris*, 1761, 3 v. in-12.

600 Conférences de la Congrégation des curez du Lyonnois, tenues dans la paroisse de Mornant sur les rubriques de la Messe et sur les Sacrements, par Mre Estienne Bouquin, curé de Bang et Givorg. *Lyon*, 1651, 1 vol. in-8.

601 Conférences ecclésiastiques du diocèse de La Rochelle, sur le saint Sacrifice et l'Office divin. *La Rochelle*, 1676, 1 vol. in-12.

602 Pratique du sacrement de Pénitence, ou Méthode pour l'administrer utilement (Pratique de Verdun), par Louis Habert. *Paris*, 1728, 1 vol. in-12.

603 Défense de la discipline qui s'observe dans plusieurs diocèses de France, touchant l'imposition de la pénitence publique, pour les péchés publics. *Sens*, 1677, 1 v. in-12.

604 Avis donnés aux Confesseurs par saint Charles Borromée. *Lyon*, 1674, 1 vol. in-12.

605 Conduite des Confesseurs dans le tribunal de la Pénitence selon les instructions de saint Charles. *Paris*, 1742, 1 v. in-12.

606 Conférences ecclésiastiques d'Agde, touchant la discipline ancienne et nouvelle, de l'administration du Sacrement de Pénitence. *Lyon*, 1695, 2 vol. in-12.

607 Du vray corps de Jésus-Christ au saint Sacrement de l'autel, par M. Gabriel de Saconay, Præcenteur et Conte de l'Eglise de Lyon. *Lyon, Roville*, 1565, 1 vol. in-4.

608 De la fréquente communion, par M. Ant. Arnaud. *Paris*, 1644, 1 vol. in-4.

609 Pensées théologiques contenantes l'exposition des paroles des sacro-saincts Evangélistes, touchant l'institution de l'auguste sacrement de l'autel, par Mre Gueydet, curé de l'église de Saint-Pierre de Montbrison. *Lyon*, 1646, 1 v. in-8.

§ 7. — SUR LES VERTUS ET LES VICES.

610 Leonardi Lessii de Justitiâ et jure, cæterisque virtutibus cardinalibus libri quatuor. *Lugd.*, 1653, 1 vol. in-fol.

611 Virtutum vitiorumque exempla ex utriusque Legis promptuario decerpta per R. D. Guill. Peraldum, episc. lugdun. *Lugd.*, 1680, 1 vol. in-12.

612 Guillelmi Peraldi episc. lugdun. Summa Virtutum ac Vitiorum. *Lugd.*, 1668, 1 vol. in-4.

613 Trattato della Pazienza, opera del P. Angelo Paciuchelli. *In Venetia,* 1661, 1 vol. in-4.

§ 8. — SUR L'USURE ET LE PRÊT A INTÉRÊT.

614 Dissertatio de usurariâ trium contractuum pravitate. *Lugd.*, 1673, 1 vol. in-12.

615 Negotiatio et mutuatio licita pecuniæ, seu Tractatus de æquitate trium contractuum qui exercentur in negotiatione et cambio lugdunensi. *Coloniæ*, 1678, 1 vol. in-12.

616 De licito usu pecuniæ, auct. R. P. Maignan. *Lugd.*, 1675, 2 vol. p. f.

617 Eclaircissement sur le légitime commerce des intérêts, par le R. P. de Colonia. *Lyon*, 1675, 1 vol. in-8.

618 Lettre à Monseigneur l'archevêque de Lyon, dans laquelle on traite du prêt à intérêt à Lyon (par M. de Royer). *Avignon,* 1763, 1 vol. in-8.

§ 9. — SUR LA MORALE RELACHÉE.

619 Fundamentum theologiæ moralis, id est Tractatus theologicus de recto usu opinionum probabilium ; 1 vol. in-4.

620 R. D. Prosper Fagnanus De Opinione probabili. *Bruxellis,* 1667, 1 vol. in-12.

621 Décrets de NN. SS. PP. les Papes Alexandre VII et Innocent XII contre plusieurs propositions de la morale relâchée. *Liége*, 1680, 1 vol. in-12.

622 La morale des Jésuites extraite fidèlement de leurs livres. par un docteur de Sorbonne (Nic. Perrault). *Mons* 1667, 1 vol. in-4.

623 Le passe-temps des Jésuites, ou Entretiens des Pères Bouhours et Menestrier sur les défauts de leur Compagnie. *A Pampelune, chez les frères Ignace*, 1721. 3 vol. in-12.

624 Les Provinciales, ou Lettres écrites par Louis de Montalte (Blaise Pascal) à un Provincial de ses amis et aux RR. PP. Jésuites sur la morale et la politique de ces Pères, avec les notes de Guillaume Wendrock, s. l., 1700, 3 vol. in-12.

625 Réponse aux Provinciales, ou Entretiens de Cléandre et d'Eudoxe (par le P. Gabriel Daniel, S. J.). *Cologne*, 1696, 1 vol. in-12.

626 Apologie des Lettres Provinciales contre la dernière réponse des Jésuites, intitulée: *Entretiens de Cléandre*, etc. (par Dom Matthieu Petitdidier, Bénédictin). *Rouen*, 1698, 2 vol. in-12.

SECTION III.

Théologie polémique.

§ 1. — TRAITÉS SUR LA VÉRITÉ DE LA RELIGION CHRÉTIENNE.

627 Théologie contre les Athéistes, autrement Livre de Dieu, par M. J. Le Breton. *Paris*, 1613, 1 vol. in-8, parch.
Ouvrage dont le style est bizarre.

628 Le Théologien dans les conversations avec les Sages et les Grands du monde. *Lyon*, 1696, 1 vol. in-12.

629 Les Triomphes de la Religion chrétienne, par le R. P. Boucher, S. J. *Paris*, 1628, 1 vol. in-fol.

630 La Doctrine curieuse des Beaux-Esprits de ce temps combattue et renversée, par le P. François Garassus, S. J. *Paris*, 1624, 1 vol. in-4.

631 Traité de la vérité de la Religion chrétienne (par Jacques Abbadie). *Rotterdam, Reinier Leers*, 1740, 3 vol. in-12.

632 Traité des principes de la Loi chrétienne. *Paris*, 1736, 2 vol. in-12.

633 La Religion chrétienne prouvée par les faits, par M. l'abbé Houtteville. *Paris*, 1749, 2 vol. in-12.

634 Preuves de la Religion de Jésus-Christ contre les Spinosistes et les Déistes. *Paris*, 1751, 3 vol. in-12.
<small>Il manq. la 1re part. du tom. 1er.</small>

635 La Certitude des preuves du Christianisme, ou Réfutation de l'Examen critique des Apologistes de la Religion chrétienne, de Fréret, par M. Bergier. *Paris*, 1767, 1 vol. in-12.

636 Le Philosophe chrétien, ou Lettres à un jeune homme, entrant dans le monde, sur la vérité et la nécessité de la Religion. *Avignon*, 1765, 1 vol. in-8.

637 Lettres de quelques Juifs portugais, allemands et polonais à M. de Voltaire (par l'abbé Nonotte). *Paris*, 1776, 3 vol. in-12.

638 Les Américaines, ou la Preuve de la Religion chrétienne par les lumières naturelles, par Mme Le Prince de Beaumont. *Lyon*, *Bruyset*, 1770, 5 vol. in-12.

639 Apologie de la Religion chrétienne, par M. Bergier. *Paris*, 1769, 2 vol. in-12.

640 Réfutation abrégée du livre des Ruines de Volney et de l'Origine de tous les cultes de Dupuis, par M. D. N., aumônier de l'Ecole Polytechnique. *Louvain*, 1823, 1 vol. p. f.

641 Le Comte de Valmont, ou les Egarements de la Raison (par l'abbé Gérard). *Paris*, 1827, 3 vol. in-12 pour 5; manq. le 1er et le 4e.

642 L'Analogie de la Religion naturelle et révélée avec l'ordre et le cours de la nature, par Jh. Butler, év. de Durham, trad. de l'anglais. *Paris*, 1821, 1 vol. in-8.

643 Telliamed, ou Entretiens d'un philosophe indien avec un missionnaire français, sur la diminution de la mer, la formation de la terre, l'origine de l'homme, etc. *Bâle*, 1749, 1 vol. in-12.
<small>Combat indirectement la révélation.</small>

§ 2. — TRAITÉS CONTRE LES HÉRÉTIQUES EN GÉNÉRAL, CONTROVERSE AVEC LES PROTESTANTS.

644 De catholicâ Veritate diatriba pro epithalamio, auct. R. P. Jac. Gordono, S. J. *Burdigalæ*, 1623, 1 vol. in-12, rel. parch., doré s. tr.

645 R. P. Alphonsi de Castrozamorensis adversùs omnes hæreses libri xiv. *Lugd.*, *ap. Frellonios*, 1546, 1 vol. in-8.

646 Demonstrationes symbolorum veræ et falsæ Religionis, auct. P. Zachariâ Boverio. *Lugd.*, *Cardon*, 1617, 2 vol. in-fol., front. gr.

647 Enchiridion controversiarum præcipuarum nostri temporis de Religione, auct. R. P. Francisco Costero, S. J. *Turnoni*, 1591, 1 vol. in-12.

648 Demonstrationes Religionis christianæ ex verbo Dei, auct. Francisco Sonnio, episc. buscoducensi. *Parisiis*, 1568, 1 vol. in-8.

649 Compendium concertationis hujus sæculi Sapientium ac Theologorum super erroribus moderni temporis, per Joan. Bunderium à Gandavo. *Parisiis*, 1546, 1 vol. in-8.

650 Petri Lizetii adversùs pseudoevangelicam hæresim libri iv. *Lutetiæ, ap. Poncetum Le Preux*, 1551, 1 vol. in-4.

651 Controversiarum ratisponensium diligens et luculenta explicatio per Albertum Pighium. *Coloniæ, ex officinâ Melchioris Novesiani*, 1545, 1 vol. in-fol.

652 Disputationum Roberti Bellarmini, S. J. de controversis christianæ fidei adversùs hujus temporis hæreticos, tomus 1us. *Lugd., ap. Joan. Pillehotte*, 1590, 1 vol. in-fol.

653 Unio Hermani Bodii ex Ecclesiæ Doctoribus selecta. *Lugd., Monnier*, 1533, 1 vol. in-8.

Recueil de passages de l'Ecriture et des Pères contre les erreurs du temps.

654 L'Union d'Herman Bodius translatée en français, s. l.; 1551, 1 vol. t. p. f.

655 D. Stanislai Hosii, S. R. E. Card. Opera omnia. *Antuerpiæ, ap. hæredes Jo. Stelsii*, 1571, 1 vol. in-fol.

656 Défense de la Foy et Religion chrestienne traduite du latin de Stanislas Hosius, par Jean de Lavardin. *Paris, Nic. Chesneau*, 1583, 1 vol. in-fol.

657 Serenissimi Jacobi Magnæ Britanniæ, Franciæ et Hiberniæ Regis Declaratio pro jure regio sceptrorumque immunitate, etc. *Londini*, 1616, 1 vol. in-4.

658 Réponse à l'advertissement adressé par le sérénissime roi de la Grande-Bretagne Jacques Ier à tous les Princes et Potentats de la Chrétienté, par R. P. N. Coeffeteau. *Paris, Cramoisy*, 1615, 1 vol. in-8.

659 L'Idolâtrie huguenote figurée au patron de la vieille payenne, par Louis Richeome, S. J. *Lyon*, 1608, 1 vol. in-8.

660 L'heureuse conversion des Huguenots qui ont cogneu l'abus de la prétendue religion, par Jacques d'Illaire, sieur de Jouyac. *Lyon*, 1609, 1 vol. in-8.

661 Flambeau de la vérité catholique qui fait voir à tous très-clairement..... que tous ceux qui meurent en la religion prétendue réformée sont infailliblement. éternellement damnez, par le R. P. Séraphin de la Croix, forésien. *Paris*, 1626, 1 vol. in-4.

662 Bouclier de la Foy catholique contre le bouclier de la religion prétendue du Ministre du Moulin, par Mre J. Jaubert de Barrault, év. de Bazas. *A Paris, par Antoine Estiene imprimeur du Roy*. 1626. 1 vol. in-fol.

663 Institution de la Religion chrétienne, par Jean Calvin. *A Genève, chez Jean Crespin*, 1560, 1 vol. in-fol.

664 Institution catholique où est déclarée et confirmée la vérité de la Foy contre les hérésies et superstitions de ce temps, par Pierre Coton, forésien, S. J. *Paris, Chappelet*, 1610, 2 vol. in-4, frontisp. gr.

On lit sur la garde du 1er vol. la note suivante :

J'ay donné au frère Félix capucin anfan de Nayronde an Foretz lieu de la naiscance de feu l'autheur du prés livre. Faict à Chenevoux ce 15 octobre mille six cant ving et six. Coton autremant de Chenevoux 1626.

665 Le même ouvrage, 2ᵉ édit. *Paris, Chappelet,* 1612, 1 vol. in-4.

666 Genève plagiaire, ou Vérification des dépravations de la parole de Dieu qui se trouvent ès Bibles de Genève, par Pierre Coton, forésien, S. J. *Paris, Chappelet,* 1617, 1 vol. in-fol. orné d'un beau frontispice gravé.

667 Recheute de Genève plagiaire, ou Répliques aux prétendues défenses de Bénédict Turretin, par Pierre Coton. *Lyon,* 1620, 1 vol. in-4.

668 Méthode facile pour convaincre toutes sortes d'Hérétiques et particulièrement les modernes, par le R. P. Raphael. *Paris,* 1665, 1 vol. in 8.

669 La vérité catholique victorieuse contre l'impiété de Calvin, qui nie que Jésus-Christ soit mort pour tous les hommes, par le R. P. Balthazar. *Aix,* 1676, 1 vol. in-8.

670 Méthode facile pour convaincre les Hérétiques, par M. François Péan. *Paris,* 1659, 1 vol. in-12.

671 Réflexions sur les différends de la Religion, avec les preuves de la tradition ecclésiastique. *Paris,* 1686, 1 vol. in-12.

672 Traité qui contient la méthode la plus facile et la plus assurée pour convertir ceux qui se sont séparés de l'Eglise, par le cardinal de Richelieu. *Paris, Seb. Cramoisy,* 1663, 1 vol. in-4.

673 Trois traités de Controverse, par M. Maimbourg. *Paris, Seb. Mabre Cramoisy,* 1682, 1 vol. in-12.

674 La sainte liberté des enfants de Dieu et frères de Christ, à Messieurs de la Religion réformée; 1660, 1 vol. in-12.

675 Histoire de l'Eucharistie, par Matthieu Larrogue, ministre de Vitré. *Amsterdam, chez Daniel Elzevier,* 1671, 1 vol. in-12.

676 La véritable Décision de toutes les controverses, par le R. P. Basile, de Soissons. *Rouen,* 1680, 1 vol. in-8, le fr. m.

677 Fondement inébranlable de la Doctrine chrétienne, par le même. *Paris,* 1685, 4 vol. in-8.

678 Défense invincible de la vérité orthodoxe de la présence réelle de Jésus-Christ en l'Eucharistie, par le même ; 1685, 1 vol. in-8.

679 La Perpétuité de la foi de l'Eglise catholique touchant l'Eucharistie, défendue contre le livre du sieur Claude. *Sens*, 1669, 5 vol. in-4.

680 Traité de la confession contre les erreurs des Calvinistes, avec la réfutation du livre de M. Daillé, par Dom Denis de Sainte-Marthe. *Paris*, 1685, 1 vol. in-8.

681 De la Vérité de l'Eucharistie, avec la réfutation des faussetez que Calvin, Beze, et autres ont mises en avant, par le sieur de Lartigue. *Lyon*, 1685, 1 vol. in-4.

682 Remarques sur une lettre de M. Spon de la Religion prétendue réf., contenant les raisons qui font prendre à ces M^{rs} la Religion cath. pour nouvelle, et la leur pour ancienne. *Lyon*, 1681, 1 vol. in-12.

683 Exposition de la Doctrine catholique sur les matières de controverse, par Jacques-Bénigne Bossuet. *Paris*, 1680, 1 vol. in-12.

684 Histoire des Variations des Eglises protestantes, par le même. *Paris, Mabre Cramoisy*, 1688, 2 vol. in-4.

685 Avertissements aux Protestants sur les lettres du ministre Jurieu contre l'histoire des Variations, par le même. *Paris*, 1689, 1 vol. in-4.

686 Le vray Système de l'Eglise et la véritable analyse de la Foy, par Pierre Jurieu. *Dordrecht*, 1686, 1 vol. in-8.

687 La véritable Croyance de l'Eglise catholique et les Preuves de tous les points de sa doctrine fondées sur l'Ecriture Sainte. *Paris*, 1745, 1 vol. in-12.

688 Motifs de la conversion de Joachim-Frédéric Minutoli, avec les caractères de quarante Ministres de l'Académie de Genève. *Modène*, 1714, 1 vol. in-12.

689 Les Entretiens d'Arquée et de Néotère sur divers sujets qui regardent la Religion, par M. de Merez. *Lyon, Jean Certe*, 1706, 2 vol. in-12.

690 Deux mots de paix à M^{rs} les Ministres protestants de Lyon (par l'abbé Jacques). *Lyon*, 1827, 1 vol. in-8.

691 La vérité rendue sensible à Louis XVI, par un admirateur de M. Necker. *Londres*, 1782, 1 vol. in-8.

<small>L'auteur, pour engager Louis XVI à accorder l'état civil aux Protestants, cherche à prouver que les Croyances et les Pratiques catholiques ont corrompu l'Institution primitive.</small>

692 Discours à lire au Conseil en présence du Roi, par un Ministre patriote, sur le projet d'accorder l'état civil aux Protestants; 1787, 1 vol. in-8 (combat la mesure proposée).

693 Excellence de la Religion catholique, ou Correspondance entre une société de Protestants religieux et un théologien catholique, trad. de l'angl. de M. Milner. *Paris*, 1823, 2 vol. in-8.

694 Les nouvelles Lumières politiques pour le gouvernement de l'Eglise, ou l'Evangile nouveau du Cardinal Palavicin. *Paris*, 1677, 1 vol. in-12.

695 Le Rabelais réformé, ou les Bouffonneries, impertinentes impiétés et ignorances de Pierre du Moulin, ministre de Charenton, recueillies de son livre : *De la Vocation des Pasteurs*, par le P. Garasse, S. J. *Paris*, 1624, 1 vol. in-8.

§ 3. — CONTROVERSE AVEC LES JANSÉNISTES.

696 Cornelii Jansenii, episc. yprensis AUGUSTINUS, seu Doctrina S. Augustini de humanæ naturæ sanitate, ægritudine, etc. *Rothomagi*, 1652, 1 vol. in-fol.

697 Anti-Jansenius, hoc est selectæ Disputationes de hæresi pelagianâ et semipelagianâ, etc., auct. Ant. Moraines. *Lutetiæ*, 1652, 1 vol. in-fol.

698 Doctrina theologica, per Belgium manans ex academiâ lovaniensi ab anno 1644 usque ad annum 1677, per Theologos Belgas fidei orthodoxæ studiosos. *Moguntiæ*, 1681, 1 vol. in-4.

699 Recueil historique des Bulles, etc., concernant les erreurs de ces deux derniers siècles; 1697, 1 vol. in-8.

700 Le Système de Jansénius renouvelé par Quesnel dans les cent une propositions extraites de son livre (précédé de la Bulle *Unigenitus*); 1719, 1 vol. in-4.

701 Règles de saint Augustin pour l'intelligence de sa doctrine, avec la réfutation des principes de Jansénius, par le sieur de Marande. *Paris*, 1656, 1 vol. in-8.

702 Le véritable esprit des nouveaux disciples de saint Augustin. *Bruxelles*, 1705, 3 vol. in-12.

703 Lettres instructives sur les erreurs du temps. *Lyon*, 1715, 1 vol. in-12.

704 Histoire abrégée de la vie et des ouvrages de M. Ant. Arnauld, ci-devant imprimée sous le titre de : *Question curieuse si M. Arnauld est hérétique* (par Pasquier Quesnel). *Cologne*, 1695, 1 vol. in-12.

705 La conduite de l'Eglise et du Roi justifiée dans la condamnation de l'hérésie des Jansénistes, par le R. P. François Annat, S. J. *Paris*, 1664, 1 vol. in-4.

706 Les Hexaples, ou les six Colonnes sur la Constitution *Unigenitus* avec l'histoire du livre des Réflexions morales du P. Quesnel. *Amsterdam*, 1721, 8 vol. in-4.

707 Anti-Hexaples, ou Analyse des cent une propositions du Nouveau Testament du P. Quesnel, par le R. P. Paul de Lyon, capucin. *Lyon*, 1715, 2 vol. in-12.

708 Traité du formulaire où l'on examine à fond l'affaire du Jansénisme, quant au fait et quant au droit. *Utrecht*, 1736, 2 vol. in-12.

709 Plainte et protestation du P. Quesnel contre la condamnation des cent une propositions, avec un ample exposé de ses vrais sentiments ; s. l.; 1717, 1 vol. in-12.

710 Traité théologique sur les cent une propositions du P. Quesnel, par le cardinal de Bissy, évêque de Meaux. *Paris*, 1722, 3 vol. in-4.

711 Deux Lettres de M. l'archevêque de Cambray, au P. Quesnel et réponse du P. Quesnel ; 1711, 1 vol. in-12.

712 Instruction pastorale de l'archevêque de Cambray sur le Jansénisme en forme de dialogues. *Cambrai*, 1714, 1 vol. in-12.

713 Mandement et instruction pastorale de l'archevêque de Cambray, pour la réception de la Constitution UNIGE-NITUS. *Cambray,* 1714, 1 vol. in-12.
714 Défense de la Constitution de N. S. P. le Pape, portant condamnation du Nouveau Testament du P. Quesnel. *Liége,* 1714, 1 vol. in-12.
715 Dissertation sur l'appel interjeté de la Constitution UNIGENITUS au concile général ; 1717, 1 vol. in-12.
716 Solution de divers problèmes très-importants pour la paix de l'Eglise ; 1699, 1 vol. in-12.
717 Les Artifices des Hérétiques. *Paris,* 1681, 1 vol. in-12.
718 Lettres d'un docteur de Sorbonne à un homme de qualité, touchant les hérésies du 17e siècle. *Paris,* 1711, 1 vol. in-12.
719 Le P. Bouhours, jésuite, convaincu de ses calomnies anciennes et nouvelles contre messieurs de Port-Royal ; 1700, 1 vol. in-12.
720 Instruction familière sur la soumission due à la Constitution UNIGENITUS, par M. l'abbé de St-Pierre. *Avignon,* 1718, 1 vol. in-12.
721 Difficultez proposées à M. l'évêque de Soissons, sur sa lettre à M. d'Auxerre, par un théologien catholique ; 1727, 1 vol. in-12.
722 Avertissements de Mgr l'évêque de Soissons à ceux qui, dans son diocèse, se sont déclarés appelants de la Constitution UNIGENITUS ; 5 vol. in-12.
723 Les nouvelles et anciennes reliques de M. l'abbé de St-Cyran. *A Melphe,* 1680, 1 vol. in-4.
724 Abrégé du second volume de M. de Montgeron sur les miracles de M. de Pâris ; 1799, 1 vol. in-12.
725 Bibliothèque janséniste, ou Catalogue alphabétique des principaux livres jansénistes (par le P. de Colonia), s. l. ; 1731, 1 vol. in-12.

§ 4. — OUVRAGES RELATIFS AU QUIÉTISME.

726 Explication des Maximes des Saints, sur la vie intérieure, par Mre François de Salignac Fénelon, arch. de Cambray. *Paris*, 1697, 1 vol. in-12.

727 Relation sur le Quiétisme, par messire Jacques-Bénigne Bossuet. *Paris*, 1698, 1 vol. in-12.

728 Réponse de M. l'archevêque de Cambray à l'écrit de M. de Meaux, intitulé : *Relation sur le Quiétisme* ; 1 vol. in-12.

729 Dialogues posthumes du sieur de la Bruyère sur le Quiétisme. *Paris*, 1699, 1 vol. in-12.

730 Instruction pastorale de Mgr l'archevêque de Paris sur la perfection chrétienne et sur la vie intérieure, contre les illusions des faux mystiques. *Lyon*, 1698, 1 vol. in-12.

SECTION IV.

Théologie catéchétique.

731 Le Catéchisme du concile de Trente (*Catechismus ad Parochos*), latin-français. *A Mons, chez Gaspard Migeot,* 1685, 2 vol. in-12.

732 La Practique du Catéchisme romain, par C. Thuet. *Paris*, 1630, 1 vol. in-4, frontispice gravé.

733 Doctrina S. Concilii Tridentini et Catechismi romani collecta et explicata, per R. D. Joan. Bellarminum. *Lugd.*, 1683, 1 vol. in-8.

734 Catéchisme, ou ample Déclaration de la doctrine chrétienne, composé par le cardinal Bellarmin, trad. en fr. par le P. Pacaud. *Lyon*, 1644, 1 vol. in-12.

735 Opus catechisticum, sive de Summâ doctrinæ christianæ D. Petri Canisii, S. J.; 1 vol. in-fol., le frontisp. manq.

736 Catéchisme, ou Instruction familière sur les principales vérités de la religion catholique, par Pierre Canisius. *Paris*, 1686, 1 vol. in-12.

737 Catéchisme de Montpellier. *Paris,* 1728, 3 vol. in-12.
738 Catéchisme de Bourges, par M. de la Chetardie. *Bourges,* 1703, 1 vol. in-12.
739 Catéchisme du R. P. Louis de Grenade, traduit de l'espagnol, par M. Girard. *Paris,* 1675, 1 vol. in-fol.
740 Catechismus latino-arabicus, auct. Savary de Breves. *Romæ*, 1613, 1 vol. p. in-fol.
— Catéchisme historique de Fleury (voir Polygraphie).
741 L'ordinaire des Crestiens. *Rouen,* 1471, 1 v. in-8, goth.
742 De Sacramentis Ecclesiæ, Opus catechisticum, auct. Bediano Morange. *Lugd.*, 1673, 1 vol. p. in-fol.
743 Les Vérités les plus importantes de la foi, expliquées clairement et méthodiquement, par Messire Louis Abelly, év. de Rodez. *Lyon,* 1680, 1 vol. in-8.
744 Fleurs des exemples, ou Catéchisme historial, par Anthoine d'Averoult. *Lyon,* 1608, 2 vol. in-8, parch.
745 Abrégé de la Morale chrétienne et des principales vérités de la foi contenues dans les saintes Ecritures, en latin et en français. *Paris,* 1788, 1 vol. in-12.
746 Conférences sur le Symbole des Apôtres, les Sacrements, etc., par demandes et réponses. *Lyon,* 1753, 2 v. in-12.
747 Instruction des Curés pour instruire le simple peuple. *Paris, Simon Vostre,* s. d., 1 vol. in-4, goth.

SECTION V.

Théologie ascétique.

§ 1. — TRAITÉS PROPRES A TOUS LES ÉTATS.

748 Christus crucifixus, auct. Jacobo Pinto, S. J., les deux 1ers vol. *Lugd.*, 1644, 2 vol. in-fol.
749 Divi Laurentii Justiniani protopatriarchæ veneti Opera. *Venetiis, ap. Barth. de Albertis,* 1606, 1 vol. in-fol.

750 Ludovici Gresollii, S. J. Anthologia sacra, seu de Selectis piorum hominum virtutibus. *Lutetiæ*, 1632, 1 vol. in-f.
751 R. P. Drexelii, S. J. Opera mystica. *Lugd.*, 1658, 1 vol. in-fol.
752 Ejusdem Rhetorica cœlestis, seu attentè precandi Scientia. *Antuerpiæ*, 1652, 1 vol. t. p. f.
753 Ejusdem Noemus ; 1 vol. t. p. f., le titre manque.
754 Ejusdem Gazophylacium Christi, Eleemosina. *Monachii* (Munich), 1651, 1 vol. t. p. f.
755 Ejusdem Orbis Phaeton, hoc est de universis vitiis linguæ. *Coloniæ*, 1634, 1 vol. t. p. f.
756 Ejusdem Deliciarum gentis humanæ pars 2ª Christus Jesus moriens. *Antuerpiæ*, 1644, 1 vol. t. p. f.
757 Thomæ Cantiprataui (Cantimpré ou de Chantpré) Bonum universale de Apibus (miraculorum libri II); le titre manq., 1 vol. in-12.
758 Eruditorium penitentiale cuilibet christicole pernecessarium ; 1 vol. in-8, goth., s. d., curieux par ses grav. s. b.
759 Enchiridion salutis operandæ per gratiam Christi. *Correriæ*, 1699, 1 vol. in-12.
760 Liber Christus signatus septem sigilliś, in quo sub figurâ libri signati septem festa principalia Christi elucidantur. auct. R. P. Octavio Worst. *Romæ*, 1666, 1 vol. in-4.
761 Jacobi Saliani, S. J. de Amore Dei libri XVI. *Lutetiæ*, 1631, 1 vol. in-4.
762 Manuductio ad cœlum, auct. D. Joan. Bona. *Parisiis*, 1664, 1 vol. in-18.
763 Ræmundi Sebundii de Naturâ hominis dialogi. *Lugd.*, 1568, 1 v. p. f.
764 Tota Pauli Scientia, Christus patiens, auct. R. P. Zacharia. —Ejusdem Sylva sacrorum. *Parisiis*, 1662, 1 v. in-4.
765 Joannis Gersonis de Imitatione Christi libri IV. *Lugd.*, 1529, 1 vol. p. f., goth.
766 Idem opus. *Lugd.*, *Cardon*, 1601; sequuntur quædam alia opera mystica ; 1 vol. p. f. titre encadré, rel. parch.

767 Choix d'ouvrages mystiques contenant : SAINT AUGUSTIN, Confessions, Méditations. — BOÈCE, Consolation de la Philosophie. — SAINT BERNARD, Traité de la Considération. — GERSEN, Imitation de Jésus-Christ — TAULER, Institutions. — LOUIS DE BLOIS, le Directeur des Ames religieuses. *Paris, Desrez,* 1835, 1 vol. in-8, P. L.

768 Divers ouvrages de piété, tirés de Saint Cyprien, Saint Basile, Saint Hiérôme, Saint Chrysostôme, Saint Augustin, Saint Paulin, Saint Fulgence, Saint Grégoire pape, Saint Bernard. *Paris,* 1673, 1 vol. in-12.

769 Les OEuvres du bienheureux Jean d'Avila, trad. de l'espagnol par M. Arnauld d'Andilly. *Paris,* 1673, 1 vol. in-fol.

770 L'Image de la vie chrétienne. trad. du portugais d'Hector Pinto, par Guillaume de Cursol. *Paris,* 1580, 1 vol. in-8.

771 Les OEuvres spirituelles du R. P. Louis de Grenade, trad. de l'esp. par le P. Simon Martin. *Lyon,* 1656, 1 vol. in-fol.

772 La Guide des pécheurs, par le P. de Grenade, trad. par M. Girard. *Paris,* 1659, 1 vol. in-8.

773 Le Mémorial de la vie chrétienne, par le R. P. Louis de Grenade, trad. par M. Girard. *Paris,* 1710, 3 vol. in-8.

774 Les OEuvres de saint François de Sales, év. et prince de Genève. *Paris, Seb. Huré,* 1652, 1 vol. in-fol.
Lettres ornées, têtes de chapitres.

775 Les OEuvres du cardinal de Bérulle. *Paris,* 1657, 1 vol. in-fol.

776 Les Véritez de l'Evangile, ou l'Idée parfaite de l'amour divin exprimée dans l'intelligence cachée du Cantique des Cantiques, par le R. P. Leandre. *Paris,* 1661, 2 vol. in-fol.

777 De la Connaissance et de l'Amour du Fils de Dieu N. S. J. C., par le P. Jn-Bte St-Jure, S. J. *Paris,* 1666, 1 vol. in-fol., frontisp. gravé.

778 L'Honneste femme victorieuse des passions, par le P. Du Bosc. *Lyon,* 1665, 1 vol. in-12.

779 La Conduite des Illustres, ou les Maximes pour aspirer à la gloire d'une vie héroïque et chrétienne, par le R. P. Jacques d'Autun. *Paris*, 1657, 1 vol. in-4.

780 Traité des quatre sacrez amours, par le R. P. Loys de la Rivière. *Lyon*, 1630, 1 vol. in-4.

781 La Cour sainte, par le R. P. Nicolas Caussin, S. J. *Lyon*, 1668, 4 vol. in-8.

782 La Cour sainte, avec portraits, tome 2ᵉ. *Paris*, 1657, 1 vol. in-fol.

783 Le Flambeau du juste, par le P. Sébastien de Senlis. *Paris*, 1643, 2 vol. in-4., fr. gravé.

784 L'Esprit de saint François d'Assise, par le P. Bernardin. *Paris*, 1662, 1 vol. in-4.

785 Le Christianisme fervent dans la primitive Eglise et languissant dans celle de nos derniers siècles, par le R. P. Pascal Rapine. *Paris*, 1671, 3 vol. in-4.

786 Le Christianisme florissant au milieu des siècles, par le P. Pascal Rapine. *Paris*, 1666, 3 vol. in-4.

787 Le Chrétien du temps par le R. P. François Bonal. *Lyon*, 1668, 1 vol. in-4.

788 La Science du salut, par le P. Philippe Chahu, S. J. *Paris*, 1655, 1 vol. in-4.

789 Le Lys sacré justifiant le bonheur de la piété par divers parangons du lys avec les vertus et les miracles du Roy S. Louis et des autres Monarques de France, par le P. Georges-Etienne Rousselet, S. J. *Lyon*, 1631, 1 v. in-4.

790 Les Œuvres de Miséricorde, par le P. Yves de Paris; 1661, 1 vol. in-4.

791 Les vaines Excuses du pécheur, par le P. Yves. *Paris*, 1662, 1 vol. in-4.

792 L'Agent de Dieu dans le monde, par le P. Yves. *Paris*, 1658, 1 vol. in-4.

793 Le Chrétien parfait, par le P. Angélique d'Alègre. *Paris*, 1665, 1 vol. in-4

794 Les justes Espérances de notre salut opposées au désespoir du siècle, par le P. Jacques d'Autun. *Lyon*, 1649, 2 vol. in-4.

795 L'Homme-Dieu, ou le Parallèle des actions divines et humaines de J.-C., par le Sr Henrys, conseiller du Roy, au Présidial de Forest. *Lyon*, 1654, 2 vol. in-4.

796 Les Tableaux de la pénitence, par Mre Ant^e Godeau. *Paris*, 1654, 1 vol. in-4.

797 Le Livre des Elus, Jésus-Christ en croix, par le R. P. J^n-B^{te} St-Jure, S. J. *Paris*, 1663, 1 vol. in-8.

798 Pratique de la perfection chrétienne, par le P. Alphonse Rodriguez, S. J., trad. de l'esp., 3 vol. in-8.

799 La vraie Perfection de cette vie dans l'exercice de la présence de Dieu, par le P. Jean-François de Reims. *Paris*, 1669, 2 vol. in-8.

800 Pensées sur les plus importantes vérités de la Religion et sur les principaux devoirs du christianisme, par M. Humbert. *Lyon*, 1806, 1 vol. in-12.

801 Les Délices de l'homme intérieur, ou le Cantique des Cantiques exposé mystiquement, par le R. P. Pierre Thomas. *Rouen*, 1653, 1 vol. in-4.

802 Traité du Chemin de perfection écrit par Ste Thérèse et quelques petits traités de la même Sainte, traduits par M. Arnauld d'Andilly. *Paris*, 1659, 1 vol. in-8.

803 Les Soupirs de David contre la vanité des pécheurs et du péché, par F. Jacques d'Arbouze, humble abbé de Cluny. *Lyon*, 1628, 1 vol. in-8.

804 OEuvres mystiques du P. Rapin, S. J. — L'Esprit du Christianisme. — La Perfection du Christianisme. — L'Importance du salut. — La Foi des derniers siècles. — La Vie des prédestinés. *Amsterd.*, 1710, 1 vol. in-12.

805 Introduction à la vie religieuse et parfaite tirée de l'Ecriture Sainte de l'Introduction à la vie dévote et de l'Imitation. *Lyon*, 1677, 1 vol. in-8.

806 Traité de la Confiance en la miséricorde de Dieu. *Paris*, 1725, 1 vol. in-12.

807 Les saintes Voies de la croix, par Henry-Marie Boudon, D^r en th. *Paris*, 1735, 1 vol. in-12.

808 Le Dégoût du monde par maximes tirées de l'Ecriture Sainte et des Pères. *Paris*, 1701, 1 vol. in-12.

809 Les Conseils de la Sagesse, ou le Recueil des maximes de Salomon les plus nécessaires à l'homme pour se conduire sagement. *Paris*, 1727, 2 vol. in-12.

810 Instruction de la jeunesse en la piété chrétienne tirée de l'Ecriture sainte et des Saints-Pères, par M. Ch. Gobinet. *Paris*, 1787, 1 vol. in-12.

811 Lettres spirituelles de Fénelon ; 2 vol. in-12, s. fr.

812 L'Amour agissant, par le P. Yves. *Paris*, 1643, 1 vol. in-12.

813 Les Œuvres spirituelles du P. Soyer. *Paris*, 1667, 2 vol. in-12.

814 Le Directeur pacifique des consciences, par le P. Jean François de Reims. *Paris*, 1666, 1 vol. in-8.

815 La Lice chrétienne, ou l'Amphithéâtre de la vie et de la mort, trad. de l'esp. *Paris*, 1612, 1 vol. in-4.

816 Les Opuscules spirituels de M. Renar, recueillis par Mre Louis Abelly, év. de Rodez. *Paris*, 1687, 1 vol. in-12.

817 Réflexions sur la miséricorde de Dieu, par une dame pénitente. *Lyon*, 1690, 1 vol. in-12.

818 La Main qui conduit au ciel, trad. du latin du cardinal Bona. *Paris*, 1690, 1 vol. in-12.

819 Le Combat des chrétiens, trad. du latin de saint Isidore ; 1 vol. in-12.

820 Les Pensées de la solitude chrétienne sur l'éternité, le mépris du monde et la pénitence, par le R. P. Toussaint de St-Luc. *Lyon*, 1671, 1 vol. in-12.

821 La Solitude chrétienne, suivie de plusieurs opuscules des SS. PP. *Paris*, 1658, 1 vol. p. f.

822 Catéchisme chrétien pour la vie intérieure, par M. Olier. *Paris*, 1657, 1 vol. in-12.

823 Morale chrétienne rapportée aux instructions que Jésus-Christ nous a données dans l'Oraison dominicale. *Paris*, 1672, 1 v. in-4.

824 L'Esprit du Chrétien, de l'Ecclésiastique et du Religieux formé sur celui de Jésus-Christ, par le P. Nicolas de Dijon. *Lyon*, 1688, 3 vol. in-12.

825 Cosmographie universelle et spirituelle, par Guillaume Coppier, lyonnois, ancien capitaine en la marine des Indes du Ponant. *Lyon*, 1670, 1 vol. in-12.

826 Le charmant Ananie, ou un Gentilhomme qui désire arriver au plus haut degré de perfection, par un ancien chanoine de Villefranche. *Lyon, Guyot*, 1827, *imp. de L. Vernay, à Roanne*, 1 vol. in-18.

§ 2. — OUVRAGES DESTINÉS A CERTAINS ÉTATS.

827 Iste liber meritò sit vita scolastica dictus, in quo continentur quinque claves sapientiæ ; 1 vol. in-8, goth., 16 feuillets s. d. en vers.

828 Enchiridion militis christiani, per Des. Erasmum *Parisiis, ap. Simonem Colinæum*, 1523, 1 vol. in-12.

829 Idem opus, cui adjecta sunt alia quædam ejusdem auctoris opuscula. *Argentorati*, 1515, 1 vol. in-4.

830 Vidua christiana, per Des. Erasmum. *Basileæ*, 1529, 1 vol. in-8.

831 Réflexions morales pour les personnes engagées dans les affaires, Intendants, Procureurs, Avocats, Notaires, Huissiers, etc. *Paris*, 1690, 1 vol. in-12.

832 Instruction chrétienne, avec des prières à l'usage des gens de guerre. *Metz*, 1730, 1 vol. in-12.

833 Le bon Mariage, ou le Moyen d'estre heureux et faire son salut en l'estat du mariage, avec un traité des veuves, par le R. P. Maillard. *Paris*, 1647, 1 vol. in-4.

§ 3. — OUVRAGES POUR LES ECCLÉSIASTIQUES ET LES RELIGIEUX.

834 Stella Clericorum; 1 vol. in-8, goth., 16 feuillets s. l. n. d.

835 La Théologie des Pasteurs, par le R. P. Pierre Binsfeld. *Lyon*, 1657, 1 vol. in-8.

836 Liber eruditionis Religiosorum.... quem compilavit magister Hubertus de Romanis. *Estque Parisiis ad hanc formam arte et impensis Henrici Stephani redactus et impressus*, 1505, 1 vol. p. f., goth.

837 R. P. Aquavivæ, S. J. Industriæ ad curandos animæ morbos, ad formandos superiores. *Parisiis*, 1673, 1 v. p. f.

838 Instructions religieuses tirées des annales et chroniques de l'ordre de St-François, par le P. Yves. *Paris*, 1662, 1 vol. in-4.

839 Liber exercitiorum spiritualium triplicis viæ purgativæ, scilicet illuminativæ et unitivæ, auct. R. P. Joanne Michaele. *Coloniæ*, 1603, 1 vol. in-12.

840 R. P. Joannis Eusebii, S. J. Doctrinæ asceticæ, sive spiritualium Institutionum Pandectæ juxtà religiosa instituta. *Lugd.*, 1643, 1 vol. in-fol.

841 Idea de el buen pastor representada in empresas sacras, por el Padre Francisco Nunnez de Cepeda. *En Leon*, 1682, 1 vol. in-4.

842 L'Homme apostolique, ou la Science des véritables ouvriers de l'Évangile, par Mre François Descudier. *Lyon*, 1673, 1 vol. in-4.

843 De la Sainteté et des Devoirs de la vie monastique (par l'abbé de Rancé). *Paris*, 1683, 3 vol. in-4.

844 Le parfait Novice, par le R. P. Bernardin. *Paris*, 1668, 1 vol. in-4.

845 R. P. Theophili Raynaudi, S. J. Dissertatio de sobriâ alterius sexûs frequentatione per sacros et religiosos homines. *Lugd.*, 1653, 1 vol. in-8.

846 L'Aumosne ecclésiastique d'après la tradition de l'Eglise grecque et latine. *Paris*, 1651, 1 vol. in-12.

847 Le parfait Ecclésiastique, ou diverses Instructions sur toutes les fonctions cléricales, par Mre Claude de la Croix. *Paris*, 1666, 1 vol. in-8.

848 Hortus Pastorum sacræ doctrinæ floribus polymitus, auct. R. D. Jacobo Marchantio. *Lugd.*, 1673, 1 vol. in-fol.

849 De la Singularité des Clercs, ou de l'Obligation où sont les Ecclésiastiques de vivre séparés des femmes, trad. du latin de saint Cyprien. *Paris*, 1718, 1 vol. in-12.

850 Le Pasteur instruit de ses obligations, ou Institution des Curés. *Paris*, 1768, 3 vol. in-12.

851 Traité de la Perfection de l'état ecclésiastique. *Lyon*, 1759, 2 vol. in-12.
852 Des Obligations des Ecclésiastiques, tirées de l'Ecriture sainte. *Paris*, 1680, 1 vol. in-12.
853 L'Instruction des Prêtres, par Molina, chartreux de Miraflores, trad. de l'esp. par René Gautier. *Lyon*, 1681, 1 vol. in-12.
854 Traité sur la prière publique et sur les dispositions pour offrir les saints Mystères et y participer avec fruit. *Amsterdam*, 1707, 1 vol. in-12.
855 Le Bon Prêtre, par M. le Prieur de la Calpreuelle. *Paris*, 1664, 1 vol. in-12.
856 De Vitâ religiosè instituendâ, auct. Jac. Alvarez de Paz, S. J. *Lugd.*, 1620, 1 vol. in-8.
857 Ocularia et Manipulus Fratrum Minorum. *Parisiis*, 1582, 1 vol. in-4.
858 Carte de visite faite à l'abbaye de Notre-Dame-des-Clairets, par le R. P. abbé de la Trappe, le 16 février 1690. *Paris*, 1690, 1 vol. in-12.

§ 4. — MÉDITATIONS ET RETRAITES.

859 Traité de l'Oraison et de la Méditation, par le R. P. Louis de Grenade, trad. par M. Girard. *Paris*, 1702, 2 v. in-8.
860 Traité de l'Oraison (par M. Nicole). *Paris*, 1679, 1 vol. in-8.
861 Meditationes piæ ac devotæ R. P. Guillelmi. *Parisiis*, 1600, 1 vol. p. f.
862 Aquæ vitæ de fontibus Salvatoris, hoc est Doctrina evangelica de meditatione mortis, per Henricum Kyspenningium. *Antuerpiæ*, 1583, 1 vol. in-12.
863 Vita et doctrina Jesu Christi ex quatuor Evangelistis collecta et in meditationum materiam distributa, per Nic. Avancinum, S. J. *Coloniæ*, 1690, 1 vol. in-12.
864 Méditations sur les principales vérités chrétiennes et ecclésiastiques pour les dimanches et fêtes, par Matthieu Beuvelet. *Lyon*, 1675, 1 vol. in-4.

865 Les Vérités et excellences de Jésus-Christ, etc., disposées en méditations pour tous les jours de l'année, par François Bourgoing. *Lyon,* 1650, 1 vol. in-4.

866 Méditations pour tous les jours de l'année, par le P. D. Rainssant. *Paris,* 1658, 1 vol. in-4.

867 Méditations religieuses pour le matin et pour le soir, par le P. Paul de Lagny. *Paris,* 1663, 2 vol. in-4.

868 Le livre de Méditation sur soy-mesme, composé par Maistre Robert Cybolle, chancelier de Notre-Dame. *Paris, Symon Vostre,* 1510, 1 vol. in-4, goth.

869 Méditations sur les principaux devoirs de la vie religieuse. *Paris,* 1696, 1 vol. in-8.

870 Considérations sur les dimanches et les fêtes. *Paris,* 1671, 2 vol. in-8.

871 Prières chrétiennes en forme de méditations. *Paris,* 1699, 2 vol. in-12.

872 La Solitude des Vierges, ou la Vie et les vertus de la très-sainte Vierge mises en méditations, par le P. Gentil, S. J. *Lyon,* 1704, 1 vol. in-12.

873 Le Jour évangélique, ou 366 vérités tirées du Nouveau Testament. *Liége,* 1699, 1 vol. in-12.

874 Retraite spirituelle pour un jour de chaque mois, avec les réflexions chrétiennes sur divers sujets de morale, par le R. P. Jean Croiset, S. J. *Lyon,* 1760, 2 v. in-12.

875 Retraite spirituelle, par le P. Le Large, S. J. *Lyon,* 1724. 2 vol. in-12.

876 Retraite spirituelle à l'usage des communautés religieuses, par le P. Bourdaloue, S. J. *Lyon, Bruyset,* 1727, 1 vol. in-12.

877 Retraite de dix jours pour les personnes consacrées à Dieu, par le P. Avrillon. *Paris,* 1740, 1 vol. in-12.

878 Retraite spirituelle pour les personnes religieuses, par le P. Fois Nepveu, S. J. *Lyon,* 1727, 1 vol. in-12.

879 Méditations sur la Passion de N. S. J.-C., par le P. Fois Ruelle. *Lyon,* 1674, 3 vol. in-12.

880 Exercices spirituels, pour aider les âmes dévotes à la pratique de l'oraison suivant les trois voies purgative,

illuminative et unitive, par le P. Thomas de Villacastin ; 1669, 1 vol. in-12.

881 L'Homme d'oraison, par le P. Jacques Nouet, S. J. *Paris*, 1683, 2 vol. in-12.

882 Les Méditations des Zélateurs de piété, contenant les Méditations, les Soliloques et le Manuel de saint Augustin. — Les Méditations de saint Anselme. — Les Méditations et un sermon de saint Bernard. *Paris, Lhuillier*, 1571, 1 vol. in-8.

883 Considérations en forme de méditations sur la règle de saint Benoît, etc., par le P. Philippe François. *Paris*, 1664, 1 vol. in-8.

884 Le Religieux en retraite, ou Retraite spirituelle de dix jours pour toutes sortes de personnes religieuses, par le P. Paul de Noyers. *Avignon*, 1736, 1 vol. in-12.

885 Le Religieux intérieur, par le P. Bernardin. *Paris*, 1663, 1 vol. in-8.

886 Exercices spirituels propres aux Religieux pendant la retraite des dix jours, par le R. P. Joachim Le Contat. *Paris*, 1664, 1 vol. in-8.

887 Méditations sur les sept solennitez principales de N. D., par le R. P. Vincent Bruno, S. J. *Paris*, 1602, 1 vol. in-12, rel. parch., doré s. tr.

888 Méditations des mystères de la foi, par le P. Louys Du Pont, S. J. *Paris*, 1621, 1 vol. in-fol.

SECTION VI.

Théologie parénétique (SERMONS).

§ 1. — TRAITÉS POUR LA COMPOSITION DES SERMONS.

889 La Théologie angélique, ou l'Idée du parfait prédicateur d'après les principes de saint Thomas, par le sieur Nicolas de Hauteville. *Lyon*, 1657, 1 vol. in-4.

890 La Science universelle de la chaire. *Paris*, 1708, 6 vol. in-12.
891 La Bibliothèque des Prédicateurs, par le R. P. Houdry, S. J. *Lyon*, 1715, 22 vol. in-4.
892 Dictionnaire apostolique, par le P. Hyacinthe de Montargon. *Paris*, 1755, 13 vol. in-8.
893 Dictionnaire apostolique, s. n. d'auteur. *Lyon*, 1685, 1 vol. in-8.
894 Les Thèses affectives et prédicables, par le Sr Nic. de Hauteville. *Paris*, 1664, 2 vol. in-8.
895 Le Prédicateur évangélique. *Paris*, 1677, 2 vol. in-12.
896 Le Dominical des Pasteurs, par Mre Ant^e Coignet. *Paris*, 1669, 1 vol. in-4.
897 Moralis Encyclopædia, id est Scientiarum omnium chorus expendens moraliter sacro-sancta Evangelia, auct. R. P. Marcellino de Pise. *Lugd.*, *sumptibus Laurentii Anisson*, 1656, 4 vol. in-fol.
898 Bibliotheca Patrum concionatoria, auct. F^{co} Combefis. *Parisiis*, 1662, 8 vol. in-fol.
899 Epitome Sanctorum Patrum ad sacras conciones per locos communes digesta. *Antuerpiæ*, 1622, 2 vol. in-fol.
900 Bibliotheca moralis prædicabilis, auct. R. P. Josepho Mansi. *Moguntiæ*, 1679, 4 vol. in-fol.
901 Discursus prædicabiles in aureas sententias Doctoris gentium, auct. R. P. Leandro. *Parisiis*, 1665, 1 v. in-f.
902 Discursus prædicabiles super litanias lauretanas, auct. P. Justino Miechoviensi. *Lugd.*, 1660, 1 v. in-f.
903 Tertullianus prædicans, auct. R. P. Michaele Vivien. *Coloniæ*, 1681, 6 vol. in-4.
904 Promptuarium sermonum de tempore et de sanctis. *Coloniæ*, 1659, 1 vol. in-4.
905 Hortus floridissimus variorum selectissimorumque discursuum prædicabilium, auct. R. P. Petro Rota. *Moguntiæ*, 1671, 2 vol. in-4.
906 Paradisus evangelicus malorum punicorum cum pomorum fructibus, sive R. P. Friderici Forneri Conciones. *Moguntiæ*, 1665, 3 vol. in-4.

907 Discursus prædicabiles, sive Viridarium sacrarum Concionum opera et studio Augustini Paoletti. *Coloniæ*, 1664, 2 vol. in-4.

908 Sermones *Vade mecum* F^{is} Johannis de tempore et de sanctis per figuras utiles, 1 vol. in-4, goth., s. d., lettres en couleur, rel. b. gauff.

909 Syntaxis moralis ad expeditam verbi Dei tractationem, per R. P. Guillelmum Oonselium. *Parisiis*, 1682, 1 vol. in-12.

910 De signis prædestinationis et reprobationis Tractatus duo materiam uberrimam verbi Dei præconibus suppeditantes, auct. Julio Cæsare Recupito, S. J.; 1664, 1 vol. in-4.

§ 2. — SERMONS LATINS.

911 R. P. Ignatii Coutino Sermones. *Coloniæ*, 1661, 3 vol. in-4.

912 Meffret Verbi Dei præconis quondam celeberrimi sermones. *Monachii*, 1610, 1 vol. in-fol.

913 Homiliæ catholicæ in universa christianæ Religionis Arcana, auct. R. P. Joanne de Carthagena. *Parisiis*, 1625, 4 vol. in-fol.

914 Homiliæ quadragesimales R. P. Hieronymi Baptistæ de Lanuza. *Antuerpiæ*, 1649, 4 vol. in-fol.

915 Opus concionum tripartitum Matthiæ Fabri. *Antuerpiæ*, 1650, 4 vol. in-fol.

916 Homiliæ, sive Conciones præstantissimorum Ecclesiæ catholicæ Doctorum ab Alcuino collectæ. *Coloniæ*, 1576, 1 vol. in-fol.

917 Conciones in Quadragesimam R. P. de Lingende, S. J. *Parisiis*, 1661, 2 vol. in-4.

918 R. P. Thomæ Reinæ, S. J. Quadragesimale. *Parisiis*, 1667, 1 vol. in-4.

919 Sermones S^{ti} Bernardini Ordinis Minorum; 1 vol. in-4, goth., s. d.

920 Quadragesimale Doctoris illuminati Francisci de Mayronis. *Venetiis*, 1494, 1 vol. in-4, goth.

921 R. P. Andreæ Mendo, S. J. Quadragesima. *Lugd.*, 1672. 1 vol. in-4.

922 Præclarissimi viri F. Bonifacii de Leva Sermones quadragesimales ; 1517, 1 vol. in-4, goth.

923 Sermones quadragesimales R. P. Joan. Raulin ; 1518. 2 vol. in-4, goth.

924 Sermones aurei de sanctis Fratris Leonhardi de Utino ; 1 vol. in-4, goth., 1546 ; lettres initiales en couleurs, rel. en bois gauff.

<small>Le volume porte la date de 1446 en chiffres romains ; c'est évidemment une erreur, provenant sans doute de l'omission d'un C.</small>

925 Quadragesimale Gritsch, *impress. Lugd. partium Franciæ amœnissimâ urbe, per Joh. Treschel* ; 1495, 1 vol. in-4, goth.

926 Sermones F. Hugonis de Prato florido De Sanctis ; 1511, 1 vol. in-4, goth.

927 Ejusdem Sermones dominicales. *Parisiis*, 1542, 1 vol. in-8.

928 Sermones aurei atque subtiles de tempore et de sanctis D. Bonaventuræ doctoris seraphici ; 1502, 1 vol. in-4, goth.

929 Secunda pars Rosarii Bernardini de Bustis ; 1513, 1 vol. in-4, goth., rel. en bois.

930 Sermonum S^{ti} Vincentii Or. Præd. de tempore pars æstivalis , s. l. n. d. ; 1 vol. in-8.

931 Homiliarum Joannis Eckii tomus 3us de Sanctis. *Parisiis*, 1566, 1 vol. in-8.

932 Homiliæ F. Royardi in Evangelia et Epistolas. *Parisiis*, 1543, 3 vol. in-8.

933 Homiliæ in omnia Quadragesimæ evangelia, per F. Beauxamis. *Parisiis*, 1576, 1 vol. in-8.

934 Jodoci Clichtovei Sermones et Homiliæ ; 1556 et 1572, 2 vol. in-8, goth.

935 Sermones R. P. Guillelmi Pepin ; 1519, 2 vol. in-8, goth.

936 Sermones *Dormi securè*, Sermones dominicales per totum annum ; 1523, 1 vol. in-8.

937 Sermoues quadragesimales Magistri Joannis Clerce. *Parisiis*, 1530, 1 vol. in-8.

938 Conciones in Evangelia et Epistolas, per D. Ægidium Topiarium. *Lugd.*, 1568, 1 vol. in-8.

939 Thesauri novi Sermones quadragesimales. *Parisiis*, 1546, 1 vol. in-8.

940 Homiliæ SS. D. N. Clementis XI hactenùs habitæ ad Pop. rom. græcæ è latinis factæ. *Tolosæ*, 1706, 1 vol. in-8.

941 R. P. de Voragine, episc. Januensis Sermones. *Lugd.*, 1687, 6 vol in-8.

942 D. Thomæ de Aquino Sermones, verbis parvi, rebus permagni, in Epistolas et Evangelia. *Moguntiæ*, 1615, 1 vol. in-12.

943 Opus novum maximum et insigne super epistolas Quadragesimæ, quod dicitur *Anima fidelis*. *Jehan Petit*, 1501, 1 vol. in-12, goth.

944 Sermones dominicales moralissimi à venerabili Magistro Joanne Quintini visi et ordinati. *Impr. in Bellovisu*, 1513, 1 vol. p. f., goth.

§ 3. — SERMONS FRANÇAIS.

945 Les Sermons et instructions chrestiennes pour tous les dimenches et toutes les festes des Saincts, recueillis de M^{re} F^{ois} Le Picart. *Paris*, 1567, 2 vol. in-8.

946 Sermons évangéliques et apostoliques sur les dimenches et festes solennelles de toute l'année, par Léonard Janier, curé de Sainct-Estienne-de-Furan en Forest, tome 1er. *Paris*, 1575, 1 vol. in-8.

947 Sermons sur les principales et plus difficiles matières de la foy, faicts par le R. P. Pierre Coton, S. J., réduicts par luy-mesme en forme de méditations. *Paris*, 1616, 1 vol. in-8.

948 Sermons sur tous les évangiles du Carême, par le R. P. Jean Grisel, S. J. *Paris*, 1658, 2 vol. in-8.

949 Sermons pour l'Advent et pour le Carême, par le P. Texier. *Paris*, 1679, 3 vol. in-8.

950 Le Missionnaire apostolique, ou Sermons pour les missions, par le R. P. François de Thoulouze. *Paris,* 1666. 6 vol. in-8.

951 Sermons pour les Quarante-Heures, par D. F. Le Tellier. *Lyon,* 1694, 1 vol. in-8.

952 Sermons du Carême, par le R. P. Claude Masson, S. J. *Lyon,* 1695, 2 vol. in-8.

953 L'Amour eucharistique victorieux des impossibilitez de la nature et de la morale; Discours pour l'Octave du St-Sacrement, par le P. Jacques d'Autun; 1 vol. in-4.

954 Le Missionnaire de l'Oratoire, ou Sermons pour les Advents, Caresmes et Festes de l'année, par le P. Le Jeune. *Paris,* 1671, 6 vol. in-8 pour 9 ; m. le 2e, 3e et 4e.

955 Sermons pour tous les dimanches de l'année (par le P. Dalier, S. J.). *Lyon,* 1687, 2 vol. in-8.

956 Panégyriques des Saints, par le R. P. Jn - Fois Senault, S. J. *Paris,* 1660, 3 vol. in-8.

957 Le Prédicateur évangélique pour tous les jours du Caresme, par le sieur Oudeau. *Lyon,* 1666, 1 vol. in-8.

958 Les Panégyriques des fondateurs des Ordres religieux, par le sieur Oudeau. *Paris,* 1664, 1 vol. in-8.

959 Le Dominical des Pasteurs, par Mre Ante Caignet. *Paris,* 1669, 1 vol. in-4.

960 Le Banquet d'Elie, sermons pour l'Octave du St-Sacrement, par M. Oudeau. *Lyon,* 1668, 1 vol. in-8.

961 Les Homélies dominicales de Mre Jean-Pierre Le Camus, év. de Belley; 1616, 1 vol. in-8.

962 Sermons pour l'Octave des Morts, par le R. P. Théodose Berte'. *Lyon,* 1693, 1 vol. in-8.

963 Sermons pour l'Octave du St-Sacrement, par le R. P. Théodose Bertet. *Lyon,* 1694, 1 vol. in-8.

964 L'Evangile de la Grâce, ou l'Octave pour les Trépassés, par le R. P. Lazare Dassier. *Lyon,* 1686, 1 vol. in-8.

965 Sermons pour l'Octave des Morts, par le R. P. Constance Rounat. *Lyon,* 1678, 1 vol. in-8.

966 Sermons sur les Mystères et Panégyriques, par M. Hermant. *Rouen,* 1716, 2 vol. in-12.

967 Sermons nouveaux sur divers sujets. *Lyon*, 1734, 2 v. in-12.

968 Homélies ou Explication littérale et morale sur les évangiles de toute l'année, par M. J.-B. Le Vray. *Paris*, 1685, 4 vol. in-12.

969 Le Missionnaire paroissial, Exhortations familières, par M. Gambart. *Paris*, 1678, 4 vol. in-12.

970 Sermons de Mre Jean-Louis de Fromentières, év. d'Aire. *Paris*, 1700, 5 vol. in-12.

971 Recueil de Sermons sur les évangiles de Carême et sur plusieurs autres sujets (par le P. Larue). *Bruxelles*, 1706, 4 vol. in-12.

972 Sermons du P. Giroust, S. J. Avent et Carême. *Paris*, 1704, 5 vol. in-12.

973 Sermons du P. Cheminais, S. J. *Trévoux*, 1697, 3 vol. in-12.

974 Sermons du P. La Pesse, S. J. *Lyon*, 1708, 6 vol. in-12.

975 Eloges historiques des Saints. *Paris*, 1698, 4 vol. in-12.

976 Homélies du P. Séraphin sur les Evangiles des dimanches et fêtes. *Paris*, 1694, 8 vol. in-12.

977 Homélies et Sermons de l'abbé Boileau sur les évangiles du Carême. *Paris*, 1718, 2 vol. in-12. — Pensées de l'abbé Boileau. *Paris*, 1707, 1 vol. in-12.

978 Sermons de M. Lafitau, év. de Sisteron. *Lyon*, 1752, 3 vol. pour 4 ; m. le 1er.

979 Sermons du P. Terrasson pour le Carême. *Paris*, 1743, 2 vol. in-12.

980 Sermons sur les épîtres de tous les dimanches de l'année. *Paris*, 1737, 3 vol. in-12.

981 Octave de l'Assomption de la sainte Vierge, par le R. P. Chrysostôme de Monistrol. *Lyon*, 1733, 1 vol. in-12.

982 La Voix du Pasteur, Discours familiers d'un curé à ses paroissiens, par M. Réguis. *Paris*, 1769, 2 vol. in-12.

983 Sermons du P. De la Roche, prêtre de l'Oratoire de Jésus. *Paris*, 1725, 3 vol. in-12, incomplet.

984 Sermons du R. P. Dufay, S. J. *Lyon*, 1742, 9 vol. in-12.

985 Actions chrétiennes, ou Discours de morale, par le R. P. Simon de la Vierge, 9 vol. in-12, pour 11 ; manq. le 2ᵉ et 5ᵉ du Carême.
986 Sermons du R. P. Segaud, S. J. *Paris,* 1760, 6 vol. in-12.
987 Discours de piété sur l s plus importants objets de la Religion (par le P. Pacaud). *Paris,* 1757, 3 vol. in-12.
988 Sermons et Homélies, par M. Jérôme de Paris, grand-vic. de Nevers. *Paris,* 1749, 5 vol. in-12.
989 Sermons de M. Fléchier, év. de Nîmes, avec ses discours synodaux. *Lyon,* 1730, 5 vol. in-12.
990 Sermons de Massillon, év. de Clermont. *Paris,* 1745, 6 vol. in-12.
991 Sermons du P. Bourdaloue, S. J. *Lyon,* 1708, 12 vol. in-12.
992 Sermons du R. P. De la Boissière. *Paris,* 1730, 6 voi. in-12.
993 Sermons sur différents sujets prêchés devant le Roi, par le P. Soanen. *Lyon,* 1767, 2 vol. in-12.
994 Sermons du P. Charles Frey de Neuville. *Lyon,* 1777, 8 vol. in-12.
995 Sermons du P. Hubert. *Paris,* 1725, 6 vol. in-12.
996 Sermons de Mʳᵉ Antᵉ Anselme, prédicateur du Roi. *Paris,* 1731, 6 vol. in-12.
997 Panégyriques des Saints et Oraisons funèbres, par Mʳᵉ Antᵉ Anselme. *Paris,* 1718, 3 vol. in-8.
998 Sermons choisis sur différents sujets (par Molinière). *Paris,* 1745, 12 vol. in-12 pour 13 ; m. le 12ᵉ.
999 Prônes de M. Claude Joly, évêque et comte d'Agen. *Lyon,* 1727, 4 vol. in-8.
1000 Sermons du P. Bourdaloue pour l'Avent. *Paris,* 1707, 1 vol. in-8.
1001 Sermons du très-saint Sacrement de l'autel, par le R. P. François Duneau. *Lyon,* 1672, 1 vol. in-4.
1002 Panégyriques des Saints, par M. Louis Savignac. *Paris,* 1687, 2 vol. in-8.

1003 Sermons de M. Jacques Biroat, prédicateur du Roi. *Paris*, 1663, 12 vol. in-8.

1004 Essais de sermons, par l'abbé de Bretteville. *Paris*, 1698, 9 vol. in-8.

1005 Sermons sur différents sujets, par M. de la Volpilière. *Paris*, 1689, 6 vol. in-8.

1006 Sermons du P. Nicolas de Dijon (moins l'Avent). *Lyon*, 1694, 16 vol. in-8.

1007 Avent du P. Nicolas de Dijon. *Lyon*, 1685, 1 vol. in-4.

1008 Homélies morales sur les évangiles de tous les dimanches de l'année. *Paris*, 1688, 2 vol. in-4.

1009 Homélies festives, prônes ou méditations sur toutes les fêtes de l'année, par le R. P. Beurier. *Paris,* 1670, 1 vol. in-4.

§ 4. — SERMONS EN LANGUES ÉTRANGÈRES.

1010 Theatro sacro de Christo y su Iglesia, etc. *En Madrid*, 1614, 1 vol. in-4.

1011 Sermones predicados por el Padro Manuel de Naxera. *En Madrid*, 1649, 3 vol. in-4.

1012 Sermones sobre los evangelios por el Padre Fray Ivan de San Gabriel. *En Alcola*, 1662, 1 vol. in-4.

1013 Tesoro mariano, por el Padre M. Fray Francisco de Lizana. *En Madrid*, 1663, 1 vol. in-4.

1014 Prediche fatte nel palazzo apostolico dal M. R. Girolamo Mautini da Narni. *Romæ*, 1638, 1 vol. in-4.

1015 Quaresimale del Padre Antonio Bianchetti, S. J. *In Milano*, 1669, 1 vol. in-4.

§ 5. — SERMONS DE MINISTRES PROTESTANTS.

1016 Sermons de M. Jean Calvin sur le Deutéronome. *Genève*, 1567, 1 vol. in-fol.

1017 Sermons de M. Jacques Saurin, pasteur à La Haye. *Genève,* 1746, 8 vol. in-12.

1018 Sermons de M. Hugh Blair, ministre d'Edimbourg. *Lausanne*, 1785, 2 vol. in-12.

1019 Sermons de Frédéric Osterwald, pasteur de Neufchâtel. *Genève*, 1756, 1 vol. in-8.

1020 La vérité de la Religion chrétienne prouvée par l'état présent du peuple juif, en trois sermons, par Jacques-Georges de Chauffepié, pasteur d'Amsterdam; 1756, 1 vol. in-8

1021 Sermons de M. Gaussen. *Toulouse*, 1842, 1 vol. in-8.

SECTION VII.

Théologie hétérodoxe.

(Pour les Bibles et Commentaires, voir *Ecriture Sainte*, n°s 14, 30, 31, 32, 38, 62, 63. — Pour les ouvrages de Controverse, voir *Théologie polémique*, n°s 657, 663, 675, 687, 690, 694, 696. — Et, pour les Sermons, voir ci-dessus n°s 1016 et suiv.).

1022 Les Livres sacrés de l'Orient, traduits par M. Pauthier. *Paris*, 1842, 1 vol. in-8, P. L.

1023 Les Pseaumes mis en rimes françoises par Clément Marot et Théodore de Bèze, suivis des prières et du catéchisme, s. l.; 1562, 1 vol. in-8.

1024 Les Psaumes de David en vers françois approuvés par les Pasteurs et Professeurs de Genève avec la musique. *Genève*, 1733, 1 vol. in-12.

1025 Histoire de l'état de l'homme dans le péché originel. *Imprimé dans le monde*, 1731, 1 vol. in-12.

1026 Symbolum fidei Judæorum è R. Mose Ægyptio. Præcationes eorumdem pro defunctis è lib. Mahzor, etc., interprete Genebrardo. *Parisiis*, 1569, 1 vol. in-8.

1027 Catéchisme du culte judaïque rédigé en hébreu et traduit en français et en allemand, par Lion Mayer-Lambert, grand rabbin. *Metz*, 1818, 1 vol. in-12.

APPENDICE

A LA PREMIÈRE PARTIE.

Œuvres complètes et Ouvrages divers.

1028 Theophili Raynaudi, S. J. Opera omnia. *Lugd., Boissat,* 1665, 20 vol. in-fol.

1029 R. P. Petri Berchorii Opera omnia. *Coloniæ,* 1631. 2 vol. in-fol.

1030 Jacobi Naclanti, clugiensis episcopi Opera diversa. *Lugd.,* 1657, 1 vol. in-fol.

1031 Leonardi Lessii, S. J. Opuscula varia. *Lutetiæ,* 1637, 1 vol. in-fol.

1032 Alberti Pii Carpensis (Albert Pio, prince de Carpi) Opera adversùs Erasmum. *Sub prelo ascensiano,* 1534, 1 vol. in-fol.

1033 Gasparis Contareni Cardinalis Opera. *Parisiis, ap. Nivellium,* 1571, 1 vol. in-fol.

1034 Mirabilis Tractatus de summo bono, Constantio Rogerio auct. *Lugduni et Taurini, ap. fratres Rosæos,* 1550, 1 vol. in-8.

1035 D. Petri Venerabilis Clun. abbatis Opera diversa *Parisiis,* 1522, 1 vol. in-4, rel. en bois.

1036 Sebastiani Barradas, S. J. Itinerarium filiorum Israel ex Ægypto in Terram repromissionis. *Conimbricæ,* 1617, 1 vol. in-fol.

1037 Aloysii Novarini Electa sacra. *Lugd.,* 1688, 2 vol. in-fol.

1038 R. P. Didaci de Avendano, S. J. Amphitheatrum Misericordiæ. *Lugd.,* 1666, 1 vol. in-fol.

1039 Declarationes Des. Erasmi ad Censuras Lutetiæ vulgatas sub nomine Facultatis Theologiæ parisiensis. *Antuerpiæ,* 1532, 1 vol. in-8.

1040 Neophyti Rhodini Epistola, græcè, ad Joannem Presbyterum Paramythiensem (de Pontifice Romano respectu Græcorum, etc.). *Romœ*, 1659, 1 vol. p. f.

1041 Anticotonis ejusque Germanorum Martillerii et Hardivilleri vita, mors, cenotaphium, apotheosis...., auct. Andrea Schioppio; 1614, 1 vol. in-12, br.

1042 Responsio apologetica adversùs Anticotoni et sociorum Criminationes. *Lugd.*, 1611, 1 vol. in-8.

1043 Réponse à l'Anticoton de point en point pour la défense de la doctrine et innocence des Pères Jésuites, par Adrian Behotte. *Paris*, 1611, 1 vol. in-8.

1044 Essais de Morale (par M. Nicole). *La Haie*, 1709, 10 vol. p. f.; les 4 1ers d'une édition différente.

1045 OEuvres de Messire Antoine Arnauld, docteur de Sorbonne. *Paris*, 1775 et suiv., 38 vol. in-4, y compris sa vie.

1046 L'Incrédulité savante et la Crédulité ignorante au sujet des Magiciens et des Sorciers, par le P. Jacques d'Autun. *Lyon*, 1671, 1 vol. in-4.

1047 L'Héroïne chrétienne, ou la Princesse achevée sous le très auguste nom de Marie-Thérèse d'Autriche, reine de France, etc., par le R. P. Paul d'Ubaye; 1681, 1 vol. in-4.

1048 Caractères tirés de l'Ecriture sainte et appliqués aux mœurs de ce siècle. *Paris*, 1700, 1 vol. in-12.

1049 Le Bonheur de tous les états établi par la politique du Saint-Esprit, etc., par le R. P. Joseph Filère, S. J. *Lyon*, 1653, 1 vol. in-8.

1050 Traité de la Croix de notre Seigneur Jésus-Christ, ou Explication du Mystère de la Passion, selon la concorde (par l'abbé Duguet). *Paris*, 1733, 13 vol. in-12 pour 14; m. le 6e.

1051 Lettres sur divers sujets de morale et de piété, par le même. *Paris*, 1726, 8 vol. p. f.

1052 Lettres à M. l'abbé de la Trappe (au sujet des études monastiques). *Amsterdam*, 1692, 1 vol. in-12.

1053 Mandements et Lettres pastorales de M. Fléchier. *Paris*, 1712, 1 vol. in-12.

1054 Réflexions spirituelles sur les passions, où les passions sont traitées par rapport à la vie spirituelle. *Paris*, 1682, 1 vol. p. f.

1055 Défense de la Théologie de Lyon, ou Réponse aux observations d'un anonyme contre cette théologie : le titre manq.; 1 vol, in-12.

1056 Troisième lettre du sieur Georges Crotonet à Monseigneur l'archevêque de Lyon (relative aux Oratoriens accusés de Jansénisme). *Lyon*, 1763, broch. in-12 de 19 p.

1057 Du Progrès religieux, par P. V. Glade, avocat à la Cour Royale de Paris. *Paris*, 1838, 3 vol. in-8.

<small>L'auteur a pour but de démontrer la possibilité de réunir toutes les communions chrétiennes par le moyen d'un concile général.</small>

CATALOGUE
DE
LA BIBLIOTHÈQUE
DE LA VILLE DE ROANNE

Deuxième Partie

JURISPRUDENCE

CHAPITRE PREMIER

DROIT-CANON

Voir THÉOLOGIE, Chap. III

CHAPITRE II

DROIT CIVIL

SECTION PREMIÈRE.

Traités généraux. — Droit naturel, politique et international.

1058 Du Contrat social, ou Principes du droit politique, par J.-J. Rousseau, citoyen de Genève. *Amsterdam*, 1762, 1 vol. in-12.

1059 De l'Esprit des loix, ou du Rapport que les Lois doivent avoir avec la constitution de chaque gouvernement, etc. (par Montesquieu). *Genève*, 1751, 2 vol. in-12.

1060 Traité des Lois de Cicéron, traduction avec des notes, par M. Morabin. *Paris*, 1807, 1 vol. in-12.

1061 Jus naturale rebus creatis à Deo constitutum ex observatione R. P. Yvonis Parisini. *Parisiis*, 1658, 1 vol. in-fol.

1062 Syntagma juris universi legumque penè omnium Gentium et Rerumpublicarum præcipuarum, auct. Petro Gregorio. *Genevæ*, 1625, 1 vol. in-fol.

1063 Recueil des traités de paix, trève et neutralité entre les couronnes d'Espagne et de France. *Anvers, imprimerie Plantinienne*, 1645, 1 vol. in-12, frontisp. gravé.

1064 Nouveau Recueil de traités d'alliance, de trève, de paix, de garantie et de commerce faits et conclus entre les Rois, Princes et Etats-Souverains de l'Europe depuis la paix de Munster jusqu'à 1709. *Amsterdam*, 1710, 2 vol. in-12.

1065 Actes et Mémoires des négociations de la paix de Ryswick. *La Haye*, 1699, 4 vol. in-12.

1066 Suite des Actes, Mémoires et autres pièces concernant la paix d'Utrecht ; les tomes 2 et 3. *Utrecht*, 1713, 2 vol. in-12.

1067 Tratado de los derechos de la Reyna christianissima sobre varios estados de la Monarquia de Espana. *En Paris*, 1667, 1 vol. in-12.

1068 Remarques pour servir de réponse à deux écrits imprimés à Bruxelles contre les droits de la Reine sur le Braban, etc. *Lyon*, 1667, broch. p. f. de 90 p.

1069 Lettre d'un Bourguemaître (sic) de Middelbourg à un Bourguemaître d'Amsterdam sur le différend entre les Rois d'Angleterre et de Prusse (relative au droit des gens et de navigation), trad. du hollandais; 1753, broch. in-12 de 35 p.

1070 Maximes du droit public françois tirées des Capitulaires, des Ordonnances du Royaume, etc. *Amsterd.*, 1775, 6 vol. in-12.

SECTION II.

Droit romain.

1071 Catalogus legum antiquarum, per Joan. Ulricum Zasium. *Parisiis*, 1578, 1 vol. p. f.
1072 Corpus Juris civilis cum commentariis Dionysii Gothofredi. *Francofurti*, 1587, 2 vol. in-fol.
1073 Digestum vetus (1ª pars Pandectarum) xxiv priores libros juris continens cum glossis. *Lugd.*, 1510, 1 vol. gr. in-fol., goth., rel. en bois.
1074 Digestum novum (3ª pars Pandectarum) xxii posteriores libros continens cum glossis. *Lugd.*, 1510, 1 vol. gr. in-fol., goth., rel. b.
1075 Codex Justiniani, cum glossis. *Lugd.*, 1509, 1 vol. gr. in-fol., goth., rel. b.
1076 Volumen legum parvum. *Parisiis*, 1559, 1 vol. in-fol., couv. parch.

<small>Ce vol. a appartenu au célèbre jurisconsulte Papon, qui y a apposé sa signature en plusieurs endroits.</small>

1077 Institutionum, seu Elementorum juris D. Justiniani sacratiss. principis libri iv, cum glossis; 1 vol. gr. in-fol., goth., rel. en bois.
1078 Idem Opus; 1 vol. in-4, goth., le fr. m., rel. gauff.
1079 Idem, cum Commentariis Jani à Costa. *Parisiis*, 1659, 1 vol. in-4.
1080 Idem, cum Argumentis et Notis. *Lugd.*, 1564, 1 vol. p. f.
1081 Idem, Notis perpetuis illustratum curâ et studio Arnoldi Vinnii, J. C. *Amstelodami*, ex officinâ Elzevirianâ, 1669, 1 vol. p. f.
1082 Idem, Erotematibus distinctum, per Antonium Perezium J. C. *Amstelodami*, ap. Ludovicum et Danielem Elzevirios, 1662, 1 vol. p. f.
1083 Idem Opus, græcè; 1 vol. in-12, le fr. m.

1084 Les Institutes de l'Empereur Justinien, traduites en françois avec des observations, par M. Cl. de Ferrière. *Paris*, 1692, 2 vol. in-12.

1085 Les Institutes, les Authentiques ou Novelles, et les Edicts de Justinien en grec et en latin. *Lyon*, 1571, 4 vol. p. f.

1086 Institutionum imperatoris Justiniani Compendium, ad usum scholæ, auct. Joan. Lud. Delusseux. *Divione*, 1749, 1 vol. p. f.

1087 Theophilus renovatus, sive levis ac simplex Via ad Institutiones Juris civilis, auct. Daniele Galtier. *Tolosæ*, 1692, 1 vol. in-4.

1088 Joan. Fabri in Institutiones justinianeas Commentaria. *Lugd.*, 1565, 1 vol. in-fol.

1089 Joan. Bercholten in quatuor Institutionum Juris civilis libros Commentaria. *Genevæ*, 1662, 1 vol. in-4.

1090 Johan. Schneidewini in quatuor Institutionum imperialium libros Commentaria. *Argentorati*, 1677, 1 vol. in-4.

1091 Commentarius ad D. Justiniani Institutionum IV libros, à Joan. Georgio Kees. *Ingolstadii*, 1738, 1 vol. in-4.

1092 Christophori Porci insignis Lectura super primo, secundo et tertio Institutionum ; 1 vol. in-fol., goth.

1093 Commentarius in Codicem sacratiss. imp. Justiniani, auct. Carolo Molinæo. *Hanoviæ*, 1604, 1 vol. in-fol.

1094 Ant. Mornacii Observationes in XXIV libros Digestorum et IV libros Codicis. *Parisiis*, 1647, 1 vol. in-fol.

1095 Paratitla in libros quinquaginta Digestorum, seu Pandectarum, opus Jac. Cujacii. *Coloniæ*, 1570, 1 vol. p. f.

1096 Andreæ Alciati Commentaria in titulum de Officio Ordinarii. *Lugd.*, 1538, 1 vol. in-8.

1097 Barnabæ Brissonii de Formulis et solemnibus Populi Romani Verbis libri VIII. *Francofurti*, 1592, 1 vol. in-4.

1098 Abrégé de la Jurisprudence romaine, divisé en sept parties, à l'imitation des Pandectes, par Cl. Colombet, av. au P. *Paris*, 1682, 1 vol. in-4.

SECTION III.

Droit français ancien.

§ — 1. TRAITÉS GÉNÉRAUX.

1099 Les Lois civiles dans leur ordre naturel, par M. Domat, avec les additions de M. de Héricourt et les notes de M. Bouchevret. *Paris*, 1756, 1 vol. in-fol.

1100 Le Corps du Droit françois, contenant un Recueil de tous les édicts, ordonnances, etc., *pour Jean de Laon*; 1600, 1 vol. in-4.

1101 Les Institutions du Droit françois, suivant l'ordre de celles de Justinien, par M. Cl. Serre, av. *Paris*, 1680, 1 vol. in-4.

1102 Remarques du Droit françois sur les Instituts de Justinien. *Paris*, 1680, 1 vol. in-4.

1103 Institution au Droit des François, par M. Guy Coquille. *Paris*, 1612, 1 vol. in-4.

1104 Institution au Droit françois, par M. Argou. *Paris*, 1762, 2 vol. in-12.

1105 Les Maximes générales du Droit françois, par M. Delommeau. *Paris*, 1 vol. in-12.

1106 Remarques du Droit françois confirmées par Lois, Ordonnances royaux, Arrêts et Décisions. *Lyon*, 1644, 1 vol. in-8.

1107 Recueil de Jurisprudence civile du pays de droit écrit et coutumier, par M. Guy du Rousseaud de la Combe. *Paris*, 1767, 1 vol. in-4.

1108 Alvearium Juris mellifluum, auct. Vincentio Boreo. *Lugd.*, 1650, 1 vol. in-4.

1109 Lexicon juridicum. *Excudebat Jacobus Stœr*, 1607, 1 v. in-8.

1110 Dictionnaire de Droit et de Pratique, par Cl. Jh. de Ferrière. *Paris*, 1758, 2 vol. in-4.

§ 2. — ORDONNANCES ET ÉDICTS.

1111 Les Ordonnances royaulx nouvellement publiées à Paris de par le Roy Loys XII de ce nom, l'an 1512; 1 vol. p. f., goth.

1112 Les Ordonnances et Edictz du Roy très-chrestien Henry deuxiesme depuis son avènement. *Paris, en la bouticque de Galiot Dupré,* 1553, 1 vol. in-8.

1113 Les Loix, Statuts et Ordonnances du Royaulme de France, touchant le fait et administration de la justice, etc.; *imprimées à Paris pour Galliot Du Pré,* 1520, 1 vol. in-4, goth.

1114 Le Code du Roi Henry III, contenant les Basiliques, Edicts et Ordonnances des Roys de France, par Nic. Frerot. *Paris,* 1615, 1 vol. in-fol.

1115 La Conférence des Ordonnances royaux distribuée en 12 livres à l'imitation du Code Justinien, par P. Guenois, augmentée par Laurent Bouchel. *Paris,* 1620, 1 vol. in-fol.

1116 Les Édicts et Ordonnances des Roys de France, depuis François Ier jusqu'à Louis XIV sur le fait de la justice, avec des annotations, apostilles et conférences, par Mrs Néron et Girard. *Paris,* 1656, 1 vol. in-fol.

1117 Le même Recueil augmenté, depuis Philippe VI jusqu'à Louis XV. *Paris,* 1720, 2 vol. in-fol.

1118 Commentaria in Constitutiones, seu Ordinationes regias, auth. Petro Rebuffo. *Lugd.,* 1580.

1119 Le Code du Roy Henry IV, par M. Thomas Cormier. *Genève,* 1618, 1 vol. in-4.

1120 Le Code Louis XIII, contenant ses Ordonnances et Arrêts de ses Cours, recueillies, commentées et conférées, par J^{ques} Corbin. *Paris,* 1628, 1 vol. in-fol.

1121 Edits et Ordonnances du Roi, concernant l'autorité et juridiction des Cours des Aydes de France, par J. Philippi. *Genève,* 1629, 1 vol. in-4.

1122 Edits et Déclarations du Roi (portant création de charges, etc.). *Paris,* 1640, 1 vol. in-4.

1123 Ordonnance de Louis XIV, donnée à Saint-Germain-en-Laye, au mois d'avril 1667 (sur le fait de la justice). *Paris,* 1667, 1 vol. in-4.

1124 Questions sur l'Ordonnance de Louis XIV du mois d'Avril 1667, par Marc-Ant^e Rodier. *Toulouse,* 1777, 1 vol. in-4.

1125 Ordonnance de Louis XIV, donnée à Saint-Germain-en-Laye, au mois d'août 1670, pour les matières criminelles. *Paris,* 1670, 1 vol. in-4.

1126 Conférences de l'Ordonnance de Louis XIV sur le fait des Entrées, Aydes et autres Droits avec celles de ses Prédécesseurs, par J^{es} Jacquin. *Paris,* 1727, 1 v. in-4.

1127 Conférences des Nouvelles Ordonnances de Louis XIV avec celles de ses Prédécesseurs, par M. Ph. Bornier. *Paris,* 1686, 2 vol. in-4.

1128 Ordonnance de Louis XIV sur le fait des Eaux et Forêts, donnée à Saint-Germain au mois d'août 1669. *Paris,* 1764, 1 vol. in-12.

1129 Commentaires sur l'Ordonnance des Eaux et Forêts de 1669. *Paris,* 1775, 1 vol. in-12.

1130 Nouveau Commentaire sur les Ordonnances du mois d'Août 1669 et Mars 1673. *Paris,* 1761, 1 vol. in-12.

1131 Lois forestières de France, Commentaire historique et raisonné sur l'Ordonnance de 1669, par M. Pecquet. *Paris,* 1753, 2 vol. in-4.

1132 Explication de l'Ordonnance de Louis XV concernant les substitutions. *Avignon,* 1754, 1 vol. in-4.

1133 L'Esprit des Ordonnances et des principaux Edits et Déclarations de Louis XV, par M. Sallé. *Paris,* 1759, 1 vol. in-4.

1134 Code de Louis XV, ou Recueil des principaux Règlements et Ordonnances de ce Prince. *Grenoble,* 1778, 2 vol. in-12.

1135 Mémorial alphabétique des matières des Eaux et Forêts, Pesches et Chasses, etc. *Paris,* 1737, 1 vol. in-4.

1136 Mémorial alphabétique des choses concernant la Justice, la Police et les Finances de France. *Paris*, 1704, 1 vol. in-8.

1137 Statuts, Ordonnances et Règlements de la Communauté du Corps des Maîtres et Marchands ciseleurs, doreurs, etc. *Paris*, 1763, 1 vol. in-8.

1138 Code des Chasses, ou nouveau Traité du droit des Chasses suivant la jurisprudence de l'Ordonnance de 1669. *Paris*, 1734, 2 vol. in-12.

1139 Edits, Ordonnances, Arrêts et Règlements sur le fait des Mines et Minières de France. *Paris*, 1748, 1 vol. in-12.

1140 Observations sur l'édit des hypothèques de Juin 1771. *Paris*, 1779, 1 vol. in-12.

1141 Maximes générales sur les Tailles, Aydes et Gabelles de France. *Paris*, 1715, 1 vol. in-12.

1142 Procès-verbal de ce qui s'est passé au lit de justice tenu par le Roi au château de Versailles, le samedi 13 avril 1771 ; 1 vol. in-12.

1143 Ordonnance du Roi sur le fait de la Police générale de son Royaume. *Lyon*, 1570, broch. in-12 de 77 p.

§ 3. — DROIT COUTUMIER.

1144 Les Coustumes du hault et bas pays d'Auvergne. *Paris*, 1506, 1 vol. in-8, goth.

1145 Coustumes générales du pays et duché de Bourbonnois; 1 vol. in-12.

1146 Les Coustumes du pays et duché de Bourbonnois, commentées par Jacques Potier, av. *Moulins*, 1701, 1 vol. in-4.

§ 4. — DROIT FÉODAL.

1147 Traité des Droits seigneuriaux et des Matières féodales, par M. François de Boutaric. *Toulouse*, 1747, 1 vol. in-4.

1148 Traité historique et pratique des Droits seigneuriaux, par M. J. Renauldon, av. *Paris,* 1765, 1 vol. in-4.

1149 Traité des Justices de Seigneur et des Droits en dépendants, par Jacquet, av. *Lyon,* 1764, 1 vol. in-4.

1150 La Pratique universelle pour la rénovation des terriers et des droits seigneuriaux, par Edme de la Poix de Fréminville, Bailly des ville et Marquisat de la Palisse. *Paris,* 1746, 3 vol. in-4.

§ 5. — MATIÈRES CRIMINELLES.

1151 Traité des Délits et des Peines, traduit de l'italien. *Paris,* 1773, 1 vol. in-12.

1152 Godofredi à Bavo, J. C. Theorica criminalis. *Coloniæ, Allob.,* 1619, 1 vol. in-4.

1153 Observations et Maximes sur les Matières criminelles, avec des remarques tirées des auteurs, etc., par M. Bruneau, av. *Paris,* 1715, 1 vol. in-4.

1154 Traité des Matières criminelles, suivant l'ordonnance du mois d'août 1670, par M. Guy du Rousseaud de la Combe. *Paris,* 1753, 1 vol. in-4.

§ 6. — PROCÉDURE ET PRATIQUE.

1155 Practica nova composita per famosissimum legum doctorem Joannem Petrum de Ferrariis; 1 vol. in-fol., goth., rel. en bois.

Lettres initiales en couleur, fort papier et belles marges; les 1ers et d^{ers} feuillets manq.

1156 Introduction à la procédure civile, par M. Pigeau, av. *Paris,* 1784, 1 vol. in-18.

1157 Introduction à la Pratique, par M. Claude de Ferrière, av. *Lyon,* 1692, 1 vol. in-12.

1158 Le Nouveau Praticien français, par M. René Gastier. *Paris,* 1667, 1 vol. in-4.

1159 Le Praticien universel, ou le Droit françois et la Pratique de toutes les jurisdictions du Royaume, par M. Couchot, av., augmenté par M. Guy du Rousseaud de la Combe. *Paris,* 1747, 6 vol. in-12.

1160 La Nouvelle Pratique civile, criminelle et bénéficiale, ou le Nouveau Praticien françois réformé suivant les nouvelles ordonnances, par M. Lange, av., et augmenté par Pimont. *Paris,* 1689, 1 vol. in-4.

1161 Stile universel de toutes les Cours et Jurisdictions du Royaume pour l'instruction des matières civiles et criminelles, etc., par M. Gauret. *Paris,* 1686, 2 v. in-4.

1162 Le Nouveau Style du Conseil d'Estat et privé du Roi, par F^{çois} Duchêne ; 1662, 1 vol. in-4.

1163 Style et Pratique fondez et adaptez aux Ordonnances royaux et Coutumes de France, compilez par Me Jean Milles de Souvigny. *Lyon,* 1556, 1 vol. in-fol.

1164 Le Style de la jurisdiction royale établie dans la ville de Lyon, présentement unie au Consulat. *Paris,* 1657, 1 vol. in-4.

1165 Nouveau Formulaire des Eleuz. Ensemble quelques recherches touchant les Tailles, etc., et un Traité des Monnoyes et des Métaux, le tout par la diligence du Pr. la Barre. *Paris*, 1628, 1 vol. in-12.

§ 7. — ARRÊTS, PLAIDOYERS, MÉMOIRES, DÉCISIONS ET OEUVRES DE JURISCONSULTES.

1166 La doctrine des Arrêts, tirée de divers auteurs, par Me Nicolas Jouet. *Paris,* 1666, 1 vol. in-4.

1167 Journal des principales audiences du Parlement, depuis l'année 1623 jusques en 1657, par M. J^n Du Fresne. *Paris,* 1665, 2 vol. in-fol.

1168 Décisions sommaires du Palais mises par ordre alphabétique, etc., par Me Abrahan (sic) Lapeirere. *Toulouse,* 1689, 1 vol. in-4.

1169 Journal du Palais, ou Recueil des principales Décisions de tous les Parlements et Cours de France. *Paris,* 1672, 1 vol. in-4.

1170 Recueil de plusieurs notables Arrests du Parlement de Paris recueillis par Louet et Brodeau. *Paris*, 1693, 2 vol. in-fol.

1171 Recueil d'Arrêts notables des Cours souveraines de France, par Jean Papon, conseiller du Roy, et son lieutenant-général au bailliage de Forest. *Paris*, 1584, 1 vol. in-8.

> Voir, à la page 13, le procès curieux intenté à *Rouanne*, en 1552, à l'*hoste* du Dauphin, à l'occasion de l'engorgement des fossés dudit lieu. — L'auteur est né à Crozet, près La Pacaudière.

1172 Quatre livres des Arrests et Choses jugées par la Court, trad. du latin de M. Anne Robert. *Paris*, 1611, 1 vol. in-4.

1173 Remontrances, Ouvertures de Palais, et Arrêts prononcés en robes rouges, par Mre André de Nesmond. *Poictiers*, 1617, 1 vol. in-4.

1174 Recueil des Remontrances et Actions publiques faictes en la Cour de Parlement, aux ouvertures d'icelle et ailleurs. *Paris*, 1605, 1 vol. in-8.

1175 Le Code des Décisions forenses, contenant un Recueil des plus notables arrêts, etc. *Cologne*, 1613, 1 vol. in-4.

1176 Les Ouvertures des Parlements, par Loys d'Orléans. *Paris*, 1607, 1 vol. in-4.

1177 Collection de Décisions nouvelles et de Notions relatives à la jurisprudence, par Me J. B. Denisart. *Paris*, 1773, 4 vol. in-4.

1178 Plaidoyez de Mre Loys Servin. *Paris*, 1603, 5 vol. in-8.

1179 Causes célèbres et intéressantes, avec les jugements qui les ont décidées, recueillies par M. Gayot de Pitaval, av. *Paris*, 1734, 10 vol. in-12, dépareillés.

1180 Les Questions illustres de M. Julien Peleus, disputées et plaidées de part et d'autre, et décidées par les Arrêts du Parlement ; 1 vol. in-fol., le fr. m.

1181 Les Œuvres de M. Antoine Despeisses, où toutes les plus importantes matières du droit romain sont méthodiquement expliquées. *Lyon*, 1677.

1182 OEuvres de M. Claude Henrys, conseiller du Roy, et son premier avocat au bailliage et siége présidial de Forez. *Paris*, 1708, 2 vol. in-fol.

1183 Traité des Donations entre vifs, par M. Ricard; 1 vol. in-fol.

1184 Traité des Successions, par M. Denis le Brun. *Paris*, 1775, 1 vol. in-fol.

1185 Traité de la Communauté de biens entre l'homme et la femme conjoints par mariage, par M. Ph. de Renusson. *Paris*, 1692, 1 vol. in-fol.

1186 Traité des Testaments, etc., par M. J^n Furgole, av. *Paris*, 1745, 4 vol. in-4.

1187 Traité des Peines des secondes noces, par Me Pierre Dupin, av. *Paris*, 1743, 1 vol. in-4.

1188 Traité de la Preuve par témoins, etc., par M. Danty, av. *Paris*, 1727, 1 vol. in-4.

1189 Traité du Don mutuel, etc., par M. J^n-M^{ie} Ricard. *Paris*, 1661, 1 vol. in-4.

1190 Les trois Notaires de Jean Papon. *Lyon*, 1575, 3 vol. in-fol., portraits de l'auteur.

1191 La Science parfaite des Notaires, par M. Cl. de Ferrière, augm. par F. B. de Visme. *Paris*, 1761, 2 vol. in-4.

1192 Traité des Obligations, de Vente, de Louage, de Bienfaisance, etc. (par M. Pothier). *Paris*, 1768, et suiv., 10 vol. in-12.

1193 Essai sur la vente des immeubles et des offices par décret, principalement suivant l'usage du Duché de Bourgogne, par Me Thibault; 1737, 1 vol. in-8.

1194 Recueil par ordre alphabétique des principales Questions de droit qui se jugent diversement, par M. Bretonnier. *Paris*, 1724, 1 vol. in-12.

1195 L'Arbitre charitable, et un moyen facile pour accorder les procez promptement, sans peine et sans frais, par le Prieur de St-Pierre. *Lyon*, 1669, 1 vol. in-12.

1196 Jacobi Menochii papiensis, de arbitrariis Judicum Quæstionibus et causis lib. duo. *Lugd.*, 1606, 1 vol. in-fol.

1197 Tractatus Substitutionum domini Lancelloti politi senensis. *Papiæ, impr. per Magistrum Bernardum de Beraldis* , 1519 , 1 vol. in-fol., goth., de 42 feuillets.
1198 Guillielmi Benedicti Repetitio C. Raynutius extra de Testamentis ; 1530 , 1 vol. in-4, goth.
1199 DD. Joan. Garsiæ Galleci J. C. Tractatus de Expensis et Meliorationibus, etc. *Lugd.*, 1671 , 1 vol. in-4.
1200 Jurisprudentiæ Papinianæ Scientia, opus Antonii Fabri, J. C. Sebusiani. *Lugd., ap. hæredes Jacobi Chouet*, 1607, 1 vol. in-4.
1201 Sylva nuptialis, per excelsum jurisconsultum de Mevizanis ; s. l., 1540, 1 vol. in-8, goth.
1202 Decisiones Magistri Guidonis Pape. *Lugd.*, 1511 , 1 vol. in-4, goth., rel. en b.
1203 Decisiones aureæ Questionum insignium Dn. Nic. Boerii. *Lugd.*, 1559 , 1 vol. in-fol.

SECTION III.

Droit français depuis 1789.

1204 Les trente-cinq Codes français. *Nancy* , 1842 , 1 vol. in-12.
1205 Code de Procédure civile, annoté des dispositions et décisions de la législation et de la jurisprudence, par J. B. Sirey, av. *Paris*, 1818, 2 vol. in-4.
1206 Cours de Droit administratif appliqué aux travaux publics, par M. Cotelle, av. *Paris*, 1835 , 2 vol. in-8.
1207 Décrets de l'Assemblée nationale sur les impositions et l'organisation de la France. *Lyon* , 1791, 2 vol. in-12.
1208 Procès-verbaux des séances de la Chambre des Députés de 1833 à 1837 ; 13 vol. in-4, et 4 vol. in-8 ; en tout 17 vol.
1209 Legislation commerciale des animaux, par A. Rousset, vétérinaire à Roanne. *Roanne*, 1831, broch. in-12.

SECTION IV.

Droit étranger.

1210 Decisiones sacri regii Consilii neapolitani, per D. Thomam Grammaticum. *Lugd., ap. hæredes Juntæ*, 1555, 1 vol. in-8.
1211 Code-Frédéric, ou Corps de droit pour les États de S. M. le Roi de Prusse, fondé sur la raison et sur les constitutions du pays; 1751, 1 vol. in-12.

CATALOGUE
DE
LA BIBLIOTHÈQUE
DE LA VILLE DE ROANNE

Troisième Partie
SCIENCES ET ARTS

CHAPITRE PREMIER
SCIENCES PHILOSOPHIQUES

SECTION PREMIÈRE. — **Philosophie**.

§ 1. — COURS CLASSIQUES.

1212 Introductiones (in varias Philosophiæ partes). *Parisiis*, 1520, 1 vol. in-4.

1213 Universæ Philosophiæ accuratissima Synopsis, auct. R. P. Jacobo Fournenc. *Parisiis*, 1655, 3 vol. in-4.

1214 Collegii conimbricensis Commentaria in varios Aristotelis libros. *Lugd.*, 1610, 5 vol. in-4.

1215 Collegii complutensis Disputationes in varios Aristotelis libros. *Lugd.*, 1637, 3 vol. in-4.

1216 R. P. Poncii Corcagia Philosophiæ ad mentem Scoti Cursus integer. *Lugd.*, 1659, 1 vol. in-fol.

1217 R. P. Joannis à S^{to} Thomâ Cursus philosophicus thomisticus. *Lugd.*, 1663, 1 vol. in-fol.

1218 Summa Philosophiæ D. Thomæ Aquin., auct. R. P. Cosmo Alamannio. *Parisiis*, 1639, 2 vol. in-fol.

1219 R. P. Georgii de Rhodes Philosophia peripatetica. *Lugd.*, 1671, 1 vol. in-fol.

1220 R. P. Francisci de Oviedo Cursus philosophicus ; 1 vol. in-fol.

1221 R. P. Francisci Soares Cursus philosophicus. *Conimbricæ*, 1651, 2 vol. in-fol.

1222 R. P. Emmanuelis Maignan Cursus philosophicus. *Lugd.*, 1673, 1 vol. in-fol.

1223 Integer Philosophiæ Cursus ad mentem D. Thomæ, auct. R. P. à S^{to} Jacobo. *Parisiis*, 1658, 1 vol. in-fol.

1224 Cursus philosophicus, auct. R. P. Petro Hurtado de Mendoza, S. J.; 1 vol. in-fol.

1225 Cursus philosophicus, auct. R. P. Roderico de Arriaga. *Parisiis*, 1637, 1 vol. in-fol.

1226 Philosophiæ brevis et accurata Tractatio, auct. C. F. d'Abra de Raconis, Theologiæ Facultatis doctore. *Avenione*, 1639, 1 vol. in-4.

1227 Philippi Mocenici, Archiep. Nicosiensis Universales Institutiones ad hominum perfectionem. *Venetiis, ap. Aldum*, 1581, 1 vol. in-fol.

1228 Philosophus in utramque partem, ad usum Scholæ, auct. Laurentio Duhan. *Parisiis*, 1723, 1 vol. in-12.

1229 Institutiones philosophicæ, auct. Edmundo Purchoto. *Parisiis*, 1711, 5 vol. in-12.

1230 Philosophia ad usum Scholæ, auct. Guillelmo Dagoumer. *Lugd.*, 1757, 6 vol. in-12.

1231 Philosophia vetus et nova ad usum Scholæ accommodata (auct. Duhamel). *Parisiis*, 1687, 6 vol. in-12.

1232 Philosophia ad morem gymnasiorum finemque accommodata, auct. R. P. Gaspare Buhon. *Lugd.*, 1723, 4 vol. in-12.

1233 Cursus philosophicus ad Scholarum usum, auct. Petro Lemonnier. *Parisiis*, 1754, 6 vol. in-12.

— 99 —

1234 Institutiones philosophicæ ad usum Scholarum. *Parisiis*, 1778, t. 2, 3, 4 ; 3 vol. in-12.

1235 Philosophia ad usum Scholarum, auct. Ant. Seguy. *Parisiis*, 1771, t. 3, 4, 5 ; 3 vol. in-12.

1236 Joannis Clerici Opera philosophica. *Amstelodami*, 1700, 4 vol. in-12.

1237 Institutiones philosophicæ ad usum seminarii Tullensis. *Neocastri*, 1769, 2 vol. in-12.

1238 Institutionum philosophicarum Cursus novus (Philosophia lugdunensis). *Lugd.*, 1810, 3 vol. in-12.

1239 Logices Adminicula ex Ammonio, Boetio et Themistio desumpta. *Parisiis ex officinâ Henrici Stephani*, 1511, 1 vol. in-fol.

1240 Manuductio ad Logicam , auct. R. P. Philippo Du Trieu, S. J. *Lugd.*, 1662, 1 vol. in-18.

1241 Aristotelis Logica, græcè. *Lovanii*, 1523, 1 vol. in-4.

1242 Aristotelis Logica ab eruditissimis hominibus conversa. *Parisiis*, 1578, 1 vol. in-4, doré s. tr.

1243 Aristotelis Logica , Boetio Severino interprete. *Parisiis, ap. Simonem Colinæum*, 1544, 1 vol. in-12.

1244 Expositio Magistri Georgii in Logicam Aristotelis, s. l.; 1496, 1 vol. in-4, goth., lettres initiales en couleur, les 1ers feuillets manq.

1245 Expositio Magistri Petri Tatereti sup. textum Logices Aristotelis. *Parisiis*, 1514, 1 vol. in-4, goth.

1246 Scholia Joannis Arborei in Aristotelis Logicam. *Parisiis, ap. Simonem Colinæum*, 1537, 1 vol. in-8.

1247 Joan. Dullaert Commentaria in lib. Aristotelis Peri-Hermenias ; 1515, 1 vol. in-4.

1248 Tractatus Noticiarum Gervasii Uvaim Suevi. *Venundatur à Conrado Reisch*, 1519, 1 vol. in-fol.

1249 Gymnasium speculativum, auct. R. P. Augustino Gothotio. *Parisiis*, 1605, 1 vol. in-8.

1250 Logica Pauli Vallii , S. J. *Lugd.*, 1622, 1 vol. in-fol.

1251 Institutionum dialecticarum libri octo , auct. Petro A Fonseca, S. J. *Lugd.*, 1619, 1 vol. in-12.

1252 R. P. Semery, S. J., Logica et Metaphysica ; 2 vol. in-18.

1253 Aristotelis Metaphysica. *Genevœ,* 1580, 1 vol. p. f.

1254 Aristotelis Physica. *Parisiis,* 1492, 1 vol. in-4, goth., rel. en bois.

1255 Aristotelis Physica ab eruditissimis hominibus conversa. *Parisiis, ex typographiâ Dionysii à Prato,* 1580, 1 vol. in-4, doré s. tr.

1256 In universam Physicam Aristotelis, Joan. Velcurionis Commentariorum libri iv. *Lugd., ap. Gryphium,* 1544, 1 vol. in-8.

1257 Naturalis scientiæ totius Compendium, Hermolao Barbaro Patricio Veneto auctore. *Basileæ, ex officinâ Joan. Oporini,* 1548, 1 vol. in-8.

1258 Decem librorum moralium Aristotelis tres Conversiones; 1ª Argyropili, 2ª Leonardi Aretini, 3ª Antiqua. *Bononiæ, impensis Benedicti Hectoris,* 1501, 1 vol. in-fol., goth., rel. en bois, lettres initiales en couleur.

1259 Commentarius in Aristotelis moralem, auct. Petro Barbay. *Parisiis,* 1680, 1 vol. in-12.

1260 Quæstiones Magistri Petri Tatereti super octo libros Aristotelis Ethicorum. *Parisiis,* 1513, 1 vol. p. f.

1261 Sommaire des quatre parties de la Philosophie, par Jean de Champaignac. *Paris,* 1606, 1 vol. in-12.

1262 Abrégé curieux et familier de toute la Philosophie, par M. de Marande. *Lyon,* 1659, 1 vol. in-12.

1263 La Philosophie moderne par demandes et par réponses, les tomes 2 et 3. *Toulouse,* 1739, 2 vol. in-18.

1264 La Logique, ou l'Art de penser (Port-Royal) ; 1 v. in-12.

— Le même ouvrage, dans les œuvres d'Arnaud, tome 41.

1265 La Logique, ou Système de réflexions qui peuvent contribuer à la netteté et à l'étendue de nos connaissances, par M. de Crousaz. *Amsterdam,* 1720, 3 vol. in-12.

1266 La Clef des Sciences et des Beaux-Arts, ou la Logique, par M. Cochet. *Paris,* 1757, 1 vol. in-8, d. s. t.

1267 Abrégé de la Morale. *Lyon, Jean Certe,* 1675, 1 vol. in-12.

1268 La Philosophie morale expliquée en tables, par Louis de Lesclache; 1651, 1 vol. in-4.
Gravé par Richer et orné de deux beaux frontispices.

§ 2. — ŒUVRES PHILOSOPHIQUES.

1269 Réflexions sur la Philosophie ancienne et moderne. *Paris*, 1676, 1 vol. in-12.
1270 Mercure Trismégiste, trad. du latin, par Gabriel du Préau. *Paris*, 1549, 1 vol. in-8.
Voir la version latine à la fin du vol. d'Apulée, *De asino aureo*.
1271 Le Pimandre de Mercure Trismégiste, traduit du grec, par M. de Foix, avec commentaires. *Bordeaux*, 1579, 1 vol. in-fol.
1272 Divini Platonis Opera omnia, græcè et latinè, Marsilio Ficino interprete. *Francofurti*, 1602, 1 vol. in-fol.
1273 Eadem, latinè tantùm. *Basileæ, ap. Froben*, 1542, 1 vol. in-fol.
1274 Opera Aristotelis, græcè et latinè. *Genevæ*, 1607, 2 v. in-8.
1275 Eadem, latinè. *Basileæ*, 1542, 2 vol. in-fol.
1276 Logique d'Aristote traduite en français, par M. Barthélemy Saint-Hilaire. *Paris*, 1844, 4 vol. in-8.
1277 Cicéron, de la Nature des Dieux, trad. par l'abbé d'Olivet. *Paris*, 1793, 2 vol. in-12.
1278 L. Annæi Senecæ philosophi Opera quæ extant omnia. *Basileæ*, 1557, 1 vol. in-fol.
1279 Les OEuvres de Lucain Sénèque mises en françois, par M. Matthieu de Chalvet. *Paris*, 1638, 1 vol. in-fol.
1280 Diverses OEuvres de Sénèque, traduites par Pierre du Ryer. *Lyon*, 1663, 7 vol. in-18.
1281 Philonis Judæi Lucubrationes latinæ ex græcis factæ, per Sigismundum Gelenium. *Basileæ*, 1554, 1 vol. in-fol.
1282 Les OEuvres de Philon juif, traduites sur l'original grec, par Bellier et Morel. *Paris*, 1612, 1 vol. in-8.

1283 Nemesius. De la Nature de l'homme, traduit du grec, par J. B. Thibault. *Paris*, 1844, 1 vol. in-8.

1284 Arbor Scientiæ venerabilis et cœlitus illuminati Patris Raymundi Lullii; 1 vol. in-4.

1285 OEuvres philosophiques, morales et politiques de François Bacon, avec une notice biographique, par Buchon. *Paris, Desrez*, 1836, 1 vol. in-8. P. L.

1286 OEuvres philosophiques de Descartes, publiées d'après les textes originaux, par Aimé Martin. *Paris, Desrez*, 1838, 1 vol. in-8. P. L.

1287 Histoire de la Vie et de la Mort, ouvrage de Bacon, traduit par Baudouin. *Paris*, 1647, 1 vol. in-12.

1288 Les Principes de la Philosophie, traduits du latin, de René Descartes. *Paris*, 1681, 1 vol. in-4.

1289 Les Méditations métaphysiques de René Descartes, touchant la première Philosophie. *Paris*, 1724, 2 vol. in-12.

1290 Discours de la Méthode pour bien conduire sa raison, et chercher la vérité dans les sciences. Plus la Dioptrique, les Météores et la Géométrie. *Leyde*, 1637, 1 vol. in-4.

1291 Discours de la Méthode pour bien conduire sa raison, etc., par Descartes. *Paris*, 1838, 1 vol. in-18.

1292 Thomæ Hobbes Opera philosophica quæ latinè scripsit omnia. *Amstelodami*, 1678, 2 vol. in-4.

1293 Augustini Steuchi Eugubini, episc. Kisauri, De perenni Philosophiâ libri x. *Basileæ*, 1542, 1 vol. in-4.

1294 Joan. Eusebii Nierembergii de Arte voluntatis libri vi. *Parisiis*, 1639, 1 vol. in-8.

1295 Benedicti Pererii, de communibus omnium rerum naturalibus Principiis et Affectionibus libri xv. *Lugd.*, 1588, 1 vol. in-8.

1296 L'Accord des sentiments d'Aristote et d'Epicure sur les principes des corps naturels, etc. *Lyon*, 1648, 1 vol. in-12.

1297 Francisci Georgii Veneti De Harmoniâ mundi totius Cantica tria. *Parisiis*, 1545, 1 vol. in-fol.

1298 L'Harmonie du monde en trois cantiques, traduit du latin de François Georges, par Guy Le Fèvre. *Paris*, 1579, 1 vol. in-fol.

1299 La Métaphysique, ou Science surnaturelle, par M. Scipion Dupleix. *Lyon*, 1620, 1 vol. in-12.

1300 Eléments de la Philosophie de Neuton mis à la portée de tout le monde, par M. de Voltaire. *Amsterdam*, 1738, 1 vol. in-8.

1301 Académie françoise, par Pierre de la Primaudaye. *Paris*, 1581, 1 vol. in-fol.

1302 Essai sur l'Histoire de la Philosophie en France au xixe siècle, par M. *Damiron*. *Paris*, 1828, deux tomes en 1 vol. in-8.

1303 Leçons de Philosophie sur les principes de l'intelligence, par M. de *Laromiguière*. *Paris*, 1844, 2 vol. in-8.

1304 Examen du Pyrrhonisme ancien et moderne, par M. de Crousaz. *La Haye*, 1733, 1 vol. in-fol.

1305 De la Recherche de la vérité (par le P. Mallebranche). *Paris*, 1678, 1 vol. in-4.

1306 Essai philosophique concernant l'entendement humain, trad. de l'anglais de M. Locke, par Pierre Coste. *La Haie*, 1714, 1 vol. in-4.

1307 De l'Esprit, par M. Helvétius ; les 1ers feuillets m., 1 vol. in-8.

1308 Réflexions philosophiques sur l'ouvrage intitulé le *Système de la nature*, par M. Holland. *Neufchâtel*, 1773, 2 vol. in-12.

1309 De la Nature, par J. B. Robinet. *Amsterdam*, 1762, 2 vol. in-12.

1310 De l'Immortalité de l'âme, par Silhon. *Paris*, 1662, 1 vol. in-12.

1311 Dissertation physique sur le discernement du corps et de l'âme et sur le système de M. Descartes, par M. de Cordemoy. *Paris*, 1690, 1 vol. in-12.

1312 Cornelii ab Hogelande Cogitationes (Dei existentia, animæ spiritualitas, etc.). *Lugd., Batav.*, 1676, 1 vol. in-12.

1313 Dissertatio contrà Animam spiritualem brutorum, auct. Laurentio Mariâ Frasconi. *Mediolani*, 1741, 1 v. in-4.

1314 Les Bêtes mieux connues, ou le Pour et le Contre l'âme des bêtes, par l'abbé Joannet. *Paris*, 1770, 2 vol. in-12.

1315 Histoire critique de l'âme des Bêtes, par M. Guer. *Amsterdam*, 1749, 2 vol. in-8.

§ 3. — MORALE.

1° Traités généraux, Ouvrages divers.

1316 Theophrasti Notationes Morum græcè et latinè; sequitur Casauboni Commentarium. *Lugd.*, 1617, 1 vol. in-12.

1317 Les Caractères de Theophraste traduits par La Bruyère, suivis des caractères de ce siècle. *Lyon*, 1689, 1 vol. in-12.

1318 Maximi Tyrii philosophi Dissertationes XLI græcè et latinè. *Lugd.*, 1631, 1 vol. in-12.

1319 Traitez de Maxime de Tyr, traduits en français. *Rouen*, 1617, 1 vol. in-4.

1320 Marci Antonini imperatoris et philosophi de Vitâ suâ libri XII, græcè et latinè; 1 vol. p. f.

1321 Réflexions morales de l'empereur Marc Antonin, avec des remarques de M. et Mme Dacier; tome 1er, 1 vol. in-12.

1322 Plutarchi Chæronei Ethica, sive moralia Opera latinè, ex variorum interpretatione et Cornarii recognitione. *Basileæ*, 1554, 1 vol. in-fol.

1323 Les OEuvres morales et mêlées de Plutarque, traduites par Jacques Amyot. *Basle*, 1574, 1 vol. in-fol.

1324 Epicteti Enchiridion unà cum Cebetis tabula, accessêre Simplicii scholia et Arriani commentaria è græco translata per Wolfium. *Basileæ, per Oporinum*, s. d., 3 tomes en 1 vol. in-8.

1325 Entretiens de Phocion sur le rapport de la Morale et de la Politique, trad. du grec de Nicoclès. *Amsterdam*, 1763, 1 vol. in-12.

1326 Apologie de Socrate, suivie de *Criton*, dialogue où Socrate délibère s'il doit sortir de prison, Ouvrages de Platon traduits en français. *Paris*, 1649, 1 vol. in-12.

1327 M. T. Ciceronis Paradoxa commentariis variorum illustrata. *Parisiis, ap. Thomam Richardum*, 1551, 1 vol. in-4, broch. parch.

1328 Les Tusculanes de Cicéron, traduites par Mrs Bouhier et d'Olivet. *Paris*, 1766, 2 vol. in-12.

1329 Commentarii Quæstionum tusculanarum editi à Philippo Beroaldo. *Parisiis*, 1519, 1 vol. in-8.

1330 Les Offices de Cicéron, trad. en français. *Lyon, Périsse*, 1766, 1 vol. in-12.

1331 Duplex Commentatio in Boetium de Consolatione Philosophiæ et de Disciplinâ Scholarum, cum figuris ligneis; 1 vol. in-4, goth., s. d., fig. s. b.

1332 Francisci Baconis de Sapientiâ Veterum Liber. *Londini*, 1617, 1 vol. p. f.

1333 Gyges Gallus Petro Firmiano (le P. Zacharie, capucin) authore, accessère Somnia Sapientis. *Parisiis, ap. Dionysium Thierry*, 1658, 1 vol. in-4.

1334 Præcepta moralia, alia poetica, alia prosaica, auct. F. Philippo de Pergamo; 1 vol. in-4, goth., rel. en b., le fr. m.

1335 Morum Philosophia historica, auct. Simone Gaulartio; s. l., 1594, 1 vol. in-12.

1336 Utilis curiositas de humanæ vitæ felicitate per varios hominum status. *Coloniæ*, 1672, 1 vol. in-12.

1337 Francisci Petrarchæ de Remediis utriusque fortunæ libri II. *Genevæ*, 1628, 1 vol. p. f.

1338 Le Sage résolu contre la fortune, ou Entretiens de Pétrarque sur les beaux sujets de la morale, trad. par M. de Grenaille. *Paris*, 1645 et 1652, 2 vol. in-4, parch.

1339 Choix de Moralistes français, contenant : 1° Pierre Charron, *De la Sagesse* ; 2° Pascal, *Pensées* ; 3° Larochefoucault, *Sentences et Maximes* ; 4° La Bruyère, *Caractères* ; 5° Vauvenargues, ses OEuvres. *Paris, Desrez*, 1836, 1 vol. in-8. P. L.

1340 Les Essais de Michel, seigneur de Montaigne. *Paris*, 1652, 1 vol. in-fol.

1341 OEuvres de Michel de Montaigne, avec notice biographique, par Buchon. *Paris, Desrez*, 1837, 1 vol. in-8. P. L.

1342 La Philosophie et Institution morale de Piccolomini mise en françois. *Paris*, 1585, 1 vol. in-8.

1343 Traité de la Morale et de la Politique à l'usage du sexe, par Mlle G. S. *Paris*, 1693, 1 vol. in-4.

1344 Les Avantages que les femmes peuvent retirer de la Philosophie, ou Abrégé de la Morale, par L. de L'Esclache. *Paris*, 1667, 1 vol. in-12.

1345 Réflexions sur ce qui peut plaire dans le commerce du monde. *Paris*, 1688, 2 vol. in-12.

1346 L'Homme Content (par M. Le Page). *Paris*, 1631, 1 vol. in-12.

1347 Métaphysique de l'âme, ou Théorie des Sentiments moraux, trad. de l'anglais de M. Adam Smith, professeur de morale. *Paris*, 1764, 2 vol. in-12.

1348 Principes de Morale déduits de l'usage des facultés de l'entendement humain, par M. Formey. *Leyde*, 1762, 2 vol. in-12.

1349 L'Art de connaître les hommes, par M. De la Chambre. *Paris*, 1663, 1 vol. in-12.

1350 L'Art de se connaître soi-même, par Abbadie. *Rotterdam*, 1730, 1 vol. in-12.

1351 Pensées sur l'homme, par M. J. B. Thibault. *Paris*, 1843, 1 vol. in-8. — Don de l'auteur.

1352 Etudes de Morale, par M. Auguste Callet, représentant du Peuple. *Paris*, 1851, 1 vol. in-12. — Don de l'auteur.

1353 Du Bonheur dans ses rapports avec l'état actuel de la société, par J.-B. de Sevelinges. *Roanne*, 1850, broch. de 62 p. — Don de l'auteur.

2° Ouvrages sur les Mœurs.

1354 Le Spectateur françois, suivi du Cabinet du Philosophe, par M. de Marivaux. *Paris*, 1755, 2 vol. in-12.

1355 Le Spectateur, ou le Socrate moderne, où l'on voit un portrait naïf des mœurs de ce siècles, trad. de l'anglais. *Amsterdam*, 1744, 6 vol. in-12.

1356 Les Conversations de M. D. C. E. *Lyon*, 1677, 1 v. p. f.

1357 L'Espion chinois, ou l'Envoyé secret de la cour de Pékin pour examiner l'état présent de l'Europe. *Cologne*, 1774, 4 vol. in-12.

1358 L'Espion (turc) dans les cours des Princes chrétiens (par Marana). *Cologne*, 1739, 6 vol. in-12.

1359 Lettres du chevalier Robert Talbot, de la suite du duc de Bedfort, à Paris, en 1762, sur la France. *Amsterdam*, 1768, 2 vol. in-12.

1360 Lettres persanes, par Montesquieu. *Amsterdam*, 1769, 1 vol. in-12.

1361 Mémorial de quelques conférences avec des personnes studieuses (Réflexions critiques sur les mœurs). *Paris*, 1669, 1 vol. in-12.

1362 Lettres sur les Anglois et les François et sur les voyages ; 1725, 1 vol. in-8.

1363 Les Hommes (par M. l'abbé de Varennes). *Paris*, 1737, 2 vol. in-12.

3° Sur les Vertus, les Vices et les Passions.

1364 De l'Usage des Passions, par le P. Senault. *Paris*, 1641, 1 vol. in-4.

1365 Paradoxes de Bodin, doctes et excellents Discours de la vertu, trad. du latin. *Paris*, 1604, 1 vol. in-32.

1366 Les différents Caractères des femmes du siècle. *Paris*, 1694, 1 vol. in-12.

1367 Réflexions sur les Défauts d'autrui. *Paris*, 1691, 1 vol. in-12.

1368 Les Caractères de l'homme sans passions, selon les sentiments de Sénèque. *Paris*, 1663, 1 vol. in-12.

1369 Le Théâtre françois des Seigneurs et Dames illustres, par le R. P. François Dinet Recollet. *Paris*, 1642, 1 v. in-4.

1370 L'Escole du Sage, ou le Caractère des vertus et des vices, par M. Chevreau. *Paris*, 1661, 1 vol. in-12.

1371 La Morale, où l'on rapporte sur les passions, les vertus et les vices, les plus belles remarques de l'histoire, par M. Bary. *Paris*, 1663, 1 vol. in-4.

1372 Les Leçons de la Sagesse sur les défauts des hommes. *Paris*, 1747, 2 vol. in-12.

1373 Les Peintures morales, où les passions sont représentées par tableaux, par le P. Le Moyne. *Paris*, 1640, 1 vol. in-4, parch.

1374 Les Secrets moraux sur les passions du cœur humain, par le P. Loryot. *Paris*, 1614, 2 vol. in-4.

1375 Les Passions de l'âme, par René Descartes. *Paris*, 1679, 1 vol. in-12.

1376 Leonis Hebræi de Amore dialogi tres latinitate donati. *Venetiis*, 1564, 1 vol. in-12.

1377 Quatre Lettres sur les jeux de hasard et une cinquième sur l'usage de se faire celer pour éviter une visite incommode (par M. de Joncourt). *La Haye*, 1713, 1 vol. in-12.

1378 Lettre sur l'Entousiasme, traduite de l'anglais. *La Haye*, 1709, 1 vol. in-12.

1379 Lettres sur le Patriotisme. *Londres*, 1750, 1 vol. in-8.

SECTION II.

Politique et Economie politique.

§ 1. — PRINCIPES GÉNÉRAUX, SYSTÈMES ET UTOPIES.

1380 Justi Lipsii Politicorum, sive civilis Doctrinæ libri VI. *Lugd.*, 1594, 1 vol. in-12.

1381 Francisci Patricii de Institutione Reipublicæ libri ix. *Parisiis*, 1574, 1 vol. in-8.

1382 Institution de la chose publique, translatée de latin en français par Jehan le Blond. *Paris, L'Angelié*, 1544, 1 vol. in-12, le fr. m.

1383 Francisci Patricii senensis de Regno et Regis Institutione libri ix. *Parisiis*, 1567, 1 vol. in-8.

1384 Rapsodia Joan. Cermenati de rectâ Regnorum et Rerumpublicarum administratione. *Lugd.*, 1561, 1 v. in-8, d. s. t.

1385 Les six livres de la République de Bodin. *Paris*, 1578, 1 vol. in-fol.

— Du Contrat social, ou Principes du droit politique, par J.-J. Rousseau (V. *Jurisprudence*).

1386 Fables héroïques, comprenant les véritables maximes de la Politique et de la Morale, par M. Audin, Prieur de Termes et de la Fage. *Paris*, 1660, 2 vol. in-8.

— Discours politiques de Machiavel (V. *ses OEuvres*).

1387 Mémoires présentés à Mgr. le duc d'Orléans, Régent de France, contenant les moyens de rendre ce royaume très-puissant et d'augmenter considérablement les revenus du Roi et du Peuple, par M. le C. de Boulainvilliers. *La Haye*, 1727, 2 vol. in-12.

1388 Le Détail de la France sous le règne présent, la cause de la diminution de ses biens et la facilité du remède (par Pierre-le-Pesant de Bois Guillebert); s. l., 1707, 2 vol. in-12.

1389 Projet d'une dîme royale (qui remplacerait tous les autres impôts), par M. le Maréchal de Vauban ; 1707, 1 vol. in-12.

1390 Les Intérêts de la France mal entendus dans les branches de l'Agriculture, de la Population, des Finances, etc., par un citoyen. *Amsterdam*, 1756, 1 v. in-12.

1391 Les Rêves d'un homme de bien qui peuvent être réalisés, ou les Vues utiles et praticables, de M. l'Abbé de St-Pierre. *Paris*, 1775, 1 vol. in-12.

1392 Le Roi-Voyageur, ou Examen des abus de l'administration de la Lydie. *Londres*, 1784, 1 vol. in-8.

1393 De l'Administration des finances de la France, par
M. Necker ; 1784, 4 vol. in-8.

1394 Le Citoyen désintéressé (Projets d'embellissements et
améliorations diverses pour Paris et la Province), par
M. Dussausoy. *Paris*, 1767, 1 vol. in-8.

1395 Bélisaire, par M. Marmontel. *Paris*, 1826, 1 vol.
in-18.

1396 Les Aventures de Télémaque. *Bruxelles*, 1746, 1 vol.
in-12.

1397 Explication abrégée du système phalanstérien de Fourier, par M. Victor Considérant. *Paris*, 1845, 1 vol.
in-18.

1398 Catéchisme de Fourier (Recueil et critique des excentricités de Fourier). *Paris*, 1841, 1 vol. in-18.

1399 Almanach phalanstérien pour 1845, 1 vol. in-18.

1400 Bien-Être et concorde des classes du Peuple français,
par le Baron Charles Dupin. *Paris*, 1840, 1 vol.
in-18.

1401 Essais sur la mobilité politique des Français depuis la
fin du dernier siècle, par J.-B. de Sevelinges. *Roanne*,
1849, 1 vol. in-12.

§ 2. — TRAITÉS SUR LES ROIS, LES COURS, L'ÉDUCATION DES PRINCES.

1402 Institution d'un Prince, ou Traité des qualités, des vertus
et des devoirs d'un Souverain, par M. l'abbé Duguet.
Londres, 1740, 4 vol. in-12.

L'auteur est né à Montbrison, en 1649.

1403 Traité de l'éducation d'un Prince (par M. Nicole).
Paris, 1671, 1 vol. in-12.

1404 Lettre sur l'esprit de patriotisme et sur l'idée d'un Roi
patriote. *Londres*, 1750, 1 vol. in-8.

1405 Defensio regia pro Carolo I ad Carolum II. *Sumptibus regiis*, 1649, 1 vol. p. f.

1406 Présent royal de Jacques Ier, Roy d'Angleterre, au Prince Henry, son fils, contenant une instruction pour bien régner, trad. de l'angl. *Paris*, 1604, 1 vol. in-18.

1407 Les Perfections royales d'un jeune Prince, par le R. P. Cl. Dorchamps (Traité de l'art de régner). *Lyon*, 1645, 1 vol. in-4.

1408 Despertador de Cortesanos, compuesto por el illustre senor Don Antonio de Guevara. *En la imprimeria Plantiniana*, 1605, 1 vol. p. f., parch.

1409 L'Horloge des Princes, avec le très renommé livre de Marc-Aurèle, par Dom Ant. de Guevare, trad. de l'espagnol. *Paris*, 1574, 1 vol. in-8.

1410 Du Mespris de la Court et de la Louange de la Vie rustique, par dom Ant. de Guevare, trad. de l'esp. *Lyon, Etienne Dolet*, 1542, 1 vol. in-12.

1411 L'Homme de Cour, par Baltasar Gracian, trad. et commenté par le sieur Amelot de la Houssaie. *Lyon*, 1693, 1 vol. in-12.

1412 La Fortune des gens de qualité enseignant l'art de vivre à la Cour, etc., par M. de Caillière, Mareschal de bataille. *Paris*, 1663, 1 vol. in-18.

1413 L'Homme de qualité, ou les Moyens de vivre en homme de bien et en homme du monde. *Paris*, 1671, 1 vol. in-12.

1414 Les Vanitez de la Cour, par M. de Balzac. *Rouen*, 1658, 1 vol. in-18.

1415 Discours politiques des Rois, par M. de Scudery. *Paris*, 1663, 1 vol. in-18.

§ 3. — POLITIQUE EXTÉRIEURE, INTÉRÊTS DES PRINCES ET DES ÉTATS.

1416 Testament politique de Charles, Duc de Lorraine et de Bar. *Leipsic*, 1697, 1 vol. in-12.

1417 Testament politique du Cardinal de Richelieu (par l'abbé de Bourzéis). *Paris*, 1696, 1 vol. in-12.

1418 Testament politique du Card. Alberoni (par Maubert, ex-capucin). *Lauzanne*, 1753, 1 vol. in-12.

1419 Testament politique du Marquis de Louvois (par Gatien de Courtilz). *Cologne*, 1696, 1 vol. in-12.

1420 Testament politique du Maréchal de Belle-Isle (par Chevrier). *Amsterdam*, 1760, 1 vol. in-18.

1421 Les Intérêts de l'Angleterre mal entendus dans la guerre présente; 1707, 1 vol. in-12.

1422 Mémoires de Jean de Wit, Grand-Pensionnaire de Hollande; 1 vol. in-12.

1423 Le Ministre d'Etat, avec le véritable usage de la politique moderne, par le sieur de Silhon. *Paris*, 1654, 1 vol. in-4.

1424 Mémoires de quelques discours politiques sur diverses occurrences des affaires des guerres de France, d'Espagne et d'Allemagne depuis quinze ans; s. l., 1645, 1 vol. in-8.

1425 Compendium politicum de variis Poloni imperii vicibus. *Varsoviæ*, 1761, 1 vol. in-12.

1426 Seconde guerre de Pologne, ou Considérations sur la paix publique du continent et sur l'indépendance maritime de l'Europe, par Montgaillard. *Paris*, 1812, 1 vol. in-12.

1427 La Politique du Cardinal Porto Carero découverte, et Entretiens de M. Colbert avec Bouin sur le partage de la Monarchie d'Espagne, etc. *Madrid*, 1709, 1 vol. in-12.

1428 Etat présent des affaires d'Allemagne avec les intérêts et les généalogies des Princes de l'Empire. *Lyon*, 1675, 1 vol. in-12.

1429 La Politique civile et militaire des Vénitiens. *Cologne*, 1670, 1 vol. in-18.

1430 Examen de la liberté originaire de Venise. *Ratisbonne*, 1678, 1 vol. in-18.

1431 L'Observateur hollandais, ou Lettres sur l'état présent des affaires de l'Europe. *La Haye*, 1755, 1 vol. in-12.

1432 La France et la Russie. Question d'Orient. *Paris*, 1854, 1 vol. in-8.

§ 4. — ADMINISTRATION INTÉRIEURE.

1° Justice.

1433 Compte général de l'Administration de la justice militaire ; 1833, 1 vol. in-4.
1434 Compte général de l'Administration de la justice criminelle; 5 vol. in-4.
1435 Compte général de l'Administration de la justice civile et commerciale, 1831—1834 ; 2 vol. in-4.
1436 Compte général des Travaux du Conseil d'Etat et de ses comités pendant les années 1830—1834, présenté au Roi par le Garde-des-Sceaux ; 1 vol. in-4.

2° Armée.

1437 Compte rendu sur le recrutement de l'armée ; 1831, 2 vol. in-4.
1438 Compte du matériel de la Marine, 1831—1834 ; 4 vol. in-4.
1439 Légion-d'Honneur. Compte rendu pour l'exercice 1832; 1 vol. in-4.

3° Finances.

1440 Bail des gabelles, salines, domaines, et cinq grosses fermes à Nic. Saunier ; 1er octobre 1674, 1 vol. in-12.
1441 Compte rendu au Roi par M. Necker. *Paris*, 1781, 1 vol. in-4.
1442 Eclaircissement sur le compte rendu au Roi et quelques autres pièces ; 1787 et 1788, 1 vol. in-8.
1443 Discussion sur le papier-monnaie et projet de finances. *Paris*, 1790, broch. in-4.
1444 Liste générale des Pensionnaires de la liste civile de Charles X. *Paris*, 1833, 1 vol. in-4.
1445 Comptes rendus par les Administrations des tabacs et des contributions indirectes, 1830—1836 ; 6 vol. in-4.
1446 Rapport au Ministre des Finances sur l'impôt du tabac; 1834, 1 vol. in-4.

1447 Compte définitif des dépenses de l'exercice 1833; 1 vol. in-4.
1448 Rapport au Roi sur la situation financière des communes du Royaume en 1836 ; 1 vol. in-4.
1449 Etat des communes soumises aux droits d'entrée et d'octroi; 1 vol. in-4.
1450 Situation financière des départements en 1837; 1 v. in-4.
1451 Rapport au Roi sur les caisses d'épargne, 1835—1836; 2 vol. in-4.
1452 La Liste civile dévoilée ; Lettre d'un Electeur de Joigny à M. de Cormenin. *Paris,* 1837, 1 vol. p. f.
1453 Le Budget mis à la portée de tout le monde. *Dijon,* 1849, 1 vol. in-12.

4° Commerce et Industrie.

1454 Tableau général du commerce de la France avec ses colonies et les Puissances étrangères, année 1832, publié par la Direction des Douanes ; 1 vol. in-4.
1455 Enquêtes administratives sur différents objets : les Prohibitions, les Houilles, le Chanvre, le Sucre, le Tabac, etc.; 8 vol. in-4.
1456 Des Fonds publics français et étrangers et des opérations de la Bourse de Paris, par Jacques Bresson. *Paris,* 1834, 1 vol. in-12.
1457 Le Parfait Négociant, par J^{es} Savary. *Paris,* 1679, 2 vol. in-4.
1458 Lettres sur le commerce des grains. *Amsterdam,* 1768, 1 vol. in-12.
1459 Traités sur le commerce et sur les avantages de la réduction de l'intérêt, par Josias Child, trad. de l'angl.; 1754, 1 vol. in-12.
1460 Remarques sur les avantages et les désavantages de la France et de la Grande-Bretagne par rapport au commerce, trad. de l'angl. *Leyde,* 1754, 1 vol. in-12.
1461 Considérations sur le commerce et la navigation de la Grande-Bretagne, trad. de l'angl. *Genève,* 1750, 1 vol. in-12.

1462 Vocabulaire des termes de commerce, banque, manufacture, navigation marchande, finance mercantile et statistique, par J. Peuchet. *Paris*, 1801, 1 v. in-4.

1463 Connaissance commerciale des produits utiles de la nature, par Marcel Regis. *Paris*, 1828, 1 vol. in-12.

1464 Analyse de la Question des Sucres par le Prince Louis-Napoléon Bonaparte. *Paris*, 1842, broch. in-8.

1465 De l'Avenir industriel de la France. — Un rayon de bon sens sur quelques grandes questions d'économie politique, par Matthieu de Dombasle. *Paris*, 1834, broch. in-8.

1466 Recueil industriel, manufacturier, agricole et commercial, etc., par M. de Mauléon, tomes 16 et 17; 2 vol. in-8.

1467 Description et évaluation des usines d'Imphy, par M. de Rozière ; 1829, broch. in-4.

1468 Rapport du Jury central sur les Produits de l'industrie française, exposition de 1834, par le baron Ch. Dupin. *Paris*, 1836, 3 vol. in-8.

1469 Description des Machines et Procédés pour lesquels des brevets d'invention ont été pris sous le régime de la loi de 1844, tome XIII. *Paris*, 1853, 1 vol. in-4.

1470 Procès-Verbaux des Conseils généraux de l'Agriculture, des Manufactures et du Commerce, années 1841—1842. *Paris*, 1845, 1 vol. in-4.

1471 Publications du Comité de salut public, 1793: Programme des Cours révolutionnaires sur la fabrication du salpêtre. — Fabrication des savons. — Extraction de la soude, etc. ; 1 vol. in-4.

5° Colonies.

1472 Procès-Verbaux et rapports des Commissions d'Afrique du 7 juillet et 12 décembre 1833 ; 2 vol. in-4.

1473 De l'Etablissement des Français dans la Régence d'Alger, par M. Genty de Bussy. *Paris*, 1835, 2 vol. in-8 réunis en 1.

1474 Physiologie physique et morale d'Alger, par M. J. D. Montagne. *Marseille*, 1834, 1 vol. in-8.

1475 L'Algérie, par le Baron Baude. *Paris*, 1841, 2 vol. in-8.
1476 Analyse des Votes des Conseils coloniaux ; 1837, 1 vol. in-4.

6° Houillères et Mines.

1477 Mémoires sur les Canaux souterrains et sur les Houillères de Worsley, par M⁰ˢ Fournel et Dyèvre. *Paris*, 1842, 1 vol. in-4.
1478 Etudes de Gîtes minéraux publiées par l'Administration des Mines : 1° Graissessac, par M. Garella ; 2° Saône-et-Loire, par M. Manès ; 3° Brassac, par M. Baudin ; 4° Decize, par M. Boulanger ; texte, 2 vol. in-4; planches, 2 vol. in-fol.
1479 Etudes des Gîtes houillers et métallifères du Bocage vendéen ; atlas in-fol., le texte manque.
1480 Etudes géologiques sur le Bassin houiller de la Sarre, par E. Jacquot. *Paris*, Impr. imp., 1853, 1 vol. in-8, texte et planches.
1481 Compte rendu des Travaux des Ingénieurs des mines, 1833—1836 ; 4 vol. in-4.

7° Voies de communication.

1482 Histoire et description des voies de communication aux Etats-Unis, par Michel Chevalier. *Paris*, 1840, 2 vol. in-4, et atlas in-fol.
1483 Essai sur la théorie des Torrents et des Rivières, par le citoyen Fabre. *Paris*, 1797, 1 vol. in-4.
1484 Canaux navigables, ou Développement des avantages qui résulteraient de l'exécution de plusieurs projets en ce genre. *Paris*, 1769, 1 vol. in-12.
1485 Documents relatifs au canal de Roanne à Digoin. *Genève*, 1832, broch. in-4.
1486 Canal de Roanne à Digoin. — Assemblée générale, 31 mars 1836 ; broch. in-12 de 28 p.
1487 Observations présentées par les Syndics du Canal de Roanne à Digoin, sur la demande en concession d'un chemin de fer entre ces deux villes, formée par M⁰ˢ Boué et Dumas. *Roanne*, 1831, broch. in-12 de 15 p.

1488 Rapport et avis de la Commission d'enquête du chemin de fer de Saint-Etienne à Lyon. *Saint-Etienne,* 1836, 1 vol. in-4.

1489 Rapport de M. Smith à la Commission supérieure des chemins de fer sur les embranchements et sur le libre parcours. *Saint-Etienne,* s. d., broch. in-8.

1490 Considérations sur l'Etablissement des chemins de fer en France, par J. Milleret. *Paris,* 1838, broch. in-8.

1491 Chemins de fer. — Courbes à très-petits rayons, système Lagriel. *Paris,* 1835, broch. de 82 p. et pl.

1492 Bulletin de la Société industrielle de Saint-Etienne, N° qui traite des chemins de fer ; broch. in-8.

1493 De la Construction des chemins de fer par l'Etat. *Clermont,* 1838, broch. de 60 p.

1494 Perfectionnement des voies de communication, par Casimir Leconte. *Paris,* 1840, broch. in-8.

1495 D'une grande ligne centrale par la vallée de la Loire, par M. Alcock. *Paris,* 1842, broch. in-8.

1496 Notice sur le projet de chemin de fer du Centre ou de Paris à Clermont, Saint-Etienne et Lyon, publiée par la Société d'études. *Paris,* 1840, broch. in-8 de 15 p. et 1 carte.

1497 Réflexions sur le chemin de fer de Paris à Lyon par la Bourgogne, par E. de Champeaux. *Paris,* 1842, broch. in-8.

1498 Examen d'un écrit intitulé : *Projet d'un chemin de fer de Montbrison à Montrond,* par M. Augustin de Meaux. *Montbrison,* 1832, broch. in-8.

1499 Lettre à M^{rs} les membres des Conseils-Généraux et Municipaux des départements intéressés au chemin de fer d'Orléans à Vierzon, par Casimir Leconte. *Paris,* 1841, broch. de 29 p. avec carte.

1500 Mémoire présenté par la Commission Municipale de Roanne à M^{rs} les Ministres de l'Intérieur et des Travaux publics, sur le projet de faire passer le chemin de fer par la rive gauche de la Loire, rédigé par M. De Viry, membre de la Commission. *Roanne, Sauzon,* 1853, broch. in-8.

1501 Travaux d'améliorations intérieures, projetés ou exécutés par le gouvernement général des Etats-Unis d'Amérique de 1824 à 1831, par Guillaume Tell Poussin; texte, 1 vol. in-4, et 1 atlas in-fol.

8° Instruction publique.

1502 Rapport au Roi, par le Ministre de l'Instruction publique, sur l'exécution de la loi de 1833, relative à l'instruction primaire. *Paris*, 1834, broch. in-4.
1503 Rapport sur l'état de l'instruction publique dans quelques pays de l'Allemagne et particulièrement en Prusse, par M. V. Cousin. *Paris*, 1832, 1 vol. in-4.
1504 Tableau de l'état de l'instruction primaire en France, Rapport au Roi, par M. Villemain, 1er novembre 1841; 1 vol. p. f.
1505 Manuel des Aspirants au brevet de capacité pour l'enseignement primaire, par M'rs Lamotte Meissas et Michelot. *Paris*, 1842, 1 vol. in-12.
1506 Manuel des Aspirantes, id. id.; 1843, 1 v. in-12.
1507 Essai sur l'Emulation dans l'ordre social et sur son application à l'éducation, par Raynaud. *Genève*, 1802, 1 vol. in-8.

9° Mendicité et Prisons.

1508 Recueil de Mémoires sur les établissements d'humanité, trad. de différentes langues; 8 n°s dépareillés, réunis en 2 vol. in-8.
1509 Réflexions sur les causes de l'indigence et sur les dépôts de mendicité. *Montbrison*, 1840, broch. in-8.
1510 Projet d'une Société de charité applicable dans toutes les localités, ou de l'Organisation de la charité privée, par J.-B. De Sevelinges. *Roanne*, 1853, broch. in-12.
1511 Visite dans quelques prisons de France en mai et juin 1836. *Paris*, 1837, broch. in-8.
1512 Rapport au Roi sur les prisons départementales. *Paris*, 1 vol. in-4.

1513 Lettre sur le Système pénitentiaire à M^{rs} les Membres des Conseils-Généraux, par M. Demetz, conseiller à la Cour Royale. *Paris, Impr. roy.*, 1838, broch. in-8.

1514 Rapports sur les Prisons de la Prusse, sur le régime de quelques prisons de l'Espagne, de l'Angleterre et de l'Allemagne et sur le régime des prisons de la Turquie ; 1 vol. in-4.

1515 Colonie agricole de Mettray. — Assemblée générale des fondateurs, tenue à Paris le 20 mai 1841. — Compte rendu, Discours de M. de Gasparin, etc. ; broch. de 88 p.

1516 Société pour le patronage des jeunes libérés du département de la Seine. — Assemblées générales tenues à l'Hôtel-de-Ville, le 9 juillet 1837, et le 27 juin 1841 ; broch. in-8.

10° Administration départementale et municipale.

1517 L'an VIII et l'an 1838 (Examen du projet de loi sur les attributions des Conseils-Généraux, par M. Ymbert, du C.-G. de l'Aisne. *Paris*, 1838, broch. in-8.

1518 Analyse des votes des Conseils-Généraux, sessions de 1833—1838 ; 7 vol. in-4. *Idem*, — sessions de 1839—1843 ; 2 vol. in-4.

1519 Département de la Seine et Ville de Paris. — Rapports du Préfet, Comptes et Budgets de 183 à 1837 ; 6 broch. in-4.

1520 Ville de Paris. — Rapports du Préfet au Conseil Municipal ; — Budget de 1837 ; 1 cahier lithographié.

1521 Département de la Loire. — Délibérations du Conseil-Général, sessions de 1835—1838 ; 4 broch. in-8.

1522 Id. Sessions de 1852 et 1854 ; 2 vol. in-8.

1523 Id. Comptes et Budgets de 1830—1838 ; 13 broch. in-4.

1524 Recueil de Mémoires sur le projet de transférer le chef-lieu du département de la Loire à Saint-Etienne ; 1832 et 1840, 1 vol. in-8.

11° Statistique générale et Ouvrages divers.

1525 Annales de statistique, par L. J. P. Ballois. *Paris,* an XI et suiv.; plusieurs n^{os} dépareillés, réunis en 2 v. in-8.

1526 Statistique générale de la France. — Départements du Doubs, de la Lys et de la Meurthe, par les Préfets. *Paris,* an XII, 1 vol. in-fol.

1527 Statistique du département du Gard, par M. Hector Rivoire, chef de division à la Préfecture. *Nîmes,* 1842, 2 vol. in-4.

1527 *bis.* Nouvelles Ephémérides économiques, ou Bibliothèque raisonnée de l'histoire, de la morale et de la politique, tomes 1 et 2. *Paris,* 1775, 1 vol. in-12.

1527 *ter.* Almanach administratif, ecclésiastique, militaire, statistique et commercial, ou Annuaire de l'Ardèche pour 1846, par V. Sauzon. *Privas,* 1 vol. p. f.

— Essai statistique sur le département de la Loire, par M. Duplessy (V. *Hist. locale*).

1528 Système national d'assurances mutuelles sous la direction immédiate du Gouvernement, par M. Gauthier, du C.-G. de la Loire. *Paris,* 1842, broch. in-8.

1529 Abrégé des principes d'Administration de C. J. B. Bonnin. *Paris,* 1829, 1 vol. in-8.

SECTION III.

Economie domestique.

1530 La Science du monde, ou la Sagesse civile de Cardan. *Paris,* 1645, 1 vol. in-4.

1531 Le Lycée du sieur Bardin, où il est traité des connaissances, des actions et des plaisirs d'un honnête homme ; 1re partie, des Connaissances. *Paris,* 1632, 1 vol. in-8.

1532 Traité du vrai mérite de l'homme..... avec des principes d'éducation, par M. le Maître de Claville. *Paris,* 1742, 2 vol. in-12.

1533 Testament, ou Conseils fidèles d'un père à ses enfants, par M. Fortin de la Hoguette. *Paris,* 1698, 1 vol. in-12.

1534 Conseils d'une mère à son fils. — *Idem*, à sa fille, par Mme de Lambert. *Paris,* 1741, 1 vol. in-18.

1535 Traité de la civilité. *Lyon,* 1685, 1 vol. in-12.

— Dictionnaire économique, par M. Noël Chomel (V. *Agriculture*).

1536 Les Secrets du seigneur Alexis Piedmontois. *Lyon,* 1657, 1 vol. in-12.

1537 Manuel de Recettes utiles tirées des meilleurs auteurs, par M. Fleury Mulsant. *Roanne, Périsse,* 1839, 1 vol. p. f.

1538 Les Dons de Comus, ou les Délices de la table. *Paris,* 1739, 1 vol. in-12.

CHAPITRE II.

SCIENCES NATURELLES.

SECTION PREMIÈRE.

Physique.

1539 Les Entretiens physiques d'Ariste et d'Eudoxe, par le P. Regnault. *Paris,* 1737, 5 vol. in-12.

1540 Bibliothèque de Physique et d'Histoire naturelle, tomes 2, 3, 4. *Paris,* 1758, 3 vol. in-12.

1541 Leçons de Physique expérimentale, par l'abbé Nollet. *Paris,* 1753, 7 vol. in-12.

1542 Physique mécanique de Fischer, traduite de l'allemand avec des notes et additions, par M. Arago. *Paris,* 1819, 1 vol. in-8.

1543 Traités de l'Equilibre des liqueurs et de la Pesanteur de l'air, par M. Pascal. *Paris,* 1663, 1 vol. in-12.

1544 Méchanismes de l'Electricité et de l'Univers, par M. De la Perrière. *Paris,* 1756, 2 vol. in-12.

1545 Electricité soumise à un nouvel examen (par le R. P. Paulian). *Avignon,* 1768, 1 vol. in-12.

1546 Traité expérimental de l'Electricité et du Magnétisme, par M. Becquerel. *Paris,* 1836, les tomes 4, 5, 6 et 7; 4 vol. in-8, et 1 atlas in-fol.

1547 Journal de Physique, de Chimie et d'Histoire Naturelle, par Delamétherie, tome v; nivôse an VII, 1 vol. in-4.

1548 La Physique en action, ou Applications utiles et intéressantes de cette science, par M. Desdouits. *Paris,* 1846, 2 vol. in-8.

SECTION II.

Chimie.

1549 Introduction à la Chimie, par le sieur Arnaud, docteur en médecine. *Lyon,* 1650, 1 vol. in-12.

1550 Eléments de la philosophie de l'art du feu ou Chemie, trad. du latin. *Paris,* 1651, 1 vol. in-12.

1551 Traité du feu et du sel, par Blaise de Vigenere. *Paris,* 1662, 1 vol. in-4.

1552 Cœlum philosophorum, seu de Secretis naturæ (art distillatoire), auct. Philippo Ulstadio. *Argentorati,* 1528, 1 vol. in-4.

1553 La Description des nouveaux fourneaux philosophiques, ou Art distillatoire, mis en lumière, par Jean-Rodolphe Glauber, et traduit par le sieur Du Teil. *Paris,* 1659, 1 vol. in-8.

1554 Entretiens sur l'Acide et sur l'Alkali, par M. de Saint-André, médecin ; 1687, 1 vol. in-12.

1555 Essai sur le blanchiment, par R. O'Reilly. *Paris,* 1801, 1 vol. in-8.

1556 Mémoire sur la découverte d'un ciment impénétrable à l'eau, par M. d'Etienne. *Paris,* 1782, broch. in-4.

1557 Description du fourneau de fusion à trois vents construit dans le laboratoire de Chimie de l'école des Mines, par Torelli de Narci. *Paris,* an X, broch. in-8.

1558 Essai sur la meilleure construction des cheminées, tiré de la Bibliothèque Britannique, par M. de Rumford ; broch. in-8.

1559 Analyse de quelques pierres précieuses, par M. Achard, trad. de l'allemand, par M. Dubois. *Paris,* an VII, broch. in-8.

SECTION III.

Optique.

1560 Vitellionis de Naturâ, ratione, et projectione radiorum visus, lûminum, colorum, etc., libri x. *Norimbergœ*, 1551, 1 vol. in-fol.

1561 Le Monde de M. Descartes, ou le Traité de la lumière et des autres principaux objets des sens. *Paris*, 1662, 1 vol. in-8.

1562 La Lumière, par le sieur de la Chambre. *Paris*, 1662, 1 vol. in-4.

1563 Leçons élémentaires d'Optique, par M. l'abbé de la Caille. *Paris*, 1764, 1 vol. in-8.

1564 L'Optique des Couleurs, appliquée à la peinture, teinture et autres arts coloristes, par le R. P. Castel, S. J. *Paris*, 1740, 1 vol. in-12.

1565 Traité pratique pour l'emploi des papiers du commerce en Photographie; Nouveaux procédés améliorateurs, Préparations préliminaires au cirage et aux bains sensibilisateurs pour épreuves positives et négatives, par Steph. Geoffray, av. à Roanne. *Roanne, Sauzon*, 1855, broch. in-8. — Don de l'auteur.

SECTION IV.

Histoire naturelle.

1566 Aristotelis ac Philosophorum, Medicorumque complurium Problemata. *Parisiis*, 1556, 1 vol. p. f., d. s. tr.

1567 Mémoires et Observations sur la Météorologie. *Paris*, 1834, 1 vol. in-8.

1568 Plinii Secundi Historiæ mundi libri xxxvii; accessêre Gelenii annotationes. *Basileœ, ap. Froben*, 1549, 1 v. in-fol.

1569 Idem Opus, editio Jacobi Dalecampii. *Lugd.*, 1587, 1 vol. in-fol.

1570 Histoire du monde, de Pline Second, traduite par Antoine Du Pinet. *Paris*, 1608, 1 vol. in-fol.

1571 Translation de langue latine en françoyse des septième et huitième livres de C. Plinius Secundus, par Loys Meygret, lyonnois. *Paris*, 1543, 1 vol. in-12.
1572 Mineralogia, sive Naturalis philosophiæ Thesauri, auct. Bernardo Cæsio, S. J. *Lugd.*, 1636, 1 vol. in-fol.
1573 Josephi Pitton Tournefort Institutiones Rei herbariæ. *Lugd.*, 1719, 3 vol. in-4, dont 2 de planches.
1574 Phytologie universelle, ou Histoire naturelle et méthodique des plantes, par M. N. Jolyclerc. *Paris*, 1799, 8 vol. in-8, mêlés de pl.
1575 Histoire naturelle de Buffon, figures noires. *Paris*, 1749, 20 vol. in-4.
1576 Observations et expériences sur l'art d'empailler et de conserver les Oiseaux, par les citoyens Hénon et Mouton-Fontenille. *Lyon*, an IX, broch. in-8.
1577 Manuel du naturaliste préparateur, par M. Boitard. *Paris*, 1845, 1 vol. in-18.
1578 Rapport sur le fossile de Fontainebleau. *Paris*, 1824, broch. in-8.
1579 Notes et Observations sur la ponte des Oiseaux qui se trouvent à l'ouest de la France, par J. Lapierre (extrait de l'*Hist. nat.* de Buffon); broch. in-8.
1580 Dissertation physiologique sur la nutrition du fœtus dans les mammifères et dans les oiseaux, par J. B. F. Léveillé. *Paris*, an VIII, broch. in-8.
— Mémoires pour servir à l'histoire naturelle des Provinces de Lyonnais, Forez et Beaujolais, par M. Alléon Dulac, av. *Lyon*, 1765, 2 vol. in-8.
— Mémoire sur la Constitution géologique de l'arrondissement de Roanne, par M. Belle, Ingénieur civil, secrétaire de la Société d'Agriculture. *Roanne*, 1854, broch. in-8.
1581 Dictionnaire d'Histoire naturelle, par une société de Naturalistes sous la direction de M. Ch. d'Orbigny. *Paris*, 1849, 13 vol. texte, et 3 vol. planches coloriées, en tout 16 vol. gr. in-8.

Donné par M. Clerjon, Maire de la Ville, en juillet 1855.

SECTION V.

Agriculture.

1582 L. Junii Columellæ de Re rusticâ libri xii. *Lugd., ap. Gryphium,* 1541, 1 vol. in-12.

1583 Constantini Cæsaris de Agriculturâ libri xx, Jano Cornario interprete. *Lugd., ap. Gryphium,* 1541, 1 vol. in-12.

1584 Les vingt livres de Constantin César de l'Agriculture traduictz en françoys, par Anthoine Pierre. *Poictiers,* 1543, 1 vol. in-fol.

1585 Dictionnaire économique, par M. Noël Chomel, curé de Saint-Vincent de Lyon. *Paris,* 1767, 3 vol. in-fol.

1586 Règlement de la Société d'Agriculture, Arts et Commerce de Roanne; an XI, broch. in-12 de 14 p.

1587 Le Théâtre d'Agriculture et Ménage des champs, par Olivier de Serre. *Lyon,* 1675, 1 vol. in-4.

1588 Le même ouvrage, édition de Paris; 1805, le tome 2, 1 vol. in-4.

1589 L'Agriculture et Maison rustique de Mrs Charles Etienne et Jean Liebault. *Lyon,* 1689, 1 vol. in-4.

1590 L'Agriculture et Ménagerie des champs et de la ville. *Grenoble,* 1695, 1 vol. in-12.

1591 Maison rustique du xixe siècle, par une réunion d'Agronomes. *Paris,* 1835, 5 vol. in-8.

1592 Journal d'Agriculture pratique, de Jardinage et d'Economie domestique, par M. Bixio (2e partie de la Maison Rustique), les tomes 1 et 2; 2 vol. in-8. — Plus les tomes 2, 3, 4 et 5 de la 3me série.

1593 L'Art de multiplier les grains, par M. François de Neufchâteau, Sénateur, Comte de l'Empire, etc. *Paris,* 1809, 2 vol. in-12, dorés s. tr. — Donné par M. Fleury Mulsant.

1594 Curiosités de la nature et de l'art sur la végétation, par M. l'abbé de Vallemont. *Bruxelles,* 1723, 2 vol. in-12.

1595 Le Guide du fermier, ou Instructions pour élever, nourrir, acheter et vendre les bêtes à cornes, etc., trad. de l'angl. *Paris*, 1770, 1 vol. in-12.

1596 Considérations sur les moyens de rétablir en France les bonnes espèces de bêtes à laine. *Paris*, 1762, 1 vol. in-12.

1597 Rapport à la Société d'Agriculture de l'arrond' de Roanne, par M. Alcock, sur les engrais calcaires. *Roanne*, 1834, broch. in-8.

1598 Mémoire sur la marne factice et sur son emploi; br. in-8.

1599 Rapport sur l'utilité des paragrêles, par la Société Linnéenne de Paris; 1826, br. in-8.

1600 Art de faire éclore et d'élever en toute saison des oiseaux domestiques, par M. de Réaumur. *Paris*, 1749, 2 vol. in-12.

1601 De la Culture des mûriers, suivi de : Observations sur l'origine du miel, par M. Boissier de Sauvages. *Nîmes*, 1763, 1 vol. in-12.

1602 La Théorie du Jardinage, par M. l'abbé Roger Schabol. *Paris*, 1785, 1 vol. in-12.

1603 L'Ecole du Jardin potager. *Paris*, 1752, 2 vol. in-12.

1604 Nouvelles Observations physiques et pratiques sur le jardinage, trad. de l'angl. de Bradley. *Paris*, 1756, 3 vol. in-12.

1605 Instruction pour les Jardins fruitiers et potagers, par M. de la Quintinie. *Paris*, 1740, 2 vol. in-4.

1606 Traité des Arbres fruitiers, par M. Duhamel. *Paris*, 1768, 2 vol. in-fol., ornés de.

SECTION VI.

Médecine.

§ 1. — MÉDECINE PROPREMENT DITE.

1607 Hippocratis Magni coacæ Prænotiones græcè, cum interpretatione latinâ et commentariis Lud. Dureti, segusiani. *Parisiis*, 1588, 1 vol. in-fol.

1608 Liber Prognosticorum Hippocratis è græco in latinum versus, auctore Christophore de Viega, cum annotationibus in commentarios Galeni. *Lugd.*, 1551, 1 vol. in-8.

1609 Prognostics de Cos d'Hippocrate, traduits par M. de Mercy, avec le texte grec en regard. *Paris*, 1815, 1 vol. in-12.

1610 Hippocratis Aphorismi græcè et latinè, cum brevi explicatione ex Galeni commentariis desumpta, per Joan. Butinum. *Lugd.*, 1580, 1 vol. p. f.

1611 Galeni in Aphorismos Hippocratis Commentarii latinitate donati, per Guliel. Plantium. *Lugd.*, 1552, 1 vol. in-8.

1612 Oddi de Oddis in 1^{am} et 2^{am} Aphorismorum sectionem Expositio. *Venetiis*, 1572, 1 vol. in-8.

1613 Nouvelle traduction des Aphorismes d'Hippocrate avec commentaires, par M. de Mercy. *Paris*, 1817, 3 v. in-12.
Il manque la 4e section formant 2 vol.

1614 Traités d'Hippocrate des Préceptes et de la Décence du Médecin, traduits par M. de Mercy, texte en regard. *Paris*, 1824, 1 vol. in-12.

1615 Epidémies d'Hippocrate, 1er et 3e livres, traduits par M. de Mercy, texte en regard. *Paris*, 1815, 1 vol. in-12.

1616 Synopsis des Fièvres, tiré des 1er et 3e livres des Epidémies d'Hippocrate, texte grec, avec la traduction française, deux traductions interlinéaires et un lexique en forme de notes, par M. de Mercy. *Paris*, 1808, 1 vol. in-8.

1617 OEuvres complètes d'Hippocrate, traduites par M. de Mercy, texte en regard, tomes 1 et 2. *Paris*, 1832, 2 vol. in-12.

1618 Sanctorii Sanctorii Commentaria in Artem medicinalem Galeni. *Venetiis*, 1612, 1 vol. in-fol.

1619 Joan. B^{tæ} Montani in Artem parvam Galeni Explanationes. *Lugd.*, 1556, 1 vol. p. f.

1620 Medicina universa Jo. B^{tæ} Montani, collecta studio Martini Weindrichii. *Francofurti*, 1587, 1 vol. in-fol.

1621 Joan. Guintherii de Medicinâ veteri et novâ Commentarii duo. *Basileœ*, 1571, 1 vol. in-fol.

1622 Joan. Schenckii Observationum medicarum rariorum libri VII. *Lugd.*, 1643, 1 vol. in-fol.

1623 Van Helmont Opera, Ortus Medicinæ. *Lugd.*, 1555, 1 vol. in-fol.

1624 Michaelis Etmuleri Opera. *Lugd.*, 1690, 2 vol. in-fol.

1625 Hieronymi Mercurialis Medicina practica. *Lugd.*, 1623, 1 vol. in-4.

1626 Ejusdem Mercurialis Tractatus varii. *Lugd.*, 1618, 1 vol. in-4.

1627 Orivai Propugnaculum Hippocraticæ et Galenicæ doctrinæ de febrium Curatione. *Lugd.*, 1689, 1 vol. in-4.

1628 Methodus in Dyspnæam, seu de Respirationibus libri IV, auct. Fabritio Bartoletto. *Bononiæ*, 1633, 1 vol. in-4.

1629 Raymundi Vieussens Tractatus : 1° de mixti Principiis in ordine ad corpus hominis; 2° de Fermentatione. *Lugd.*, 1688, 1 vol. in-4.

1630 Ranchini Opuscula medica. *Lugd.*, 1627, 1 vol. in-4.

1631 Andreæ Laurentii Archiatri Opera omnia. *Parisiis*, 1628, 1 vol. in-4.

1632 Jacobi Hollerii Stempani Opera omnia practica. *Genevæ*, 1623, 1 vol. in-4.

1633 Aphorismi in XXV particulas divisi. *Bononiæ*, 1489, 1 vol. in-8, s. fr.

1634 Practica Geraldi de Solo super nono Almansoris et alia ejusdem auctoris. *Lugd.*, 1504, 1 vol. in-8, goth.

1635 Quinti Sereni Sammonici, poetæ et medici, de Re medicâ, cum commentariis Gabr. Humel. *Tiguri*, 1540, 1 vol. in-8.

1636 Galeoti Martii de Homine libri II. — Georgii Merulæ in Galeotum annotationes. *Basileæ, Froben*, s. d., 1 vol. in-4.

1637 De sanandis totius humani corporis Malis libri V, Leonharto Fuchsio medico auct. *Parisiis*, 1543, 1 vol. in-8.

1638 Institutionum Medicinæ libri V, auct. Sennerto. *Vittebergæ*, 1633, 1 vol. in-12.

1639 Thomæ Sydhenam Praxis medica experimentalis. *Lipsiæ*, 1695, 1 vol. in-12.

1640 Danielis Sennerti Paralipomena. *Lugd.*, 1643, 1 vol. in-12.

1641 Praxis Medicinæ theorica et empirica Gualtheri Bruel. *Genevæ*, 1628, 1 vol. in-12.

1642 Breviarium medicum, continens theoricæ et praxeos Medicæ brevem summam, auct. Lazaro Meyssionniero. *Lugd.*, 1664, 1 vol. in-12.

1643 Canones universales divi Mesue de Consolatione Medicinarum, etc. ; 1560, 1 vol. p. f.

1644 Bartholomæi Perdulcis Ars sanitatis tuendæ. *Parisiis*, 1637, 1 vol. p. f.

1645 Laurentii Jouberti Medicina practica, etc. *Lugd.*, 1577, 1 vol. p. f.

1646 Joan. Riolani Tractatus de Motu sanguinis. *Parisiis*, 1652, 1 vol. p. f.

1647 Frambesarii Scholæ medicæ ; 1 vol. p. f.

1648 Commentaire de la conservation de santé et prolongation de vie, trad. du lat. de Hiérôme de Monteux. *Lyon*, 1559, 1 vol. in-4.

1649 Précis élémentaire d'hygiène, par MM. Buchez et Trelat. *Paris*, 1825, 1 vol. in-12.

1650 Nouveaux Instituts de médecine de Michel Etmuler. *Lyon*, 1693, 1 vol. in-8.

1651 Épitome des préceptes de Médecine et Chirurgie, par M. Pigray. *Lyon*, 1673, 1 vol. in-12.

1652 Toutes les œuvres charitables de Philibert Guibert. *Paris*, 1648, 1 vol. in-12.

1653 Le Médecin et le Chirurgien des pauvres. *Paris*, 1672, 1 vol. in-12.

1654 Le Médecin de soi-même, ou l'Art de se conserver la santé par l'instinct. *Leyde*, 1687, 1 vol. in-12.

1655 La Médecine aisée, par M. Le Clerc. *Paris*, 1698, 1 vol. in-12.

1656 Médecine universelle prouvée par le raisonnement. *Carpentras*, 1764, 1 vol. in-12.

1657 Lettres intéressantes pour les Médecins, et utiles aux Ecclésiastiques. *Avignon*, 1759, 2 vol. in-12.

1658 Répertoire complet de Thérapeutique, ou Memento de cabinet, par Maire. *Paris*, 1841, 1 vol. in-4.

1659 Rapport sur la marche et les effets du Choléra-Morbus dans Paris, en 1832. *Paris*, 1834, 1 vol. in-4.

1660 Des Aliénés, par G. Ferrus. *Paris*, 1834, 1 vol. in-8.

1661 Anatomie clastique du docteur Auzoux ; br. in-8, 24 p.

1662 Rapport des Commissaires de la Société Royale de Médecine nommés par le Roi, pour faire l'examen du Magnétisme animal appliqué au traitement des maladies. *Imprimé par ordre du Roi*, 1784, broch. in-8.

1663 Nouveau Traité des Maladies des yeux, par M. St-Yves. *Paris*, 1722, 1 vol. in-12.

1664 Manuel d'Anatomie, par J. N. Marjolin. *Paris*, 1815, 2 vol. in-8.

1665 Traité des Maladies goutteuses, par P. J. Barthez. *Montpellier*, 1819, 2 vol. in-8.

1666 Dictionnaire de Médecine, Chirurgie, Pharmacie, etc., par Béchard et autres. *Paris*, 1826, 2 vol. in-8.

1667 Essai sur les Eaux minérales et médicinales de Bourbon-l'Archambault, par M. Faye. *Moulins*, 1778, 1 vol. in-12.

1668 Mémoire sur les Eaux minérales et les Etablissements thermaux des Pyrénées, publié par ordre du Comité de S. P. *Paris*, an III, br. in-8.

1669 Notice et Analyse des Eaux minérales de St-Alban, par M. Cartier. *Lyon*, 1816, broch. in-8, 22 p.

1670 Notice sur la composition, l'usage et les propriétés des Eaux minérales de St-Galmier. *Lyon*, 1840, broch. in-8.

1671 Guide aux Eaux minérales de la France et de l'Allemagne, par M. Isidore Bourdon. *Paris*, 1834, broch. in-8.

1672 Notice sur les Eaux minérales ferrugineuses et sulfureuses de Roanne, par le Dr Gonindard. *Roanne*, 1838, broch. in-8, 54 p.

1673 Mémoire sur les Eaux minérales de St-Alban, par le D' Goin. *Roanne*, 1834, broch. in-8, 40 p.

§ 2. — CHIRURGIE.

1674 D. N. Guidonis de Cauliaco Chirurgia. *Lugd.*, 1572, 1 vol. in-12.

1675 La Grande Chirurgie de Maistre Guy de Chauliac ; 1 vol. in-12.

1676 Le Parfait Chirurgien charitable, par J. Guérin. *Lyon*, 1666, 1 vol. in-12.

1677 Observations et Histoires chirurgiques. *Genève*, 1669, 2 vol. in-4.

1678 Traité des Opérations de Chirurgie fondé sur la mécanique des organes de l'homme, par René-Jacques Croisont de Garengeot. *Paris*, 1731, 3 vol. in-12.

1679 Les Œuvres d'Ambroise Paré ; 1 vol. in-fol., les 1ers feuill. m.

§ 3. — PHARMACIE.

1680 Pedacii Dioscoridis Anazarbei de medicinali Materiâ libri x. *Parisiis*, 1516, 1 vol. in-fol.

1681 Petri Andreæ Matthioli Commentaria in libros sex Pedacii Dioscoridis de medicâ Materiâ. *Venetiis*, 1559, 1 vol. p. f.

1682 Commentaires de M. Pierre-André Matthiolus sur les six livres de Pédacius Dioscoride de la Matière médicinale. *Lyon*, 1572, 1 vol. in-fol.

1683 Le Secret des herbes ; 1 vol. in-fol., dont les 1ers et ders feuillets manq.
Ouvrage du 16e siècle, imprimé en caractères goth. sur papier fort, orné de nombreuses vignettes sur bois, rel. en bois.

1684 Il Ricettario medicinale necessario a tutti i medici. *In Fiorenzo*, 1574, 1 vol. in-fol.

1685 Recueil de Recettes où est expliquée la manière de guérir à peu de frais toutes sortes de maux. *Toulouse*, 1703, 1 vol. in-12.

1686 Pharmacopea medico-chymica Joannis Schroderi; 1 vol. in-4.

1687 Pharmacopea Collegii Medicorum Bergomensium. *Bergomi*, 1680, 1 vol. in-4.

1688 Pharmacopea Dogmaticorum restituta, auct. Josepho Quercetano. *Genevæ*, 1540, 1 vol. in-12.

1689 La Pharmacopée de M. Laurent Joubert. *Lyon*, 1581, 1 vol. in-12.

1690 Pharmacopée de Bauderon, revue par Verny. *Lyon*, 1672, 1 vol. in-4.

1691 Antidotarium speciale, à Jacobo Vueckero. *Basileæ*, 1 vol. in-4.

1692 Collectanea pharmaceutica, auct. Lud. Penicher. *Paris*, 1693, 1 vol. in-4.

1693 De rectâ medicamentorum parandorum ratione Commentarii, à Georgio Melichio. *Witebergæ*, 1568, 1 vol. in-4.

1694 Formulæ remediorum internorum et externorum, à Joan. Varandæo. *Genevæ*, 1620, 1 vol. in-12.

1695 Nouvelles Formules de médecine pour l'Hôtel-Dieu de Lyon, par Garnier. *Lyon*, 1747, 1 vol. in-12.

1696 Dictionnaire général des drogues simples et composées de Lomery, revu par Murelot. *Paris*, 1807, 2 vol. in-8.

1697 Mémoire sur un vin composé destiné à remplacer toutes les préparations de quinquina, par M. Maugenest. *Paris*, 1836, broch. in-8, 16 p.

§ 4. — MÉDECINE VÉTÉRINAIRE.

1698 Le Parfait Maréchal, par le sieur de Solleysel, forésien. *Paris*, 1675, 2 vol. in-4.

1699 Sur le Cowpox, petite vérole des vaches, découvert à Passy le 22 mai 1836, notice par J. B. Bousquet; broch. in-4.

1700 Instruction sur la Péripneumonie ou affection gangreneuse du poumon dans les bêtes à cornes, par Philibert Chabert, Directeur des écoles vétérinaires. Imprimé par ordre du Conseil exécutif provisoire. *A Feurs*, an II de la R., broch. in-8, 15 p.

CHAPITRE III.

SCIENCES MATHÉMATIQUES.

SECTION PREMIÈRE.

Mathématiques.

§ 1. — TRAITÉS GÉNÉRAUX.

— Rapport historique sur les progrès des sciences mathématiques depuis 1789, et sur leur état actuel, par M. Delambre. *Paris,* 1810, 1 vol. in-8.

1701 Journal de l'Ecole Polytechnique jusqu'en 1809 ; 6 vol. in-4.

1702 Cours de Mathématiques, par M. Bezout. *Paris,* an VIII, 6 vol. in-8.

1703 Abrégé des Eléments de Mathématiques, par M. Rivard. *Paris,* 1767, 1 vol. in-8.

1704 Eléments de Mathématiques, par M. de la Hire. *Paris,* 1725, 1 vol. in-8.

1705 Les OEuvres de M. Laplace. *Paris, Impr. roy.*, 1843, 7 vol. in-4.

<small>Mécanique céleste. — Exposition du système du monde. — Théorie des probabilités.</small>

§ 2. — ARITHMÉTIQUE ET ALGÈBRE.

1706 Orontii Finæi Arithmetica practica. *Lutetiæ, ap. Simonem Colinæum,* 1544, 1 vol. in-12.

1707 Institutionum arithmeticarum libri iv, auct. Vincentio
Leotaudo, S. J. *Lugd.*, 1660, 1 vol. in-4.

1708 La seconda parte del general trattato di muneri e misure
di Nicolao Tartaglio. *In Vinegia*, 1 vol. in-4.

1709 De Arte supputandi libri iv Cutheberti Tonstalli. *Parisiis, ex officinâ Roberti Stephani*, 1529, 1 vol. in-8.

1710 Diophanti Arithmeticorum libri vi, et de Numeris multangulis lib. i græcè et latinè, Commentariis Gasp. Bacheti illustrati. *Lutetiæ*, 1621, 1 vol. in-fol.

1711 Eléments d'Algèbre, par M. Lacroix. *Paris*, 1811, 1 v. in-8.

§ 3. — GÉOMÉTRIE.

1712 Philippi Lansbergii triangulorum Geometriæ libri iv. *Amsterdami*, 1631, 1 vol. in-4.

1713 Geométrie pratique, composée par le noble philosophe maistre Charles de Bovelles. *Paris*, 1551, 1 vol. in-8.

1714 Les Eléments d'Euclide expliqués d'une manière nouvelle et très-facile, par le P. Dechalles. *Paris*, 1690, 1 vol. in-12.

1715 Les Eléments de Géométrie, par le P. Bernard Lamy. *Paris*, 1740, 1 vol. in-12.

1716 Institutions de Géométrie, par M. de la Chapelle. *Paris*, 1757, 2 vol. in-8.

1717 Nouveaux Éléments de Géométrie (Port-Royal). *La Haie*, 1711, 1 vol. in-12.

— Le même ouvrage, dans les œuvres d'Arnaud, tome 42.

1718 Tables trigonométriques décimales, par MM. Borda et Delambre. *Paris*, an IX, 1 vol. in-4.

§ 4. — MÉCANIQUE.

1719 Aristotelis Mechanica græcè et latinè, interprete Henrico Monantholio. *Parisiis*, 1599, 1 vol. in-4.

1720 Leçons élémentaires de Mécanique, par M. l'abbé de la Caille. *Paris*, 1764, 1 vol. in-8.

SECTION II.

Astronomie.

1721 Bibliographie astronomique, suivie de l'histoire de l'Astronomie, par M. de la Lande. *Paris*, 1803, 1 v. in-4.

1722 Cleomedis Meteora græcè et latinè, Roberto Balforeo interprete. *Burdigalæ*, 1605, 1 vol. in-4.

1723 Almagestum novum Astronomiam veterem novamque complectens, auct. R. P. Jo. B[ta] Ricciolo, S. J. (le tome 1er formant 2 vol.). *Bononiæ*, 1651, 2 v. in-fol.

1724 Petri Apiani Cosmographia, per Gemmam Phrysium restituta. *Antuerpiæ*, 1540, 1 vol. in-4.

1725 Sphæra Joannis de Sacro Bosco emendata. *Lugd.*, 1617, 1 vol. in-8.

1726 Christophori Clavii, S. J., in Sphæram Joannis de Sacro Bosco commentarius. *Lugd.*, 1593, 1 vol. in-4.

1727 Uranoscopia, seu de Cœlo in quâ universa cœlorum doctrina clarè, dilucidè et breviter traditur, auct. R. P. Baranzano. *Genuæ*, 1617, 1 vol. in-4.

1728 Institution astronomique de l'usage des globes et sphères, par Guillaume Blaen. *Amsterdam*, 1642, 1 vol. in-4.

1729 Logistice scrupulorum astronomicorum, authore Erasmo Reinholdo salveldensi. *Witebergæ*, 1585, 1 vol. in-4, parch.

1730 Tables des directions et profections de Jean de Mont-Royal, traduites du latin, annotées et augmentées, par D. Henrion. *Paris*, 1626, 1 vol. in-4.

1731 Cœlestis figura, Directiones, aliæque astronomicæ Operationes, auct. Ludovico Modrono. *Bononiæ*, 1643, 1 vol. in-4.

1732 Ephemerides Andreæ Argoli à 1621 ad 1640. *Romæ*, 1 vol. in-4.

1733 Eclipsium omnium ab anno 1554 ad annum 1606 Descriptio, auct. Cyp. Leovitio. *Augustæ Vindel.*, 1556, 1 vol. in-fol., parch.

1734 La Connaissance des temps de l'an VII à l'an XIV et de 1808 à 1811 ; 12 vol. in-12.

1735 Dissertation sur la nature des Comètes, par Pierre Petit. *Paris*, 1665, 1 vol. in-4.

1736 Le Cadran des Cadrans, par le P. Bobynet. *Paris*, 1654, 1 vol. in-12.

1737 L'Horographie ingénieuse pour la composition des Cadrans, par le R. P. Bobynet. *Paris*, 1663, 1 vol. in-12.

1738 Histoire de la Mesure du temps par les horloges, par F^d Berthaud. *Paris*, 1802, 2 vol. in-4.

1739 Manuel d'Astronomie, par M. Bailly. *Paris*, 1830, 1 v. in-18.

SECTION III.

Astrologie et Sciences secrètes.

1740 Le Comte de Gabalis, ou Entretiens sur les sciences secrètes (par l'abbé de Villars). *Paris*, 1670, 1 vol. in-12.

1741 Des Eléments et principes d'Astronomie avec les universelz jugements d'icelle, par Rousset. *Paris*, 1552, 1 vol. in-12.

1742 Aphorismes d'Astrologie tirés de Ptolémée, Hermès, Cardan, Monfredus et autres. *Lyon*, 1657, 1 vol. in-12.

1743 Thomas Campanella. De Sensu rerum et Magiâ. *Paris*, 1637, 1 vol. in-8.

1744 Methodus curandorum Morborum mathematica. *Francofurti*, 1613, 1 vol. in-4.

1745 Andreæ Argoli Ptolomæus parvus in genethliacis junctus arabibus. *Lugd.*, 1659, 1 vol. in-4.

1746 Haly de Juditiis. Præclarissimus in juditiis Astrorum Albohazen Haly filius Abenragel noviter impressus et fideliter emendatus, etc. *Impress. per Bernardinum Venetum*, 1523, 1 vol. in-fol. goth.

1747 Amphitheatrum sapientiæ æternæ solius veræ, christiano-kabalisticum, divino-magicum, nec non physicochymicum, tertri-unum, catholicon : instructore Henrico Khunrath lips. : theosophiæ amatore fideli, et medicinæ utriusque doct. : Hallelû-Jah ! Hallelû-Jah, Hallelûjah , Phy diabolo : è millibus vix uni. *Hanovriæ*, 1609, 1 vol. in-fol.

SECTION IV.

Marine.

1748 Le Portulan de la mer Méditerranée, ou le vrai Guide des pilotes côtiers, par Henri Michelot, pilote hauturier. *Amsterdam*, 1754, 1 vol.

1749 Les Voyages avantureux du capitaine Martin de Hoyarsabal, habitant de Cubiburu, contenant les règles nécessaires à la bonne et sûre navigation. ~~Amiens~~, 1632, 1 vol. in-4. [Rouen, David du Petit Val]

1750 Le petit Flambeau de la Mer, ou le véritable Guide des pilotes côtiers, par le sieur Bougard; 1716, 1 vol. in-4.

— Traité de la Marine et du Devoir d'un bon marinier, par le sieur de Champlain (à la suite du *Voyage de la Nouvelle-France*).

1751 Ordonnances et Règlements concernant la Marine. *Paris*, 1786, 1 vol. in-4.

1752 Atlas de 16 cartes marines et 2 planches pour la construction des galères, par Michelot et Bremond; 1720, 1 vol. in-fol.

1753 Recueil de plusieurs plans des ports et rades de la mer Méditerranée, par les sieurs Michelot et Bremont; s. l., 1730, 1 vol. format obl.

1754 Tableau manuscrit de signaux de mer collé sur toile.

CHAPITRE IV.

ARTS.

SECTION PREMIÈRE.

Beaux-Arts.

§ 1. — DESSIN, GRAVURE, PEINTURE.

1755 Catalogue des estampes des trois écoles, portraits, catafalques, pompes funèbres, plans, cartes, etc., qui se trouvent à Paris au Musée central des Arts. *Paris, an IX,* broch. in-4.

1756 Recueil de portraits de personnages célèbres ; 1 vol. in-12.

1757 Fresques du couvent de St-Marc, à Florence ; 2 livraisons.

1758 Etudes dessinées et gravées d'après nature, par Eugène Blery ; 10 planches.

1759 Œuvres de M. Ingres, gravées par Reveil. *Paris, Didot,* 1851, 1 vol. in-4.

1760 Le Dessin sans maître, par Mme Cavé. *Paris,* 1850, 2 broch. in-8, et atlas in-fol.

1761 Cours élémentaire de dessin, par Ant. Etex. *Paris,* 1851, 1 vol. oblong, texte et planches.

1762 Explication des ouvrages de peinture, sculpture, architecture, gravure et lithographie des artistes vivants exposés au palais des Tuileries, le 15 juin 1849.

1763 Salon de 1851, 1852 et 1853, par Claude Vignon ; 3 vol. in-18.

1764 L'art et science de la deue et vray proportion des lettres attiques ; 1 vol. in-8.

<small>Ouvrage curieux, orné de beaucoup de dessins bizarres; le frontispice manque.</small>

1765 Agréable diversité de figures faictes par S. D. Bella (dédié) à Mgr. Artus Gouffier, marquis de Boisy; 1642, 1 petit cahier contenant 8 fig.

§ 2. — SCULPTURE, ARCHITECTURE.

1766 Vignole centésimal, ou les Règles des cinq ordres d'architecture de J. Barozzio de Vignole, traduites au module centésimal, par F. A. Renard. *Paris,* 1842, 1 vol. in-4.

1767 Les Lois des bâtiments suivant la coutume de Paris enseignées par M. Desgodets, architecte du Roy. *Paris,* 1748, 1 vol. in-8.

1768 Architecture arabe, ou Monuments du Caire mesurés et dessinés, par Pascal Coste. *Paris, Didot,* 1837, 1 vol. in-fol., texte et pl.

1769 Expédition scientifique de Morée. — Architecture, Sculpture, Inscriptions et Vues du Péloponèse, des Cyclades, de l'Attique, mesurées, dessinées et recueillies par Abel Blouet, architecte. *Paris, Didot,* 1831, 3 vol. in-plano, texte et planches.

1770 Plans, coupes, élévation des détails de la restauration de la Chambre des Députés, par Jules Joly. *Paris,* 1840, 1 vol. in-plano.

— Statistique monumentale de Paris (V. *Documents inédits*).

1771 Projets de trente fontaines pour l'embellissement de Paris, par A. L. Lusson. *Paris,* 1835, 1 vol. in-fol.

1772 Architecture polychrôme chez les Grecs, ou Restitution du temple d'Empédocle à Sélinonte, par JJ. Hittorff. *Paris,* 1851, texte, 1 vol. in-4, planches, 1 vol. in-fol.

1773 Compositions antiques, par Jules Bouchet. *Paris,* s. d., 1 vol. obl., texte et pl.

1774 Traité d'architecture, par Léonce Reynaud, 1re partie, Éléments. *Paris*, 1850, texte, 1 vol. in-4, et pl. 1 vol. in-fol.

— Architecture monastique (V. *Documents inédits*).

1775 Encyclopédie d'architecture, journal mensuel, publié sous la direction de Victor Calliat, années 1850, 51, 52 ; 3 vol. in-4.

1776 Musée de sculpture antique et moderne, ou Description historique et graphique du Louvre et de toutes ses parties, des statues, bustes, bas-reliefs, etc., par M. le C. de Clarac. *Paris, Imp. roy.*, 1841, 6 vol. in-8, texte, et 6 v. obl. planches.

§ 3. — MUSIQUE.

1777 Parodies bachiques mêlées de vaudevilles, ou rondes de table recueillies par Christophe Ballard, tome 3e. *Paris*, 1702, 1 vol. in-12.

1778 Recueil des plus beaux endroits des opéras de M. de Lully (musique manuscrite) ; 4 v. oblongs.

1779 Premier recueil de M. Bourret, contenant vingt livres d'airs sérieux et à boire. *Paris, Ballard*, 1700, 1 vol. obl.

1780 Amadis de Grèce, tragédie en musique. *Paris*, 1699, 1 vol. obl.

1781 Ajax, tragédie en musique, par M. Bertin. *Paris*, 1716, 1 vol. obl.

1782 Le Triomphe des sens, ballet héroïque, mis en musique, par M. Mouret. *Paris*, 1732, 1 vol. obl.

1783 Le Jugement de Pâris, pastorale héroïque, par M. Bertin. *Paris*, 1718, 1 vol. obl.

1784 Omphale, tragédie en musique. *Paris*, 1701, 1 vol. obl.

1785 Iphigénie en Tauride, tragédie mise en musique, par Mrs Desmarets et Campra. *Paris*, 1704, 1 vol. obl.

1786 Hypermnestre, tragédie mise en musique par M. Gervais. *Paris*, 1716, 1 vol. obl.

1787 Le Carnaval et la Folie, comédie-ballet, par M. Destouches. *Paris*, s. d., 1 vol. obl.

1788 Manto la fée, opéra mis en musique, par J. B. Stuck. *Paris*, 1710, 1 vol. obl.

1789 Callirhoé, tragédie en musique, par M. Destouches. *Paris*, 1712, 1 vol. obl.

1790 Pirithoüs, tragédie mise en musique, par M. Mouret. *Paris*, 1723, 1 vol. obl.

1791 Tarsis et Zélie, tragédie mise en musique, par Mrs Rebel et Francœur. *Paris*, 1728, 1 vol. obl.

1792 Alcione, tragédie mise en musique, par M. Marais. *Paris*, s. d., 1 vol. obl.

1793 Scanderberg, tragédie mise en musique, par Mrs Rebel et Francœur ; 1735, 1 vol. obl.

1794 Zaïr, ballet héroïque mis en musique, par M. Rameau. *Paris*, 1748, 1 vol. obl.

1795 Zoroastre, tragédie mise en musique, par M. Rameau. *Paris*, 1749, 1 vol. obl.

1796 Dardanus, tragédie mise en musique, par M. Rameau. *Paris*, 1744, 1 vol. obl.

1797 Isis, Psiché, Cadmus, Cadmus (bis), musique manuscrite ; 4 vol. in-fol.

1798 Temple de la paix, mis en musique par M. de Lully, copié par J.-B. Baron, organiste à Lyon ; 1 v. in-fol.

1799 Titon et l'Aurore, pastorale héroïque mise en musique, par M. Mondonville. *Paris*, 1753, 1 vol. in-fol.

1800 Les Surprises de l'amour, ballet mis en musique, par M. Rameau. *Paris*, 1757, 1 vol. in-fol.

1801 Les Caractères de l'amour, ballet héroïque mis en musique, par M. de Blamont. *Paris*, 1738, 1 vol. in-fol.

1802 Ballet du temple de la paix mis en musique, par M. de Lully. *Paris*, 1685, 1 vol. in-fol.

1803 Zéphire et Flore, opéra en musique, par M. de Lully. *Paris*, 1688, 1 vol. in-fol.

1804 Thétis et Pélée, tragédie mise en musique, par M. Colasse. *Paris*, 1689, 1 vol. in-fol.

1805 Phaëton, tragédie mise en musique, par M. de Lully. *Paris*, 1709, 1 vol. in-fol.

1806 Amadis, tragédie mise en musique, par M. de Lully. *Paris*, 1725, 1 vol. in-fol.

1807 Le Pouvoir de l'amour, ballet héroïque mis en musique, par M. Royer. *Paris*, 1743, 1 vol. in-fol.

1808 Bellérophon, tragédie mise en musique, par M. de Lully. *Paris*, 1679, 1 vol. in-fol.

1809 Issé, pastorale héroïque mise en musique, par M. Destouches. *Paris*, 1724, 1 vol. in-fol.

1810 Thésée, tragédie mise en musique, par M. de Lully. *Paris*, 1689, 1 vol. in-fol.

1811 Atys, tragédie mise en musique, par M. de Lully. *Paris*, 1689, 1 vol. in-fol.

1812 Hyppolite et Aricie, tragédie ; 1 vol. in-fol., le frontisp. m.

1813 Les deux Chasseurs et la Laitière, comédie mise en musique, par M. Duny. *Paris*, 1763, 1 vol. in-fol.

1814 Motets à une, deux ou trois voix, avec ou sans symphonie, composés par M. Bernier. *Paris*, 1703, 1 vol. in-fol.

1815 OEuvres choisies de A. Romagnesi, cent mélodies favorites. *Paris*, s. d., 1 vol. obl.

1816 Eucologe en musique, par M. Félix Clément. *Paris*, 1849, 1 vol. in-18.

1817 L'Orgue, sa connaissance, son administration et son jeu, par Jh. Regnier. *Nancy*, 1850, 1 vol. in-8.

SECTION II.

Arts gymnastiques.

§ 1. — ART MILITAIRE.

1818 Code militaire, ou Compilation des ordonnances des Rois de France, concernant les gens de guerre, par le sieur Bricquet. *Paris*, 1737, 4 vol. in-12.

1819 Instructions militaires, par Jérémie de Billon. *Lyon*, 1617, 1 vol. in-fol.

1820 Mémoires du marquis de Feuquières. *Londres*, 1736, 4 vol. in-12.

1821 Mémoires de Montecuculi. *Paris*, 1760, 1 vol. in-12.

1822 Commentaires sur les mémoires de Montecuculi, par M. Lancelot, comte Turpin de Crissé. *Paris*, 1760, 3 vol. in-4.

1823 Les Rêveries, ou Mémoires sur l'art de la guerre, de Maurice, comte de Saxe. *La Haie*, 1756, 2 vol. in-12.

1824 L'Ecole de Mars, ou Mémoires sur toutes les parties qui composent le corps militaire en France, par M. Guignard. *Paris*, 1725, 2 vol. in-4, dorés s. tr.

— Cours révolutionnaires de l'art militaire faits par ordre du Comité de S. P. *Paris*, an III.

A la fin du 6ᵉ vol. du journal de l'Ecole Polytechnique.

1825 Della fortificatione delle Citta, di M. Girolamo Maggi e del capitan Jacomo Castriotto, ingegniero del christianiss. Re di Francia. *In Venetia*, 1564, 1 vol. in-fol.

1826 Des Règles militaires du chevalier Melzo sur le gouvernement et service de la cavalerie, trad. de l'italien. *Anvers*, 1615, 1 vol. in-fol.

1827 Les Practiques du sieur Fabre (sur la fortification, garde, attaque et défense des places). *Paris*, 1629, 1 vol. in-fol.

1828 La Forge de Vulcain, ou l'Appareil des machines de guerre, par le chevalier de Saint-Julien; le frontisp. m., 1 vol. in-12.

1829 Discours pour le rétablissement de la milice en France, contenant les fonctions depuis le simple soldat jusqu'au général, par René Le Normant. *Rouen*, 1633, 1 vol. in-4.

1830 De la charge des Gouverneurs de place, par Ant^e Deville. *Paris*, 1656, 1 vol. in-12.

1831 Instruction militaire du roi de Prusse pour ses généraux, trad. de l'allemand, par M. Faesch. *Francfort*, 1766, 1 vol. in-12.

1832 Instruction provisoire concernant l'exercice des troupes à cheval; 1788, 1 vol. in-12.

1833 Instruction provisoire concernant l'exercice des dragons; 1767, 1 vol. in-12.

1834 Ordonnances du Roi concernant l'infanterie françoise et étrangère; 1776, 1 vol. in-12.

1835 Ordonnance générale des milices de Saint-Domingue; 1764, 1 vol. in-12.

1836 Instructions patriotiques et militaires pour la garde nationale, contenant les droits de l'homme avec commentaire, par M. Laresche. *Paris*, 1791, 1 vol. in-12.

1837 Paris fortifié, seule et incontestable garantie de l'indépendance de la France, par le général de Richemont. *Paris*, 1838, broch. in-4 lithographiée.

§ 2. — ESCRIME, CHASSE, ÉQUITATION, ETC.

1838 L'Espée de combat, ou l'Usage de la tire des armes, par Franç. Dancie, Sr du Verdier. *Tulle*, 1623, 1 v. in-12.

1839 Le Cavalerice françois, par le sieur de la Broue. *Paris*, 1601, 1 vol. in-fol.

SECTION III.

Arts mécaniques et industriels.

1840 Description de l'art de fabriquer les canons, par Gaspard Monge, publiée par ordre du Comité de S. P. *Paris*, an II, 1 vol. in-4.

1841 L'Art du Peintre, Doreur et Vernisseur, par M. Watin, augmenté par M. Ch. Bourgeois. *Paris*, 1828, 1 vol. in-8.

SECTION IV.

Jeux de calcul et de hasard.

1842 L'excellent jeu du Tricque-Trac, très doux ébattement ès nobles compagnies; broch. in-12.

APPENDICE

A LA TROISIÈME PARTIE.

Recueils encyclopédiques et Ouvrages divers relatifs aux Sciences.

1843 Digestum Sapientiæ, in quo habetur scientiarum omnium nexus, auct. P. Yvone ; 1654, 4 vol. in-fol.

1844 Polyanthea floribus novissimis sparsa, auct. Josepho Langio. *Lugd.*, 1659, 1 vol. in-fol.

1845 Theatrum humanæ vitæ Theodori Zuingeri. *Basileæ*, 1686, 6 vol. in-fol.

1846 La Science des personnes de Cour, d'Epée et de Robe, par Chevigni Limiers et Massuet. *Amsterdam*, 1752, 17 vol. in-12 pour 18 ; le 17ᵉ m.

1847 Encyclopédie, ou Dictionnaire raisonné des Sciences, des Arts et des Métiers, mis en ordre et publié par MM. Diderot et Dalembert. *Paris*, 1751, 35 vol. in-fol., dont 12 de planches.

Donné par M. Audra, maire de la ville, en 1854.

1848 Questions sur l'Encyclopédie, par des Amateurs (Voltaire) ; s. l., 1770, 8 vol. in-8 p. 9 ; le 5ᵉ m.

1849 Mémoires de l'Institut ; 16 vol. in-4.

1850 Essai sur la philosophie des Sciences, par M. Ampère. *Paris*, 1834 et 1843, 2 vol. in-8.

1851 Recueil des questions traitées dans les conférences du bureau d'adresse. *Paris*, 1666, 6 vol. in-12.

1852 Entretiens sur les Sciences. *Bruxelles*, 1684, 1 vol. in-18.

1853 Neuf livres de la dignité et de l'accroissement des Sciences, par Bacon. *Paris*, 1632, 1 vol. in-4.

1854 Essay des merveilles de nature et des plus nobles artifices, par le P. René François. *Rouen*, 1622, 1 vol. in-4.

1855 L'Examen des esprits pour les sciences, composé en espagnol, par J. Huarte, et trad. par M. d'Alibray. *Paris*, 1675, 2 vol. in-12.

1856 Mémorial de quelques conférences avec des personnes studieuses. *Paris*, 1669, 1 vol. in-12.

1857 De la Perfection de l'homme, où les vrais biens sont considérez et spécialement ceux de l'âme avec les méthodes des sciences, par Sorel. *Paris*, 1655, 1 v. in-4.

1858 La Science universelle de Sorel, où il est traité de l'usage et de la perfection de toutes les choses du Monde, tome 3. *Paris*, 1647, 1 vol. in-4.

1859 Les livres de Hiérome Cardan, de la Subtilité et subtiles inventions. *Paris*, 1566, 1 vol. in-8.

1860 Julii Cæsaris Scaligeri exotericarum exercitationum libri xv de Subtilitate ad Cardanum. *Francofurti, ap. Wechelum*, 1576, 1 vol. in-8.

1861 Mémoires littéraires sur différents sujets de Physique, de Mathématiques, de Chimie, de Médecine, de Géographie et d'Agriculture, trad. de l'angl. par Eidous. *Paris*, 1750, 1 vol. in-12.

1861 (*bis*) Lettres philosophiques sur les Physionomies (par l'abbé Dom Pernetty). *A La Haie*, 1748, 1 vol. in-12.

CATALOGUE

DE

LA BIBLIOTHÈQUE

DE LA VILLE DE ROANNE

Quatrième Partie

BELLES-LETTRES

CHAPITRE PREMIER

PRÉCEPTES

SECTION PREMIÈRE.

Manière d'étudier et d'instruire.

1862 Josephi Juvencii, S. J. Ratio discendi et docendi. *Parisiis, ap. fratres Barbou*, 1725, 1 vol. in-12.

1863 La Méthode d'étudier et d'enseigner chrétiennement et solidement les lettres humaines par rapport aux Lettres divines et aux Écritures, par le P. L. Thomassin, tomes 2 et 3. *Paris*, 1682, 2 vol. in-8.

1864 De la Manière d'enseigner et d'étudier les Belles-Lettres par rapport à l'esprit et au cœur, par M. Rollin. *Paris*, 1768, 4 vol. in-12.

— Traité du choix et de la méthode des études, par l'abbé Fleury (V. *ses Œuvres*).

— Manuel des Instituteurs, par Mrs Meissas et Michelot ; 1 vol. in-8 (n° 1505).
— Manuel des Institutrices, id. (n° 1506).

SECTION II.

Grammaire.

§ 1. — GRAMMAIRE GÉNÉRALE.

1865 Notions élémentaires de Linguistique, par Ch. Nodier. *Paris*, 1834, 1 vol. in-8.

1866 Principes abrégés de Grammaire générale, suivis des principes généraux de la langue française, par M. Sudrie, receveur d'enregistrement. *Paris*, 1828, 1 vol. in-8. — Don de l'auteur.

— Grammaire générale et raisonnée (par Lancelot), OEuvres d'Arnaud tome 41.

1867 Lettre à l'auteur anonyme de deux prétendus extraits du *Monde primitif*, par M. Court de Gebelin. *Paris*, 1774, broch. in-4.

§ 2. — LANGUES ORIENTALES.

1868 Dictionnaire chinois, français et latin, publié d'après l'ordre de S. M. l'Empereur et Roi Napoléon-le-Grand, par M. de Guignes. *Paris, Impr. imp.*, 1813, 1 vol. in-fol.

1869 Institutiones hebraicæ linguæ, auct. Roberto Bellarmino. *Antuerpiæ*, 1606, 1 vol. in-8.

1870 Id. id. *Aureliæ, Allobr.*, 1609, 1 vol. in-8.

1871 Institutiones linguæ hebraicæ, auct. Georgio Mayr, S. J. *Lugd.*, 1643, 1 vol. in-8.

1872 Institutiones linguæ hebraicæ, auct. Sebastiano Munstero. *Basileæ*, 1524, 1 vol. in-8.

1873 Brevis ac facilis Introductio ad linguam sanctam, auct. Andrea Real. *Lugd.,* 1646, 1 vol. in-8.

1874 Tabula in Grammaticen hebræam, auct. Nicolao Clenardo. *Parisiis*, 1534, 1 vol. in-8.

1875 Nouvelle Grammaire hébraïque raisonnée, par l'abbé J. Du Verdier. *Paris,* s. d., 1 vol. in-8.

1876 Joh. Buxtorfii Grammaticæ chaldaicæ et syriacæ libri III. *Basileæ,* 1685, 1 vol. in-8.

1877 Epitome thesauri linguæ sanctæ, auct. Sancte Pagnino. *Ex officinâ Plantinianâ,* 1609, 1 vol. in-8.

1878 Hebræa, chaldæa, græca et latina nomina virorum, mulierum, populorum, etc., quæ in Bibliis leguntur, restituta cum latinâ interpretatione. *Parisiis, ex officinâ Roberti Stephani,* 1537, 1 vol. in-8.

§ 3. — LANGUE GRECQUE.

1879 Institutiones absolutissimæ in græcam linguam, auct. Nic. Clenardo. *Lugd., ap. Gryphium,* 1548, 1 v. in-8.

1880 Eædem, cum scholiis Antesignani. *Lugd.,* 1599, 1 vol. in-8.

1881 Syntaxis linguæ græcæ, auct. J. Varennio. *Lovanii,* 1532, 1 vol. in-8.

1882 Jacobi Gretseri, S. J. Institutionum linguæ græcæ liber 1us de octo partibus orationis. *Lugd.,* 1684, 1 vol. in-8.

1883 Universa Grammatica græca, per Alexandrum Scot. *Lugd.,* 1592, 1 vol. in-8.

1884 Calligraphia oratoria linguæ græcæ, auct. Johanne Posselio. *Hanoviæ,* 1602, 1 vol. in-8.

1885 Abrégé de la Nouvelle Méthode pour apprendre facilement la langue grecque (Port-Royal). *Paris,* 1720, 1 vol. in-12.

1886 Regulæ accentuum et spirituum græcorum, opera P. Philippi Labbe, S. J. *Flexiæ,* 1 vol. p. f.

1887 Commentarii linguæ græcæ, auct. Gulielmo Budæo. *Basileæ, ap. Nic. Episcopium,* 1556, 1 vol. in-fol.

1888 Thesaurus græcæ linguæ ab Henrico Stephano cons-
tructus, les tomes 1, 3 et 4. *Henrici Stephani Oliva*,
3 vol. in-fol.

1889 Lexicon græco-latinum ; le fr. m., 1 vol. in-4.

1890 Dictionnarium latino-græcum. *Lutetiæ*, 1554, 1 vol.
in-4.

1891 Suidas ex Æmilii Porti interpretatione et recognitione.
Genevæ, 1619, 2 vol. in-fol.

§ 4. — LANGUE LATINE.

1892 Rudimenta Joannis Despauterii Ninivitæ. *Parisiis, ex
officinâ Roberti Stephani*, 1583, 1 vol. in-8.

1893 Joan. Despauterii universa Grammatica in commo-
diorem usum redacta, per R. P. Behourt. *Lugd.*, 1623,
1 vol. in-8.

1894 Gabrielis Prateoli Grammatica ex Despauterio ; 1565,
1 vol. in-8.

1895 Hermes grammaticus, auct. R. P. Pomey. *Lugd.*, 1660,
1 vol. in-8.

1896 Emmanuelis Alvari de Institutione grammaticâ libri III.
Lugd., 1598, 1 vol. in-8.

1897 Grammaire de Bistac ; 1 vol. in-8.

1898 Abrégé de la Nouvelle Méthode pour apprendre facilement la langue latine (Port-Royal). *Paris*, 1789,
1 vol. in-12.

1899 Le Manuel des grammairiens. *Lyon*, 1763, 1 vol. in-12.

1900 Polyonymia Horatii Turselini de particulis latinæ
locutionis. *Lugd.*, 1617, 1 vol. in-12.

1901 Essai d'Analyse sur quelques auteurs latins, par Jh.
Scudery, ex-Augustin. *Nice*, 1808, 1 vol. in-12.

1902 Principes raisonnés des langues françoise et latine, par
Benoît Durand, grammairien et maître de pension de la
ville de Montbrison. *Lyon*, 1788, 1 vol. in-12.

1903 Laurentii Vallæ elegantiarum latinæ linguæ, libri VI.
Apud Ascensium, 1516, 1 vol. in-fol.

1904 Paraphrasis, seu potiùs Epitome elegantiarum Laurentii Vallæ, per Erasmum. *Parisiis, ap. Simonem Colinæum,* 1545, 1 vol. in-8.

1905 Elegantiæ Aldi Manutii. *Lugd., ap. Joan. Pillehotte,* 1585, 1 vol. in-8.

1906 Auctores latinæ linguæ in unum redacti corpus. *S. Gervasii,* 1602, 1 vol. in-4, frontisp. encadré.

1907 Summa quæ vocatur Catholicon, edita à Fratre Johanne de Janua; 1 vol. gr. in-fol., goth., rel. en bois, lettres initiales en couleur ; la date a été enlevée, le frontisp. m.

1908 Indiculus universalis, auct. R. P. Pomey. *Lugd.,* 1684, 1 vol. p. f.

1909 Radices linguæ latinæ, auct. Danetio. *Parisiis,* 1677, 1 vol. in-8.

1910 Cornucopiæ, seu latinæ linguæ Commentarii, auth. Nicolao Perroto, Pontifice Sipontino. *Parisiis,* 1529, 1 vol. in-fol.

1911 Roberti Stephani Thesaurus linguæ latinæ. *Basileæ,* 1740, 4 vol. in-fol.

1912 Ambrosii Calepini Dictionnarium octolingue, auctum à Joanne de Lacerda. *Lugd.,* 1663, 2 vol. in-fol.

1913 Dictionnaire français et latin, par le P. Joubert. *Lyon,* 1719, 1 vol. in-4.

1914 Grand Dictionnaire français et latin à l'usage du Dauphin, par le P. Danet. *Lyon,* 1737, 1 vol. in-4.

1915 Magnum Dictionnarium latinum et gallicum ad usum Delphini, auct. Danetio ; 1737, 1 vol. in-4.

1916 Novitius, seu Dictionnarium latino-gallicum ad usum Delphini. *Parisiis,* 1750, 1 vol. in-4.

§ 5. — LANGUE FRANÇAISE.

1917 La Deffence et illustration de la langue françoise, avec l'Olive augmentée et autres poésies (par Joachim du Bellay). *Paris, l'Angelier,* 1552, 1 vol. in-12.

<small>Voir la critique de cet ouvrage dans le petit volume intitulé : *Art poétique pour les jeunes studieux*, n° 1980.</small>

1918 De l'Excellence de la langue françoise, par M. Charpentier, de l'Acad. fr. *Paris,* 1683, 2 vol. in-12.

1919 Le Génie de la langue françoise, par le sieur d'Houri. *Paris,* 1685, 1 vol. in-12.

1920 Remarques sur la langue françoise, par M. Vaugelas *Paris,* 1647, 1 vol. in-4, parch., frontisp. gravé.

1921 Le même ouvrage. *Paris,* 1677, 1 vol. in-12.

1922 Observations de M. Ménage sur la langue françoise. *Paris,* 1672, 1 vol. in-12.

1923 Entretiens familiers sur la Grammaire françoise, par M. Capinaud ; 1797, 1 vol. in-8.

1924 Principes généraux et raisonnés de la Grammaire françoise, par M. Restaut. *Paris,* 1794, 1 vol. in-12.

1925 Principes généraux et particuliers de la langue françoise, par M. de Wailly. *Paris,* 1821, 1 vol. in-12.

1926 Nouvelle Grammaire française, par MM. Noel et Chapsal. *Paris,* 1834, 1 vol. in-12.

1927 Grammaire française, par Mrs Meissas et Michelot. *Paris,* 1837, 1 vol. in-12.

1928 Manuel de grammaire, par les mêmes ; 1 vol. in-18.

1929 La Grammaire des Grammaires, par M. Girault-Duvivier. *Paris,* 1830, 2 vol. in-8.

1930 Dictionnaire françois, par P. Richelet. *Genève,* 1680, 2 vol. in-4.

1931 Dictionnaire universel, par Mre Antoine Furetière. *La Haie,* 1690, 3 vol. in-fol.

1932 Dictionnaire de Trévoux, édition de 1743; 6 vol. in-fol.

1933 Le même, édition de 1752 ; 7 vol. in-fol., dont manque le 6e.

1934 Vocabulaire français-provençal, par M. Honnorat. *Digne,* 1848, 1 vol. in-4.

§ 6. — LANGUES ÉTRANGÈRES.

1935 Grammaire italienne, par César Oudin. *Paris,* 1645, 1 vol. in-8.

1936 Le Maître italien, par Veneroni. *Milan*, 1801, 1 vol. in-8.
1937 Eléments de la langue anglaise, ou Méthode pour l'apprendre facilement, par Siret, revue par Maccarthy. *Paris*, 1838, 1 vol. in-8.
1938 Le Trésor des deux langues espagnole et française (Dictionnaire espagnol-français et français-espagnol), par César Oudin. *Paris*, 1660, 2 vol. in-4.
1939 Dictionnaire français-italien et italien-français. *Genève*, 1684, 1 vol. in-8.
1940 Dictionnaire italien-français, par Athanael Duez. *A Leide, chez Jean Elzevier*, 1660, 1 vol. in-8.

SECTION III.

Rhétorique.

§ 1. — RHÉTEURS GRECS.

1941 Aristotelis de Arte rhetoricâ libri III (texte grec). *Parisiis*, 1538. — Jacobi Brocardi in tres libros Aristotelis de Rhetoricâ Paraphrasis. *Parisiis*, 1549, 1 vol. in-8.
1942 Aphtonii progymnasmata latinitate donata. *Lugd.*, 1650, 1 vol. p. f.
1943 Traité du Sublime ou du Merveilleux dans le discours, trad. du grec de Longin, par Boileau. *Genève*, 1716, 1 vol. in-4.
1944 La Rhétorique d'Aristote en françois. *Paris*, 1654, 1 v. in-4.

§ 2. — RHÉTEURS LATINS ANCIENS.

1945 M. T. Ciceronis de Oratore ad Quintum fratrem dialogi tres Jacobi Lodoici Strebæi et aliorum Commentariis illustrati. *Parisiis, ap. Richardum*, 1558, 1 vol. in-4.

1946 M. T. Ciceronis ad M. Brutum *Orator* Jacobi Lodoici Strebæi commentariis illustratus. *Parisiis, ex officinâ Michaelis Vascosani,* 1540, 1 vol. in-4.

1947 La Rhétorique de Cicéron, ou les trois Livres du dialogue de l'Orateur, trad. en français avec le texte en regard. *Lyon,* 1692, 1 vol. in-12.

1948 L'Orateur de Cicéron, trad. en français, par M. l'abbé Colin, avec le texte en regard et une préface sur l'art oratoire. *Paris,* 1805, 1 vol. in-12.

1949 M. Fabii Quintiliani de Institutione oratoriâ libri XII. *Parisiis, ap. Vascosanum,* 1549, 1 vol. in-fol., frontisp. encadré.

1950 Idem opus. *Parisiis, ex officinâ Roberti Stephani,* 1542, 1 vol. in-4.

§ 3. — RHÉTEURS LATINS MODERNES.

1951 Georgii Trapezuntii (de Trébizonde) Rhetoricorum libri V. *Parisiis, excudebat Christianus Wechelus,* 1532, 1 vol. in-8.

1952 De duplici Copiâ verborum ac rerum Commentarii duo, auct. Desiderio Erasmo. *Lugd., ap. Gryphium,* 1548, 1 vol. in-8.

1953 Des. Erasmi Opus de conscribendis epistolis. *Parisiis, ap. Simonem Colinæum,* 1527, 1 vol. in-8.

1954 Petri Rami Ciceronianus. *Parisiis, ap. Andream Wechelum,* 1557, 1 vol. in-8.

1955 Generale artificium texendæ orationis, auct. P. Voello, S. J. *Lugd.,* 1588, 1 vol. p. f.

1956 Eloquentiæ sacræ et humanæ Paralella libri XVI, auct. P. Nicolao Caussino. *Flexiæ,* 1619, 1 v. in-f., fr. gravé.

1957 Bibliotheca Rhetorum, auct. R. P. Francisco Le Jay. *Venetiis,* 1747, 2 vol. in-4.

1958 Via ad Eloquentiam, auct. Stanislao Rapalio, S. J. *Coloniæ Agr.,* 1736, 1 vol. in-12.

1959 Tyrocinium Eloquentiæ, auct. Carolo Pajot, S. J. *Camberii,* 1650, 1 vol. p. f.

1960 Reineri Neuhusii Suada Alcmariana, sive Tyrocinium eloquentiæ. *Amstelodami, ap. Joan. Janssonium,* 1656, 1 vol. p. f.

1961 Summa Rhetoricæ expressa è Cypr. Soaro — Ariadne Rhetorum. *Lugd.*, 1656, 1 vol. p. f.

1962 Candidatus Rhetoricæ, auct. R. P. F^{co} Pomey, S. J. *Lugd.*, 1659, 1 vol. in-12.

1963 Novus Candidatus Rhetoricæ, auct. R. P. Pomey. *Lugd.*, 1682, 1 vol. in-18.

1964 Candidatus Rhetoricæ, à R. P. Juvencio auctus. *Parisiis*, 1714, 1 vol. in-12.

1965 Prolusiones Rhetoricæ; 1 vol. in-12.

1966 De Arte rhetoricâ libri v, auct. R. P. de Colonia. *Lugd.*, 1782, 1 vol. in-12, portrait de l'auteur.

1967 F^{ci} Vavassoris, S. J., De ludicrâ Dictione liber. *Lutetiæ, ap. Seb. Cramosium,* 1658, 1 vol. in-4.

§ 4. — RHÉTEURS FRANÇAIS.

1968 Les Secrets de notre langue, 2e Partie de la Rhétorique, par René Bary. *Paris*, 1665, 1 vol. in-12.

1969 L'Eloquence de la chaire, ou la Rhétorique des prédicateurs, par le sieur de Riche Source, modérateur de l'Académie des Orateurs. *Paris,* 1673, 1 vol. in-12.

1970 La Rhétorique, ou l'Art de parler, par le P. Bernard Lamy. *Paris,* 1701, 1 vol. in-12.

1971 Le Bon goût de l'éloquence chrétienne. *Lyon,* 1702, 1 vol. in-12.

1972 Essai sur le *Beau,* avec six discours sur le *Modus,* le *Decorum,* etc., par le P. André. *Paris,* 1730, 1 vol. in-12.

1973 La Rhétorique, ou les Règles de l'éloquence, par M. Gibert. *Paris,* 1730, 1 vol. in-12.

1974 Préceptes de Rhétorique, par M. l'abbé Girard. *Rodez,* 1805, 1 vol. in-12.

1975 Essai sur l'éloquence de la chaire, par le cardinal Maury. *Paris,* 1810, 2 vol. in-8, portrait.

1976 La Rhétorique de Suarez, trad. en françois, par M. Hébrais. *Lyon*, 1693, 1 vol. in-12.

SECTION IV.

Poétique.

§ 1. — TRAITÉS DE POÉSIE ET DE VERSIFICATION.

1977 Ant. Possevini Tractatio de poesi et picturâ. *Lugd.*, 1594, 1 vol. p. f.

1978 La Poétique d'Aristote, traduite en françois avec des remarques. *Paris, Barbin,* 1692, 1 vol. in-4.

1979 L'Art poétique d'Horace, lat.-fr., avec des remarques et commentaires; 1 vol. in-12.

1980 Art poétique françois, pour l'instruction des jeunes studieux, suivi de poésies. *Lyon,* 1555, 1 vol. p. f.

1981 J. Cæs. Scaligeri Poetices libri vii ; 1617, 1 vol. in-8.

1982 La Poétique de Jules de la Mesnardière. *Paris,* 1640, 1 vol. in-4.

1983 Dissertatio peripatetica de epico carmine, auct. Petro Mambruno, S. J. *Parisiis,* 1652, 1 vol. in-4.

1984 Nic. Mercerii de conscribendo epigrammate Opus curiosum. *Parisiis,* 1653, 1 vol. in-8, fr. gr.

1985 Ars metrica, id est ars condendorum eleganter versuum. *Lugd.*, 1 vol. in-12.

1986 Prosodia Henrici Smetii. *Lugd.*, 1648, 1 vol. in-8.

1987 Phrases poeticæ, seu Sylvæ poeticarum locutionum uberrimæ. *Lugd.*, 1636, 1 vol. p. f.

1988 Elegantiarum poeticarum flores ex optimis auctoribus collecti, operâ Joannis Blumerel. *Valentiæ,* 1635, 1 vol. in-18.

1989 Epitheta Joan. Ravisii Textoris. *Excudebat Jacobus Stœr,* 1587, 1 vol. in-8.

1990 Epithetorum Ravisii Textoris Epitome. *Lugd., ap. Griphium,* 1548, 1 vol. in-8.

1991 Epithetorum græcorum Farrago, per Conradum Dinnerum. *Lugd.*, 1607, 1 vol. in-8.

1992 Parnassus poeticus biceps, auct. Nic. Nomessio. *Lugd.*, 1612, 1 vol. in-12.

1993 Thesaurus P. Virgilii Maronis, in communes locos digestus à Mich. Coysardo, S. J. *Lugd.*, 1610, 1 vol. p. f.

1994 Gradus ad Parnassum ; 1 vol. in-8.

1995 Prosodie latine, par M. l'abbé Prompsault. *Paris*, s. d., 1 vol. in-8.

§ 2. — MYTHOLOGIE.

1996 Natalis Comitis Mythologiæ, sive explicationum fabularum libri x. *Parisiis*, 1583, 1 vol. in-8.

1997 Joan. Seldeni de Diis Syris Syntagmata II. *Lipsiæ*, 1668, 1 vol. in-12.

1998 Le Imagini de i Dei de gli antichi, raccolte dal Sig. Vincenzo Cartari, con bellissime figure. *In Venetia*, 1571, 1 vol. in-4.

1999 Panthæum mythicum, seu fabulosa Deorum historia, auct. R. P. Pomey. *Lugd.*, 1659, 1 vol. in-18.

2000 Abrégé de l'Histoire poétique, par le R. P. Jouvency, lat.-fr. *Paris*, 1805, 1 vol. in-12.

2001 Lexicon historicum ac poeticum, per Joan. Cibenium congestum. *Lugd.*, 1544, 1 vol. in-8.

2002 Dictionnaire abrégé de la fable, par M. Chompré. *Toul*, 1807, 1 vol. p. f.

2003 La Mythologie comparée avec l'histoire, par M. l'abbé de Tressan. *Paris*, 1804, 2 vol. in-12.

2004 Histoire du Ciel, par M. Pluche. *Paris*, 1742, 2 vol. in-12.

2005 Histoire généalogique des Dieux des Anciens ; 1 vol. in-8, le 1er f. m.

2006 Recherches sur le culte de Bacchus, par P. N. Rolle. *Paris*, 1824, 3 vol. in-8.

CHAPITRE II.

ŒUVRES LITTÉRAIRES.

SECTION PREMIÈRE.

Eloquence.

§ 1. — ORATEURS GRECS.

2007 Isocratis Orationes græcè et latinè; le frontisp. m., 1 vol. in-fol.

2008 Dionis Chrysostomi Orationes LXXX græcè et latinè. *Lutetiæ*, 1604, 1 vol. in-fol.

2009 Libanii sophistæ præludia oratoria LXXII. — Declamationes XLV, etc., græcè et latinè. *Parisiis*, 1606, 1 v. in-fol.

§ 2. — ORATEURS LATINS ANCIENS.

2010 M. T. Ciceronis Orationes selectæ cum notis. *Parisiis*, 1748, 2 vol. in-12.

2011 Quinze oraisons choisies de Cicéron, traduction revue, par M. de Wailly. *Paris*, 1772, 3 v. in-12.

2012 Discours choisis de Cicéron, traduits par M. l'abbé Auger; tomes 2 et 3. *Paris*, 1786, 2 vol. in-12.

2013 M. T. Ciceronis Philippicæ tribus commentariis illustratæ. *Parisiis, sub. prelo Ascensiano*, 1529, 1 vol. in-4, le frontisp. m.

2014 Idem Opus, cum quinque commentariis. *Parisiis, ap. Michaelem Vascosanum*, 1537, 1 vol. in-4.

2015 M. Annæi Senecæ Suasoriæ Controversiæ et Declamationes. *Amstelodami, ap. Elzevirios*, 1658, 1 vol. p. f.

2016 Panégyrique de Trajan, par Pline Cécile Second, trad. en françois. *Paris*, 1638, 1 vol. in-8.
Portrait de Trajan.

2017 Le même, trad. par M. de Sacy. *Paris*, 1709, 1 vol. in-12.

§ 3. — ORATEURS LATINS MODERNES.

2018 Marci Ant. Mureti presbyteri, jurisconsulti et civis romani Orationes. — Caroli Sigonii Orationes VII. *Lugd.*, 1586, 1 vol. p. f.

2019 Orationes Collegii Rhedonensis, S. J., in funus Henrici Magni. *Rhedonis*, 1611, 1 vol. p. f.

2020 Danielis Heinsii Orationes. *Amstelodami, ex officinâ Elzevirianâ*, 1657, 1 vol. p. f.

2021 Dionysii Petavii, S. J., Orationes; 1 vol. in-8, les 1ers feuillets manquent.

2022 Selectæ Orationes panegyricæ Patrum Societatis Jesu, tom. 1us. *Lugd.*, 1667, 1 vol. in-12.

2023 Gasparis Barlæi Orationes. *Amstelodami*, 1661, 1 vol. p. f.

2024 Caroli Porée, S. J., Orationes lat.-fr. *Parisiis*, 1735, 2 vol. in-12.

2025 Modèles d'éloquence latine, ou Morceaux choisis dans les discours publics des professeurs les plus célèbres, avec la traduction. *Cologne*, 1775, 1 vol. in-12.

§ 4. — ORATEURS FRANÇAIS.

2026 Harangues sur toutes sortes de sujets, avec l'art de les composer. *Paris*, 1687, 1 vol. in-4.

2027 Le Trésor des harangues, remontrances et oraisons funèbres. *Paris*, 1654, 1 vol. in-4.

2028 Recueil choisi de harangues, remontrances, panégyriques, etc. *Paris*, 1657, 1 vol. in-4.

2029 Harangues et discours de Messire Nicolas Fardoil. *Paris*, 1665, 1 vol. in-4.

2030 Les Harangues académiques de J.-B. Manzini. *Rouen*, 1646, 1 vol. in-12.

2031 Remerciement avec une enseigne de treize pierres précieuses, présentée au Très-Chrétien Roy de France et de Navarre, Louis Treziesme, pour avoir rétably le collége de Clermont de la Cie de J. à Paris, par Louys Richeome. *Bordeaux*, 1618, 1 vol. in-12.

2032 Panégyrique du Roi, prononcé en l'église de Valence, par le P. André François, en 1690 ; 1 vol. in-12.

2033 Oraison funèbre de Mme de Quibly, abbesse de la Déserte. *Lyon*, 1675, 1 vol. in-8.

2034 Recueil d'Oraisons funèbres, par Bossuet, Fléchier, etc. *Lyon*, 1676, 1 vol. in-8.

2035 Autre recueil. *Paris*, 1682, 1 vol. in-4.

2036 Oraisons funèbres, par le P. de la Rue, S. J. *Paris*, 1740, 1 vol. in-12.

2037 Eloges historiques, par M. Thomas. *Lyon*, 1767, 2 vol. in-12.

2038 Recueils de harangues prononcées par MM. de l'Académie françoise dans leurs réceptions, etc., tomes 2 et 3. *Paris*, 1714, 2 vol. in-12.

2039 Recueil de pièces d'éloquence et de poésie couronnées par l'Académie françoise, de 1675 à 1719 ; 17 v. in-12.

2040 Discours de M. le chancelier d'Aguesseau. *Amsterdam*, 1756, 2 vol. in-12.

2041 Discours, allocutions et réponses de S. M. Louis-Philippe. *Paris*, 1830, 3 vol. in-8.

SECTION II.

Poèmes et Poésies diverses.

§ 1. — POÈTES GRECS.

2042 Hesiodi Ascræi Opera quæ exstant græcè et latinè, cum

annotationibus. — Theognidis, Phocylidis, Pythagoræ, Solonis, etc. Poemata gnomica, gr.-lat. *Lugd.*, 1613, 1 vol. p. f.

2043 Poemata Pythagoræ et Phocylidis græca, cum duplici interpretatione Viti Amerbachii. *Argentorati*, 1539, 1 vol. in-8.

2044 Le Pindare thébain, traduction mêlée de vers et de prose, par le sieur de Lagausie. *Paris*, 1626, 1 v. in-8.

2045 Les Poésies d'Anacréon et de Sapho, traduites de grec en françois avec des remarques, par Mlle Le Fèvre. *Lyon*, 1696, 1 vol. in-12.

2046 Homeri Opera græcè et latinè, Joannis Spondani commentario illustrata; 1 vol. in-fol., les 1ers feuillets m.

2047 Homeri Carmina et cycli epici reliquiæ græcè et latinè. *Parisiis, editore Ambrosio Firmin Didot*, 1840, 1 v. in-4.

2048 L'Iliade d'Homère, traduite du grec. *Paris*, 1809, 2 v. in-12.

2049 Odyssée d'Homère, traduction de M. Bitaubé, avec des remarques. *Paris*, 1831, 2 vol. in-12.

2050 Coluthi Helenæ Raptus. — Triphiodori Ilii Excidium græcè et latinè; 1 vol. p. f.

2051 Epigrammata græca veterum elegantissima, eademque latina ab utriusque linguæ viris doctissimis versa, per Joan. Soterem collecta. *Friburgi*, 1544, 1 v. in-8.

2052 Epigrammata græca, cum latinâ interpretatione. *Flexiæ*, 1624, 1 vol. in-8 ; le fr. m.

2053 Aurea Pythagoreorum carmina latinè conversa et adnotationibus illustrata, auct. Theodoro Marcilio. *Lutetiæ*, 1585, 1 vol. p. f.

§ 2. — POÈTES LATINS.

1° Extraits et Collections.

2054 Chorus Poetarum latinorum duplex sacrorum et profanorum. *Lugd.*, 1616, 1 v. in-4.

2055 Geographia poetica, id est universæ terræ Descriptio ex optimis ac vetustissimis poetis, Lamberti Danæi opus. *Ap. Jacobum Stœr*, 1580, 1 vol. in-8.

2056 Q. Horatii Flacci Poemata.— Jun. Juvenalis Satyræ xvi. —A. Persii Flacci Satyræ vi. *Parisiis, ex officinâ Roberti Stephani, typographi Regii,* 1544, 1 vol. in-8.

2057 Ovidiani Flores, seu Eclecta moralia ex P. Ovidii Nasonis Elegiis. *Avenione,* 1605, 1 vol. p. f.

2058 Pièces choisies d'Ovide, traduites en vers françois, par T. Corneille. *Paris*, 1670, 1 vol. in-12.

2059 Variorum poetarum Carmina (recueil dont il manque les 25 1ers f.) ; 1 vol. in-8.

2° Poètes latins anciens.

2060 Q. Horatii Flacci Opera, cum interpretationibus Christophori Landini Florentini ; 1 vol. in-fol.
Vieille édition, lettres initiales en couleur, papier fort, reliure en bois, les 1ers et ders feuillets manq.

2061 Q. Horatius Flaccus, Dyonisii Lambini operâ emendatus et commentariis illustratus. *Parisiis, ap. Barthol. Macœum,* 1604, 1 vol. in-fol.

2062 Q. Horatius Flaccus, ex antiquissimis undecim lib. M. S. et schedis aliquot emendatus operâ Jacobi Cruquii. *Antuerpiæ, ex officinâ Christophori Plantini,* 1579, 1 vol. in-4.

2063 Q. Horatii Flacci Opera. *Parisiis, ap. Simonem Colinæum*, 1533, 1 vol. in-8.

2064 Q. Horatius Flaccus, scholiis illustratus à Joanne Bond. *Amstelodami,* 1650, 1 vol. in-12.

2065 Q. Horatii Flacci Opera lyrica, per Hermannum Figulum annotationibus illustrata. *Francofurti*, 1546, 1 vol. in-8.

2066 Les Poésies d'Horace, traduites en français, par M. l'abbé Batteux. *Paris*, 1781, 2 vol. in-18.

2067 P. Virgilii Maronis Bucolica et Georgica, cum variorum commentariis ; 1 vol. in-4, rel. en bois, les 1ers et ders feuillets manq.

2068 Servii Commentaria in Virgilium ; 1 vol. in-4 , les 1ers feuillets manq.

2069 Joannis Ludovici de la Cerda, S. J., in sex priores libros Æneidos commentarii ; 1 vol. in-fol., le fr. m.

2070 L'Enéide de Virgile, traduite en vers françois, par Louis Des Masures. *Lyon*, s. d., 1 vol. in-4, 16° s.

2071 Les OEuvres de Virgile, traduites en vers françois, par Robert et Antoine le chevalier d'Agneaux frères. *Paris*, 1583, 1 vol. in-8.

2072 Les OEuvres de Virgile, traduites par le P. Catrou, avec des notes critiques et historiques. *Paris*, 1716, 5 vol. in-12 pour 6 ; le 3e m.

2073 OEuvres de Virgile, traduites en français, avec des remarques, par M. Binet. *Paris*, 1808, 4 vol. in-12.

2074 Publii Ovidii Nasonis Opera. *Lugd., ap. Gryphium*, 1554, 1 vol. in-12.

2075 P. Ovidii Nasonis Metamorphoseon libri xv. *Lugd., ap. Godestidum et Marcellum Beringos fratres*, 1547, 1 vol. p. f., rel. v.

2076 Ovidii quindecim Metamorphoseos libri diligentiùs recogniti, cum familiaribus commentariis. *Lugd., per Steph. Baland*, 1506, 1 vol. in-4, goth.

2077 P. Ovidii Nasonis Metamorphosis libri moralizati, cum pulcherrimis fabularum principalium figuris. *Lugd.*, 1524, 1 vol. in-4, goth., rel. gauff.

2078 Les Métamorphoses d'Ovide, traduites par M. Renouard ; 1 vol. in-8, le fr. m.

2079 Les Métamorphoses d'Ovide, traduites en vers françois, par M. de Massac. *Paris*, 1610, 1 vol. in-8, le fr. m.

2080 P. Ovidii Nasonis Fastorum libri, diligenti emendatione Parisius impressi. *Ponset le Preux*, 1 vol. in-4, s. d.

Ce volume a appartenu à De Lamure, comme on le voit par ce qui suit, écrit sur la dernière garde : Ex libris Dni Anthonii Grivel, 1660.— Et titulo emptionis ab ejus hæredibus D. Joannis Mariæ De Lamure, sacristæ et canonici Montisbrisonis, 1675.

2081 Habetis studiosi Adulescentes Publii Ovidii Nasonis de Tristibus Monumenta, cum Barthol. Merulæ commentariis ; s. l. n. d., 1 vol. in-4, 16° s.

2082 Pub. Ovidii Nasonis Fastorum lib. vi. — Tristium lib. v. — De Ponto lib. iv. *Lugd., ap. Gryphium,* 1536, 1 v. in-8.

2083 Persii Flacci Satyræ sex, cum posthumis commentariis Joannis Bond. *Amstelodami, ap. Joan. Janssonium,* 1645, 1 vol. p. f.

2084 Juvenalis, cum commento Joannis Britannici; s. l., 1509, 1 vol. in-fol., parch.

2085 Junii Juvenalis Satyræ sexdecim, cum Britannici commentariis et variorum notis. *Lutetiæ,* 1613, 1 v. in-4.

2086 Les Satyres de Juvénal et de Perse, avec des remarques, en latin et en françois (par M. de Marolles). *Paris,* 1671, 1 vol. in-12.

2087 Catuli, Tibulli, Propertii nova editio, ex recensione Jos. Scaligeri. *Lugd.,* 1607, 1 vol. p. f.

2088 Traduction de Catulle, Tibulle et Gallus, par l'auteur des *Soirées helvétiennes,* texte en regard. *Amsterdam,* 1771, 2 vol. in-12.

2089 Lucrèce, traduction nouvelle avec des notes, par M. Lagrange, texte en regard. *Paris,* an VII, 2 vol. in-12 (Voir l'*Anti-Lucrèce*, n° 2136).

2090 M. Annei Lucani Pharsalia, cum annotationibus. *Antuerpiæ,* 1528, 1 vol. in-4, fr. encadré.

2091 Les OEuvres de Lucain, traduites par M. de Marolles, texte en regard. *Paris,* 1655, 1 vol. in-8.

2092 M. Valerii Martialis Epigrammata ab obscenitate purgata. *Parisiis,* 1587, 1 vol. p. f.

2093 R. P. Matthæi Raderi, S. J., ad M. Val. Martialis Epigrammata Commentarius; 1 vol. in-fol., le fr. m.

2094 Silii Italici de bello punico lib. xvii. *Coloniæ,* 1607, 1 vol. p. f.

2095 P. Statii Papinii Opera Bernartii scholiis illustrata. *Coloniæ, All.,* 1612, 1 vol. p. f.

2096 Cl. Claudiani poetæ Opera notis illustrata. *Lugd.,* 1608, 1 vol. p. f.

2097 Aurelii Prudentii Clementis Opera commentariis illustrata. *Antuerpiæ,* 1536, 1 vol. in-12.

3° Poètes latins modernes.

2098 Florilegium variorum poematum et dramatum pastoralium, excerptum ex lyceo P. Marii Bettini, S. J. *Lugd.*, 1633, 1 vol. p. f.

2099 Lemmata novo-antiqua pancarpia. *Ypris*, 1614, 1 vol. p. f.

2100 Opuscula christiana Ludovici Bigi. *Mutinæ*, 1498, 1 vol. in-4, les 1ers f. m.

2101 Fratris Baptistæ Mantuani (le Mantouan) Parthenice Mariana cum commento. *Impr. Lugd., per Antonium du Ry*, 1525, 1 vol. in-8.

2102 Fis Btæ Mantuani Parthenice Catharinaria cum commento; 1 vol. in-4, le fr. m.

2103 Btæ Mantuani opus de Sacris diebus. *Pictavis, in edibus Jacobi Boucheti Impressoris fidelissimi*, 1526, 1 vol. in-4.

2104 Pauli Belmisseri Opera poetica; 1 vol. in-8.

Gravure représentant l'auteur couronné par le Pape Clément VII et le roi François Ier; le fr. m.

2105 Philippi Galtheri Alexandreidos libri x, nunc primùm in Galliâ gallicisque characteribus editi (caractères semblables à ceux de la Civilité). *Lugd,. excu..ebat Robertus Granjon typis propriis*, 1558, 1 vol. in-4.

2106 Aurea summa, de Fugâ vitiorum nuncupata, auct. Petro Antravanensi. *Parisiis*, 1521, 1 vol. in-8.

2107 Julii Cæsaris et Josephi Scaligeri Poemata; s. l., 1574, 1 vol. in-8.

2108 Stephani Paschasii epigrammatum libri vi. *Parisiis*, 1582, 1 vol. in-8.

2109 M. Antonii Flaminii Carmina. *Lugd., ap. Gryphium*, 1548, 1 vol. in-8.

2110 Nicolai Borbonii Nugæ. *Parisiis, ap. Vascosanum*, 1533, 1 vol. in-8.

2111 Joannis Chevalier, S. J. Prolusio poetica. *Flexiæ*, 1638, 1 vol. in-8.

2112 Vincentii Guinisii lucensis Poesis. *Romæ*, 1627, 1 vol, in-8.

2113 Joannis de Bussières Miscellanea poetica. *Lugd.*, 1675, 1 vol. in-8.

2114 Renati Rapini, S. J. Carmina. *Parisiis*, 1723, 3 vol. in-12.

2115 Eximii Prophetarum Antistitis regia Davidis Oracula, per Franciscum Bonadum numeris poeticis exarata. *Parisiis, ap. Wechelum*, 1531, 1 vol. in-8.

2116 Paraphasis Psalmorum Davidis poetica, auct. Georgio Buchanano. *Ex officinâ Plantinianâ Raphelengii*, 1609, 1 vol. t. p. f.

2117 Guillelmi Sallustii Bartassii Hebdomas, à Gabriele Lermeo Volca latinitate donatum. *Parisiis*, 1584, 1 vol. in-12.

2118 R. P. Bandini Gualfreduccii, S. J. Hieromeniæ, sive Sacrorum Mensium pars prior. *Romæ*, 1621, 1 vol. p. f.

2119 Jacobi Bidermani, S. J. Epigrammatum libri tres. *Parisiis*, 1622, 1 vol. p. f.

2120 Caroli Ruæi, S. J. Carminum libri quatuor. *Lutetiæ*, 1688, 1 vol. in-12.

2121 Variorum Carmina sacra; 1 vol. p. f., le fr. m.

2122 Joannis Ouveni Epigrammata. *Lugd.*, 1668, 1 vol. p. f.

2123 Francisci Montmorencii, S. J. Cantica et Idyllia sacra. *Duaci*, 1629, 1 vol. p. f.

2124 Matthiæ Casimiri Sarbievii carmina. *Parisiis*, 1647, 1 vol. in-12.

2125 Gilberti Jonini, S. J., Epigrammata. *Lugd.*, 1634, 1 vol. p. f.

2126 Jacobi Balde Poema de Vanitate mundi. *Monachii*, 1649, 1 vol. p. f.

2127 Marci Hieronymi Vidæ, Albæ episc. Opera. *Venetiis, ap. Petrum Bosellum*, 1550, 1 vol. p. f.

2128 Luctus Juventutis Academiæ Mussipontanæ in funere Caroli III, Lotharingiæ Ducis. *Mussiponti*, 1608, 1 vol. p. f.

2129 Thomæ Bernardi Fellon, S. J., Magnes. *Lugd.*, 1696, broch. in-12.

2130 In anniversarium Henrici Magni obitûs diem Lacrymæ collegii flexiensis, S. J. *Flexiæ*, 1611, 1 vol. in-8.

2131 Pompa regia Ludovici XIII à Fixensibus Musis in Henriceo, S. J. collegio, vario carmine consecrata. *Flexiæ*, 1614, 1 vol. in-4, broch., parch.

2132 Sylvæ regiæ Balthasaris de Vias ad Ludovicum Justum. *Lutetiæ*, s. d., 1 vol. in-4.

2133 Ant. Milliei lugdunensis, S. J., Moyses viator, seu Imago militantis Ecclesiæ. *Lugd.*, 1636, 2 vol. in-8.

2134 Vita S^{ti} Francisci Ordinis FF. Minorum Institutoris, auct. P. Apollinare à Sigmaringa. *Friburgi*, 1741, 1 vol. in-4.

2135 Anti-Lucretius, sive de Deo et Naturâ libri novem S. R. E. Cardinalis de Polignac opus. *Amstelædami*, 1748, 1 vol. in-12.

2136 L'Anti-Lucrèce, poème sur la Religion naturelle, composé par M. le cardinal de Polignac, trad. par M. de Bougainville. *Paris*, 1767, 2 vol. in-18.

§ 3. — POÈTES FRANÇAIS.

2137 Marguerites poétiques tirées des plus fameux poètes françois tant anciens que modernes, par Esprit Aubert. *Lyon*, 1613, 1 vol. in-4, parch.

2138 Noei borguignon de Gui Barozai quatreime édiciou. *Ai Dioni, ché Abran Lyron*, 1720, 1 vol. in-12.

2139 Las Obros de Pierre Goudelin. *A Toulouso, per Jan Pech imprimur*, 1678, 1 vol. in-12.

2140 OEuvres complettes de Jean Chapelon, nouvelle édition, augmentée des œuvres d'Antoine et Jacques Chapelon. *St-Etienne*, 1820, 1 vol. in-8.

2141 Le Triomphe de la Manne céleste, par Antoine Bougerol de Marcillat (visites spirituelles dans toutes les églises de Lyon). *Lyon*, 16e s., 1 vol. in-12, les 1ers feuil. m.

2142 Le Miroir de très-chrestienne Princesse Marguerite de France Royne de Navarre, etc., auquel elle voit et son néant et son tout. *Paris*, 1533, 1 vol. in-12.

2143 Les S^{tes} Ténèbres en vers français, avec le latin (traduction de l'Office de la semaine-sainte), par M. L. de Ste-Croix Charpy, D^r en th. *Paris*, 1670, 1 vol. in-12.

2144 Les Batailles et victoires du chevalier céleste contre le chevalier terrestre, par Artus Désiré. *Paris*, 1557. 1 vol. p. f.

2145 Entretiens solitaires, ou Prières et Méditations pieuses en vers françois, par M. de Brébeuf. *Rouen*, 1660, 1 vol. p. f.

2146 Les Quatrains du seigneur de Pybrac. *Paris*, 1685, broch. p. f.

2147 Les Considérations des quatre mondes : Divin, Angélique, Céleste, Sensible, comprinses en quatre centuries de quatrains, contenans la cresme de divine et humaine philosophie, par Guillaume de la Perrière. *Lyon*, 1552, 1 vol. in-12.

<small>Toutes les pages sont encadrées de vignettes.</small>

2148 Caractères chrétiens, ou Lieu et le monde avec leurs expressions, par Laurent de Bressac. *Grenoble*, 1668, 1 vol. p. f.

2149 OEuvres chrétiennes de M. Godeau, évêque de Grasse. *Paris*, 1635 et 1641, 2 vol. p. f. dépareillés.

2150 Explication en vers du Cantique des Cantiques de Salomon. *Paris*, 1717, 1 vol. in-12.

2151 Moyse sauvé, idylle héroïque du sieur de Saint-Amant. *Paris*, 1653, 1 vol. in-4, frontisp. gravé.

2152 Les OEuvres de G. de Saluste, seigneur du Bartas. *Rouen*, 1592, 1 vol. p. f.

2153 La (1re) Sepmaine, ou Création du monde, de Guillaume de Saluste, seigneur du Bartas, avec commentaires, par Goulard de Senlis. *Paris*, 1583, 1 vol. in-4.

2154 La seconde Sepmaine, de Guillaume de Saluste (avec notes et explications). *Rouen*, 1599, 1 vol. in-12.

2155 Les OEuvres poétiques de Remy Belleau. *Lyon*, 1592, 1 vol. in-12.

2156 OEuvres poétiques de Jacques Peletier du Mans. *Paris,* 1581, 1 vol. in-4.

2157 Les Bergeries de M. de Racan. *Paris*, 1625, 1 vol. in-18, le fr. m.

2158 Les OEuvres de Théophile. *Grenoble*, 1528, 1 vol. in-12.

2159 Les OEuvres poétiques de Beys. *Paris*, 1651, 1 vol. in-4.

2160 Les Mimes, Enseignemens et Proverbes de Jean-Ant. de Baïf. *Tournon*, 1619, 1 vol. t. p. f.

2161 Les OEuvres de Clément Marot, avec des notes, par M. Auguis. *Paris*, 1823, 5 vol. in-18.

2162 Les Poésies de Malherbe, avec les observations de Ménage. *Paris*, 1689, 1 vol. in-12.

2163 Recueil des plus beaux vers de Mrs Malherbe, Racan, Monfuron, Maynard, Bois-Robert, l'Estoile, Lingendes, Touvant, Motin, Mareschal et autres. *Paris*, 1627, 1 vol. in-8.

2164 Les OEuvres de Ronsard. *Paris, Ve Buon*, 1597, 3 vol. p. f. pour 4; le 1er m.

2165 Les OEuvres de Pierre de Ronsard. *Paris*, 1623, 2 vol. in-fol.

2166 Le Cavalier parfait du sieur de Trellon (Recueil de poésies). *Lyon*, 1614, 1 vol. p. f.

2167 Le Pétrarque en rimes françoises, avec commentaire. *Douai*, 1606, 1 vol. p. f.

2168 Les Triomphes de Louis-le-Juste en la réduction des Rochelois et des autres rebelles, par un religieux de la Cie de Jésus. *Reims*, 1629, 1 vol. in-4.

2169 Poésies pastorales de M. D. F., suivies d'un traité sur la nature de l'églogue et d'une digression sur les Anciens et les Modernes. *Paris*, 1688, 1 vol. in-12.

2170 Recueil de pièces galantes en prose et en vers de Mme la Comtesse de la Suze et de M. Pélisson. *Trévoux*, 1725, 2 vol. in-12.

2171 Les Poésies de Jules de la Mesnardière, de l'Acad. fr. *Paris*, 1654, 1 vol. in-fol.

2172 Fables choisies mises en vers, par M. de la Fontaine. *Paris*, 1723, 1 vol. in-12.

2173 OEuvres de Boileau. *Paris*, 1674, 1 vol. in-4.

2174 La Ligue, ou Henri-le-Grand, par M. Arouet de Voltaire. *Amsterdam*, 1724, 1 vol. in-12.

2175 Les OEuvres de J.-B. Rousseau. *Amsterdam*, 1734, 2 vol. in-12 p. 3 ; le 1er m.

2176 OEuvres de Vergier. *La Haye*, 1731, 3 vol. in-12.

2177 Les Ornements de la Mémoire, ou les Traits brillants des poètes français les plus célèbres ; 1808, 1 v. in-12.

2178 Petits Poètes français depuis Malherbe jusqu'à nos jours. *Paris*, *Desrez*, 1836, 2 vol. in-4, P. L.

<blockquote>Racan, Segrais, Deshoulières, Chaulieu, La Fare, Senecé, Vergier, Lamotte, Piron, L. Racine, de Pompignan, Gresset, Bernard, Lemierre, de Bernis, St-Lambert, Marmontel, Le Brun, Malfilâtre, Colardeau, Ducis, Dorat, Laharpe, Léonard, de Bonnard, Imbert, Gilbert, Bertin, Parny, Florian, J. Chénier, Legouvé, de Lancival, Millevoye, A. Chénier.</blockquote>

2179 Le Virgile travesti en vers burlesques, de M. Scarron. *Paris*, 1726, 3 vol. in-12.

2180 Poésies diverses de M. Scarron. *Paris*, 1731, 2 vol. in-12.

2181 Gazette burlesque de l'année 1654. *Lyon*, 1 vol. in-4.

2182 Les trois Règnes de la nature, poème, par J. Delille. *Paris*, 1834, 1 vol. in-18.

2183 Les Jardins, suivis de l'Homme des Champs, poèmes, par J. Delille. *Paris*, 1834, 1 vol. in-18.

2184 Poésies nationales, par M. d'Avriguy ; 1812, 1 vol. in-12.

2185 Recueil de chansons à l'usage des gardes nationales du département de la Loire ; 1816, 1 vol. in-12.

2186 L'Echo de la Loire, Recueil poétique, rédigé par M. P. Lachambeaudie. *Roanne*, 1830, 1 vol. in-8. — Don de l'auteur.

2187 Tragédies et poésies diverses (par M. le marquis de Tardy). *Roanne*, 1839, et *Paris*, 1847, 1 vol. in-8. — Don de l'auteur.

2188 Chants du soir, poésies, par M. Jules Pautet. *Paris,* 1841, 1 vol. in-8. — Don de l'auteur.

2189 Jean Trouvé, ou le Socialisme, poème (par M. du Marais); 1852, 1 vol. in-8. — Don de l'auteur.

2190 Poésies diverses, par M. Didier Remontet ; broch. in-8. — Don de l'auteur.

§ 4. — POÈTES ÉTRANGERS.

2191 Les Nuits clémentines, poème en IV chants, par Giorgi Bertola, trad. de l'italien. *Rouen,* 1778, 1 vol. in-12.

2192 Les OEuvres de Gessner, traduction de Le Tourneur. *Paris,* 1797, 4 t. en 1 vol. in-18.

2193 Poésies du Philosophe de Sans-Souci. *A Sans-Souci,* 1760, 2 vol. in-12.

2194 Choix de poésies allemandes, par M. Huber. *Paris,* 1766, 3 vol. in-12 p. 4 ; le 1er m.

2195 Les Principes de la morale et du goût en deux poèmes (Essai sur l'homme et Essai sur la critique), suivis d'autres poésies, traduits de Pope, par M. du Resnel. *Amsterdam,* 1739, 1 vol. in-12.

2196 Traduction de l'Essai sur l'homme de Pope, en vers français, par M. de Fontanes, avec le texte en regard. *Paris,* 1821, 1 vol. in-8., rel. mar. r., doré s. tr.

2197 Le Paradis perdu de Milton, traduit de l'anglais, par M. Dupré de St-Maur. *Avignon,* 1811, 1 vol. in-12.

2198 Le même ouvrage, traduction littérale, avec le texte en regard, par M. de Chateaubriand. *Paris,* 1836, 2 vol. in-8.

2199 Les Saisons, poème traduit de l'anglais de Thompson. *Berlin,* 1740, 1 vol. in-12.

2200 Les Nuits d'Young, nouvelle édition. *Paris,* 1824, 2 vol. in-18.

2201 Les Jours, pour servir de correctif et de supplément aux Nuits d'Young, par un Mousquetaire noir. *Londres,* 1770, br. in-12.

2202 La Jérusalem délivrée, poème traduit de l'italien de Torquato Tasso. *Paris*, 1810, 2 vol. in-12, fig.

2203 OEuvres du Dante, traduites de l'italien, par Sébas ien Rheal. *Paris*, 1852, 5 vol. gr. in-8, fig.

SECTION III.

Théâtre.

§ 1. — THÉATRE GREC.

2204 Euripides poeta in latinum sermonem conversus, adjec o è regione textu græco, cum annotationibus et præ:.-tionibus, auct. Gasparo Stiblino. *Basileæ, per Jo .. Oporinum*, 1562, 1 vol. in-fol.

2205 Sophoclis Tragædiæ septem græcè. Unà cum omnibus græcis scholiis, et cum latinis Joach. Camerarii. *Excudebat Henricus Stephanus*, 1568, 1 vol. in-4.

2206 Aristophanis Comediæ undecim græcè et latinè, cum scholiis antiquis. *Aureliæ, All.*, 1607, 1 vol. in-fol.

2207 Aristophanis Comediæ græcè et latinè. *Parisiis, editore Ambrosio Firmin Didot*, 1840, 1 vol. in-4.

§ 2. — THÉATRE LATIN.

1° Latin ancien.

2208 M. Plauti Comediæ xx. *Basileæ*, 1523, 1 vol. in-8.

2209 Trois comédies de Plaute, traduites en françois, avec des remarques, par Mlle Le Fèvre. *Paris*, 1683, 3 v. in-12.

2210 Pub. Terentii Aphri Comediæ sex. *Lugd., ap. Gryphium*, 1541, 1 vol. in-4.

2211 Publii Terentii Aphri Comediæ sex, variorum commentariis illustratæ; 1 vol. in-4, le fr. déch.

2212 Guidonis Juvenalis in Terentium familiarissima interpretatio, cum figuris unicuique Scænæ præpositis. *Impressum est hoc opus curâ atque impensis Magistri Johannis Trechsel, in civitate Lugdunensi*, 1493, 1 v. in-4, rel. en bois.

2213 Les six comédies de Térence, en latin et en français. *Paris*, 1614, 1 vol. p. f.

2214 L. Annæi Senecæ Tragædiæ, cum notis Farnabii. *Amstelodami*, 1678, 1 vol. p. f.

2° Latin moderne.

2215 Tragædia Carthaginienses, auth. Dion. Petavio, S. J. *Flexiæ*, 1614, 1 v. p. f.

2216 Petri Mussonii, S. J., Tragædiæ. *Flexiæ*, 1621, 1 vol. in-8, fr. gr.

2217 Tragicæ, comicæ actiones, auct. Ludovico Crucio, S. J. *Lugd.*, 1605, 1 vol. in-8, frontisp. gr.

§ 3. — THÉATRE FRANÇAIS.

2218 Théâtre français au moyen âge, publié d'après les manuscrits de la bibliothèque du Roi, par Mrs Monmerqué et Michel. *Paris, Desrez*, 1840, 1 vol. in-8, P. L.

2219 Balet comique de la Royne, faict aux nopces de M. le Duc de Joyeuse et Madamoyselle de Vaudemont sa sœur, par Baltasar de Beaujoyeulx valet de chambre du Roy et de la Royne sa mère. *Paris*, 1582, broch. in-4, parch., enrichie de figures curieuses.

2220 Ballet en langage forésien, par Marcellin Allard, 1605. — Réimpression. *Paris, Aug. Aubry*, 1855, br. in-8.

2221 Les Tragédies et Histoires saintes de Jean Boissin de Gaillardin. *Lyon*, 1618, 1 vol. p. f.

2222 La Sylvie du sieur Mairet, tragi-comédie pastorale. *Paris*, 1630, 1 vol. in-8.

2223 La Mort d'Achille et la dispute de ses armes, tragédie, par M. de Bensseradde. *Paris*, 1637, broch. in-4, parch.

2224 Juba, tragédie. *Paris*, 1695, 1 vol. p. f.

2225 Gabinie, tragédie chrétienne. *Paris*, 1699, 1 vol. p. f.

2226 Recueil d'Opéras, ballets et autres pièces représentés devant le Roi. *Amsterdam*, 1690, 2 vol.

2227 Recueil de pièces de théâtre, contenant 9 pièces; 1 v. in-8, 18° s.

2228 Recueil de pièces de théâtre, contenant 18 pièces; 1 v. in-4, 18° s.

2229 Le Nouveau théâtre italien, Recueil général des comédies, représentées par les comédiens italiens du Roi.

2230 Les Œuvres de Th. Corneille. *Paris*, 1758, 6 vol. in-18, dépareillés.

2231 Les Œuvres de P. Corneille. *Paris*, 1758, 4 vol. in-18, dépareillés.

2232 Les Œuvres de J. Racine, avec les variantes et les imitations des auteurs grecs et latins, publiées par M. Petitot. *Paris*, 1825, 5 vol. in-8.

2233 Les Œuvres de Molière, avec des réflexions sur chaque pièce et la vie de Molière, par M. Petitot. *Paris*, 1836, 6 vol. in-8.

2234 Œuvres dramatiques, et autres poésies de Voltaire; 4 vol. in-12 p. 6; le 1er et le 3° m.

2235 Les Œuvres de M. Poisson. *Paris*, 1679, 2 vol. in-12.

2236 Les Œuvres de M. Campistron. *Paris*, 1731, 2 vol. in-12.

2237 Les Œuvres de M. Autreau. *Paris*, 1749, 4 v. in-12.

2238 Les Œuvres dramatiques de M. Regnard (le 2° vol. de ses œuvres).

2239 Œuvres de M. de la Chaussée. *Paris*, 1741, 2 vol. in-12.

2240 Œuvres de M. Destouches. *La Haie*, 1742, 2 v. in-12.

2241 Le Théâtre de M. Marivaux. *Amsterdam*, 1754, 4 vol. in-18.

— Théâtre de M. St-Foix (les 2 1ers vol. de ses Œuvres.

2242 La Popularité, comédie, par Casimir Delavigne. *Paris*, 1839, 1 vol. in-8.

§ 4. — THÉÂTRE ÉTRANGER.

2243 Le Théâtre anglois. *Londres*, 1746, 7 vol. in-12 p. 8; le 2ᵉ m.

2244 La Critique du théâtre anglais. *Paris*, 1715, 1 vol. in-12.

2245 Théâtre espagnol, par Hippolyte Lucas (sept pièces de théâtre traduites de l'espagnol). *Paris*, 1851, 1 vol. in-8.

2246 OEuvres posthumes de M. Philippe Duplessis (traduction du théâtre italien, texte en regard). *Paris*, 1854, 5 vol. in-8.

2247 Beautés morales de Shakspeare, traduction en vers français, avec le texte en regard, par Edouard Roger. *Paris*, 1842, 1 vol. in-12.

SECTION IV.

Romans.

§ 1. — ROMANS MORAUX, HISTORIQUES, ÉROTIQUES, ETC.

2248 Heliodori Æthiopicorum libri x, græcè et latinè. *Lugd.*, 1611, 1 vol. in-8.

2249 Histoire Ethiopique d'Héliodore, traitant des loyales et pudiques amours de Théagènes et Chariclée, trad. du grec; 1 vol. in-8, les 1ᵉʳˢ f. m.

2250 Carite e Polidoro di Gian Jac. Barthelemy. *Milano*, 1818, 1 vol. in-18.

2251 Les Amours de Tibulle (par Jean de la Chapelle). *Paris*, 1732, 3 vol. in-12.

2252 L'Astrée de M. Honoré d'Urfé, pastorale allégorique. *Paris*, 1732, 5 vol. in-12.

— Les Aventures de Télémaque. *Bruxelles*, 1746, 1 vol. in-12.

— Bélisaire. *Paris*, 1826, 1 vol. in-18.

2253 Les Bataves, par M. Bitaubé. *Paris,* 1804, 1 vol. in-8.
2254 Le Prétendant, ou Perkin faux duc d'Yorck, par le sieur de la Paix de Lizamour. *Cologne,* 1716, 1 v. in-12.
2255 Histoire de Cleveland, fils naturel de Cromwell, trad. de l'anglais. *Utrecht,* 1741, 6 vol. in-12.
2256 Le Solitaire philosophe, Mémoires du marquis de Miremont. *Amsterdam,* 1736, 1 vol. in-12.
2257 Voyages et Aventures de Jacques Massé. *Bourdeaux, chez Jacques l'Aveugle,* 1710, 1 vol. in-12.
2258 Nouvelles espagnoles de Michel Cervantès. *Paris,* 1775, 3 vol. in-8.
2259 Les mille et une Nuits, contes arabes, traduits en français, par Galland. *Paris, Desrez,* 1838, 1 vol. in-8, P. L.
2260 La Catanoise, ou Histoire secrète des mouvements arrivés au royaume de Naples, sous la reine Jeanne Ire. *Paris,* 1731, 1 vol. in-12.
2261 Corinne, ou l'Italie, par Mme de Staël. *Paris,* 1837, 1 v. in-12.
2262 Les Femmes illustres (Harangues amoureuses); 1 vol. in-8.
2263 Lettres de la Comtesse de Sancerre à M. le Comte de Nancé, par Mme Riccoboni. *Paris,* 1767, 1 vol. in-12.
2264 Lettres angloises, ou Histoire de Miss Clarisse Harlowe. *Londres,* 1764, 5 vol. in-12 p. 6; le 2e m.
2265 Cecilia, ou Mémoires d'une héritière; 4 vol. in-12.
2266 Histoire de la comtesse de Gondez; 2 vol. in-12.
2267 La duchesse de Capoue; 1 vol. in-12.
2268 Les Liaisons dangereuses; 4 vol. in-12.
2269 Choix d'histoires tirées de Bandel, Belleforest, etc., par M. Feutry. *Londres,* 1753, 1 vol. in-12.
2270 OEuvres de Mme de Villedieu. *Paris,* 1721, 7 vol. in-18, incomplet.
2271 Les Amours du Comte de Dunois, par Mme Desjardins. *Paris,* 1676, 1 vol. in-12.
2272 Les Amours de Henri IV, roi de Castille; 1 vol. in-12.

2273 Les Mémoires de M. L. P. M. M. (Mme la Princesse Marie Mancini) Colonne G. Connétable du royaume de Naples. *Cologne*, 1676, 1 vol. p. f., parch.

§ 2. — ROMANS COMIQUES, ALLÉGORIQUES, SATYRIQUES.

2274 Apulei Madaurensis Metamorphoseos, sive de Asino aureo libri xi, cum argumentis et præfatione Phil. Beroaldi. *Parisiis, ex off. Simonis Colinæi*, 1536, 1 v. in-12.

2275 Joannis Barcaii Argenis. *Venetiis*, 1684, 1 vol. in-12.

2276 Les œuvres de Maître François Rabelais. — Faits et dits du géant Gargantua et de son fils Pantagruel; s. l., 1732, 5 vol. in-12.

2277 Le Roman comique de M. Scarron. *Paris*, 1733, 3 vol. in-12.

2278 Les Nouvelles tragi-comiques de M. Scarron. *Paris*, 1731, 2 vol. in-12.

2279 Histoire comique des Estats et Empires du Soleil, par M. de Cyrano Bergerac. *Lyon*, 1672, 1 vol. p. f.

SECTION V.

Philologie.

§ 1. — CRITIQUE PHILOLOGIQUE.

2280 Athenæi Deipnosophistarum libri xv (græcè), cum Jacobi Dalechampii latinâ interpretatione et notis Casauboni. *Lugd.*, 1612, 1 vol. in-fol.

2281 Auli Gellii Noctium Atticarum libri xx. — Macrobii in Somnium Scipionis libri ii, et Saturnaliorum libri vii; cum scholiis et indicibus ascensianis. *Vænundantur Parrhisiis in œdibus ejusdem Jodoci Badii Ascensii*, 1524, 1 vol. in-fol., rel. en bois.

2282 Auli Gelii Noctes atticæ. — Henrici Stephani Noctes aliquot parisinæ atticis noctibus invigilatæ. *Parisiis,* 1585, 1 vol. in-8, parch.

2283 Auli Gellii Noctes atticæ. *Apud Seb. Gryphium, Lugduni,* 1537, 1 vol. in-8.

2284 Macrobii in Somnium Scipionis libri II. Saturnaliorum lib. VII. *Lugd., ap. Ant. Gryphium,* 1585, 1 vol. p. f.

2285 Alexandri ab Alexandro Genialium dierum libri VI. *Parisiis, ap. Audoenum Parvum,* 1549, 1 vol. in-8.

2286 Idem Opus. *Parisiis, ap. Brachonier,* 1566, 1 vol. in-8, brochure en parch., dorée s. tr.

2287 Andreæ Tiraquelli Semestria in Genialium dierum Alexandri ab Alexandro. *Lugd.,* 1614, 1 vol. in-fol.

2288 Ludovici Cælii Rhodigini Lectionum antiquarum libri XXX. *Basileæ, per Ambrosium et Antonium Frobenios,* 1566, 1 vol. in-fol.

2289 R. P. Lælii Bisciolæ Horæ subsecivæ (les heures de loisir). *Ingolstadii,* 1611, 2 vol. in-fol.

2290 Les Entretiens de M. de Voiture et de M. Costar. *Paris,* 1655, 1 vol. in-4.

2291 Les diverses leçons de Louis Guyon, tomes 1 et 3. *Lyon,* 1625, 2 vol. in-8.

2292 Recherches critiques sur l'âge et l'origine des traductions latines d'Aristote, par M. Amable Jourdain. *Paris,* 1843, 1 vol. in-8.

2293 Etudes de mœurs et de critique sur les poètes latins de la décadence, par M. Nisard. *Paris,* 1834, 2 vol. in-8.

2294 Molière musicien, Notes sur ses œuvres et sur les drames de Corneille, Racine, Quinault, etc., avec des considérations sur l'harmonie de la langue française, par M. Castil-Blaze. *Paris,* 1852, 2 vol. in-8.

2295 Gronovii ad. L. et M. Annæos Senecas Notæ. *Amstelodami, ap. Elzevirios,* 1658, 1 vol. p. f.

2296 Josiæ Merceri et Justi Lipsii ad. Corn. Tacitum Notæ. *Parisiis,* 1599, 1 vol. in-8.

2297 Bibliothèque critique, ou Recueil de pièces critiques

— 181 —

(relatives à des questions religieuses), publiées par M. de Sainjore (Richard Simon). *Amsterdam*, 1708, 2 vol. in-12.

2298 Observations sur le sens du mot Olympiade employé dans les actes du moyen-âge, par M. Auguste-Bernard; s. l., 1854, broch. in-8 de 8 p.

§ 2. — PAMPHLETS, SATYRES, INVECTIVES, APOLOGIES, ÉLOGES.

2299 Euphormionis Satyricon, auct. Barcaio; les 1ers et d^{ers} feuillets m., 1 vol. p. f.

2300 Desiderii Erasmi Moriæ Encomium. *Basileæ, ap. Froben*, 1522, 1 vol. in-8.

2301 Idem Opus. *Lutetiæ, ap. Jodocum Badium*, 1524, 1 vol. p. in-4.

2302 L'Eloge de la Folie d'Erasme, traduit par M. Barrette. *Paris*, 1789, 1 vol. in-12.

— Anticotonis Vita, Mors, Cenotaphium, n° 1041.

2303 Cacocephalus, sive de Plagiis Opusculum (auct. R. P. Solier). *Matiscone*, 1694, 1 vol. in-12.

2304 L'Orateur Franc-Maçon, par le F. Jarrhetti; 1 vol. in-12.

2305 Les Francs-Maçons écrasés, suite du livre intitulé l'*Ordre des Francs-Maçons trahi*, trad. du latin. *Amsterdam*, 1747, 1 vol. in-12.

2306 L'Introduction au Traité de la conformité des merveilles anciennes avec les modernes, ou Traité préparatif à l'apologie pour Hérodote, par Henri Etienne. *Sur les Hasles, l'an* 1607, 1 vol. in-8.

Voir la critique de cet ouvrage tome 1er, p. 38 des Mémoires de littérature, de M. de Salengre, n° 2365.

2307 La Cabale des Réformez tirée nouvellement du puits de Démocrite, par J. D. C. *Montpellier, chez Le Libertin, imprimeur juré de la saincte Réformation*, 1600, 1 vol. in-12.

2308 Le Plan de l'anarchie rochelloise fondée sur les sablons de la mer, dressé par François de Fermineau; Philippique 1re. *Toulouse*, 1621, 1 vol. in-12.

2309 La Satyre Ménippée. *Ratisbonne*, 1726, 3 vol. in-8, figures.

2310 Apologie de M. Costar à M. Ménage. *Paris*, 1657, 1 v. in-4.

2311 Le Socialisme, nouvelle danse des morts, composée par Alfred Réthel, lithographiée par A. Collette, album de 6 planches, avec texte; 1 vol. obl.

§ 3. — SENTENCES, APOPHTEGMES, ADAGES, ANA ET FACÉTIES.

2312 Comicorum græcorum Sententiæ, id est Gnomai latinis versibus ab Henrico Stephano redditæ et annotationibus illustratæ. *Anno 1569, excudebat Henricus Stephanus*, 1 vol. p. f.

2313 L. Domitii Brusonii Facetiarum, exemplorumque libri VII. *Lugd., ap. Antonium Vincentium*, 1560, 1 vol. in-8.

2314 Les Sentences illustres et apophtegmes de Cicéron, trad. par F[ois] Belleforest, avec le latin en regard. *Paris*, 1578, 1 vol. p. f.

2315 Epitome Joannis Stobæi Sententiarum sive locorum communium. *Basileæ*, 1557, 1 vol. in-8.

2316 Apophtegmatum, sive scitè dictorum libri octo excerptorum ex optimis auctoribus, per Des. Erasmum. *Parisiis*, 1531, 1 vol. in-8.

2317 Idem Opus. *Lugd., ap. Seb. Gryphium*, 1556, 1 vol. in-8.

2318 Apophtegmata ex probatis græcæ latinæque linguæ Scriptoribus à Conrado Lycosthene collecta. *Excudebat Jacobus Stœr*, 1609, 1 vol. in-8.

2319 Adagiorum Chiliades quatuor, cum sesquicenturia Des. Erasmi Roterodami. *Oliva Roberti Stephani*, 1558, 1 vol. in-fol.

2320 Idem Opus. *Lugd., ap. hæredes Seb. Gryphii*, 1559, 1 vol. in-fol.

2321 Idem Opus, cui accesserunt variorum auctorum Adagia. *Coloniæ, All.*, 1612, 1 vol. in-fol.

2322 Joannis Brucherii Adagiorum ex Erasmi Chiliadibus excerptorum Epitome. *Parisiis, ap. Simonem Colinæum*, 1523, 1 vol. in-8.

2323 Nouvelles Remarques, ou Réflexions critiques, morales et historiques sur les plus belles et les plus agréables pensées qui se trouvent dans les ouvrages des auteurs anciens et modernes, par M. Bordelon. *Paris*, 1695, 1 vol. in-12.

2324 Menagiana, ou les Bons-Mots et Remarques critiques, historiques, morales et d'érudition de M. Ménage. *Paris*, 1715, 4 vol. in-12.

2325 Longueruana, ou Recueil de pensées, de discours et de conversations de M. de Longuerue. *Berlin*, 1754, 1 v. in-12.

2326 Furetieriana, ou les Bons-Mots et Remarques d'histoire, de morale, de critique, de plaisanteries et d'érudition de M. Furetière. *Paris*, 1708, 1 vol. in-12.

2327 Les Bigarrures et Touches du sieur des Accords (Etienne Tabourot), avec les Apophtegmes, du sieur Gaulard et les Escraignes dijonnoises. *Paris*, 1662, 1 vol. p. f.

2328 La Compagnie de la Marmite grasse, suivi des Nopces d'Antilésine. *Paris*, 1604, 1 vol. p. f.

§ 4. — HIÉROGLYPHES ET EMBLÈMES.

2329 Joannis Pierii Hieroglyphica, seu de sacris Ægyptiorum Litteris. *Lugd.*, 1610, 1 vol. in-fol.

2330 Les Hiéroglyphiques de Jean-Pierre Valerian, vulgairement nommé Pierius, nouvellement donnez aux François, par J. de Montlyart. *Lyon*, 1615, 1 vol. in-fol., orné de figures et d'un frontisp. gr.

2331 Discours des Hiéroglyphes égyptiens, Emblèmes, Devises et Armoiries, par Pierre Langlois de Bel Estat. *Paris*, 1583, 1 vol. in-4.

2332 Cinq livres des Hiéroglyphes où sont contenus les plus rares secrets de la nature et propriétez de toutes choses, par M. P. Dinet, D^r en th. *Paris*, 1614, 1 vol. in-4.

2333 Nicolai Caussini Polyhistor symbolicus; 1 vol. in-4, le fr. m.

2334 Symbola divina et humana Pontificum, Imperatorum, Regum. *Francofurti*, 1604, 1 vol. in-fol., frontisp. gravé, fig.

2335 Catalogus gloriæ mundi laudes, honores, excellentias et præeminentias omnium ferè statuum continens, auct. Bartholomæo Cassanæo; 1 vol. in-fol. cum figuris, la date m.

2336 Idem opus, cum figuris alteris.*Francofurti*, 1579, 1 vol. in-fol.

2337 Omnia Andreæ Alciati Emblemata cum commentariis. *Parisiis*, 1608, 1 vol. in-8, fig.

2338 Les Images ou Tableaux de platte peinture de Philostrate, sophiste grec, mis en françois, par Blaise de Vigenere. *Paris*, 1597, 1 vol. in-4.
2 frontisp. gravés et le portrait de Vigenere.

2339 Dactylologie et langage primitif restitués d'après les monuments (par M. J. Barrois). *Paris, Didot*, 1850, 1 vol. in-4, fig.

2340 Lecture littérale des Hiéroglyphes et des Cunéiformes, par l'auteur de la Dactylologie. *Paris, Didot*, 1853, 1 vol. in-4, fig.
Ces deux ouvrages ont été donnés par l'auteur, à la demande de M. de St-Thomas.

CHAPITRE III.

HISTOIRE LITTÉRAIRE.

SECTION PREMIÈRE.

Ouvrages divers, relatifs à l'histoire des Sciences, des Arts, des Lettres, des Sociétés savantes, etc., etc.

2341 Rapport historique sur les progrès de l'histoire et de la littérature ancienne depuis 1789, par M. Dacier. *Paris*, 1810, 1 vol. in-8.

2342 Rapport historique sur les progrès des sciences naturelles depuis 1790, par M. Cuvier. *Paris*, 1810, 1 vol. in-8.

2343 Rapport historique sur les progrès des sciences mathématiques depuis 1790, par M. Delambre. *Paris*, 1810, 1 vol. in-8.

2344 Manuel de l'Histoire de l'art chez les Anciens, par M. le comte de Clarac. *Paris*, 1847, 3 vol. in-12.

2345 Archives de l'art français, Recueil de documents inédits relatifs à l'histoire des arts en France, rédigé par M. Ph. de Chennevières; les 4 1res années, 4 vol. in-8.

2346 Relation contenant l'histoire de l'Académie françoise, s. n. *Paris*, 1653, 1 vol. in-8.

2347 Histoire de l'Académie française depuis son origine jusqu'à 1730, par MM. Pélisson et d'Olivet. *Paris*, 1730, 2 vol. in-12.

2348 Histoire de l'Académie des Inscriptions et Belles-Lettres depuis son établissement jusqu'en 1725, avec les Mémoires de littérature tirés de ses registres. *Paris*, 1725, 6 vol. in-4.

2349 Le même ouvrage jusqu'en 1763; 74 vol. in-12.

2350 Recherches historiques sur la Faculté de médecine de Paris, par M. Sabatier d'Orléans. *Paris*, 1835, 1 vol. in-8.

2351 Histoire littéraire des Troubadours. *Paris*, 1774, 3 vol. in-12.

2352 De la Comédie-Française depuis 1830, ou Résumé des évènements survenus à ce théâtre depuis cette époque jusqu'en 1844, par M. Eug. Laugier. *Paris*, 1844, 1 vol. in-12.

2353 Le Théâtre-Français depuis 50 ans, Lettre à M. de Montalivet, par Alexandre Duval. *Paris*, 1838, broch. in-8.

2354 Annuaire des Sociétés savantes de la France et de l'Etranger; 1re année, 1846, 1 vol. in-8.

SECTION II.

Critique littéraire.

§ 1. — OUVRAGES DIVERS.

2355 De la Critique. *Lyon*, 1691, 1 vol. in-12.

2356 Réflexions critiques sur la Poésie et sur la Peinture, 1re partie. *Paris*, 1719, 1 vol. in-12.

2357 Les Plaisirs et les Avantages de la lecture de cabinet, par le sieur de Riche-Source. *Paris*, 1680, 1 vol. in-4.

2358 La Manière de bien penser dans les ouvrages d'esprit, par le P. Dominique Bouhours. *Paris*, 1687, 1 vol. in-4.

2359 La Guerre des Auteurs anciens et modernes. *Paris*, 1671, 1 vol. in-12.

2360 Des Causes de la corruption du goût, par Mme Dacier. *Paris*, 1714, 1 vol. in-12.

2361 Les trois Siècles de la Littérature française, par M. l'abbé Sabatier de Castres. *Paris*, 1801, 4 vol. in-12.

2362 Critique générale des Aventures de Télémaque. *Cologne*, 1700, 1 vol. in-12.

2363 La Défense du poème héroïque avec quelques remarques sur les œuvres satyriques du sieur Despréaux. *Paris*, 1674, 1 vol. in-4.

2364 Essai sur divers sujets de littérature et de morale, par M. l'abbé Trublet. *Paris*, 1754.

2365 Mémoires de littérature et d'histoire, par M. de Salengre, avec la continuation; 1715 et suiv., 11 vol. in-12.

2366 Essai sur la littérature anglaise, par M. de Chateaubriand. *Paris*, 1836, 2 vol. in-8.

— La Critique du théâtre anglais, n° 2244.

2367 Histoire critique de la République des Lettres tant ancienne que moderne. *Utrecht*, 1712, 9 vol. p. f.

2368 Jugements des Savants sur les principaux ouvrages des Auteurs. *Paris*, 1685, 12 vol. in-12.
_{Cet ouvrage renferme des notions bibliographiques très intéressantes.}

§ 2. — JOURNAUX LITTÉRAIRES.

2369 Ephemerides Eruditorum annorum 1665, 6, 7, 8; 1 vol. in-8.

2370 Le Journal des Savants, depuis 1665 jusqu'en 1725, 101 vol. p. f.

2371 Mémoires pour servir à l'histoire des Sciences et des Beaux-Arts, recueillis par ordre de S. A. S. le Prince de Dombes. *Trévoux*, 1701—1762, 112 vol. in-12.

2372 Nouvelles de la République des Lettres, depuis 1684 jusqu'à 1710, commencée par Bayle; 34 vol. p. f.

2373 Histoire des Ouvrages des Savants, 1684—1708. *Rotterdam*, 26 vol. p. f.

2374 Bibliothèque Universelle et Historique, de 1686 à 1693. *Amsterdam*, 1700, 23 vol. p. f. p. 25; les 2 1ers m.

2375 Bibliothèque choisie pour faire suite à la Bibliothèque Universelle. *Amsterdam*, 1703—1713, 25 vol. p. f. pour 27; le 3e et le 16e m.

2376 Bibliothèque Ancienne et Moderne pour faire suite aux Bibliothèques Universelle et Choisie, de 1714 à 1727. *Amsterdam,* 23 vol. p. f. pour 27.

2377 Mémoires secrets pour servir à l'histoire de la République des Lettres en France, de 1762 à 1786 ; 19 vol. in-12 pour 30.

2378 Journal Encyclopédique dédié à S. A. S. le Duc de Bouillon ; 1762—1766, 13 vol. in-12, dépareillés.

2379 Le Mercure de France, divers n^{os} réunis en 31 vol. in-12.

2380 Bibliothèque anglaise, ou Histoire littéraire de la Grande-Bretagne ; 1717—1722, 9 vol. p. f. pour 10 ; le 1er m.

2381 L'Europe savante. *La Haie,* 1718, 4 vol. in-12.

2382 Journal littéraire. *La Haie,* 1713—1715, 8 vol. in-12.

2383 Nouvelles littéraires, 1er vol. *La Haie,* 1715, 1 vol. in-12.

2384 L'Année littéraire, par M. Fréron. *Amsterdam,* 1756 et suiv., 16 vol. in-12.

2385 Le Petit Almanach des Grands Hommes pour l'année 1788 ; 1 vol. p. f., les 1ers et d^{ers} f. m.

2386 La Décade philosophique, littéraire et politique; 11 vol. in-8.

SECTION III.

Bibliographie.

—

§ 1. — BIBLIOGRAPHIE GÉNÉRALE.

2387 Instruction sur la manière d'inventorier et de conserver tous les objets qui peuvent servir aux sciences et à l'enseignement (principalement les livres), adoptée par la Convention Nationale; broch. in-4.

2388 Curiosités bibliographiques, par Ludovic Lalanne. *Paris,* 1845, 1 vol. in-12.

2389 Jo. Alberti Fabricii Bibliotheca græca. *Hamburgi*, 1708, 7 vol. in-4.

2390 Jo. Alberti Fabricii Bibliotheca latina. *Hamburgi*, 1712, 2 vol. in-8.

2391 Bibliotheca Fayana (Catalogue de la Bibliothèque de M. du Fay), par Gabriel Martin. *Paris*, 1725, 1 vol. in-8.

2392 Bibliothèque françoise, ou Histoire de la littérature française, par M. l'abbé Goujet. *Paris*, 1741, 16 vol. in-12.

2393 Bibliothèque d'un homme de goût, ou Avis sur le choix des meilleurs livres écrits en notre langue, avec les jugements des critiques. *Avignon*, 1772, 2 vol. in-18.

2394 Bibliographie astronomique, par Jérôme de la Lande. *Paris*, 1803, 1 vol. in-4.

2395 Bibliothèque de M. Goddé, Catalogue raisonné d'une collection de livres relatifs à la peinture, sculpture, gravure, architecture. *Paris*, 1850, 1 vol. in-8.

2396 Traité de matériaux manuscrits, par Alexis Monteil. *Paris*, 1836, 2 tomes en 1 vol. in-8.

2397 Tableau général des archives départementales antérieures à 1790, par la Commission des Archives. *Paris*, 1 vol. in-4.

2398 Catalogue général des Cartulaires des Archives départementales, par la Commission des Archives. *Paris*, 1847, 1 vol. in-4.

§ 2. — BIBLIOGRAPHIE ECCLÉSIASTIQUE.

2399 Catalogus Scriptorum ecclesiasticorum, per venerabilem virum Johannem à Trittenhem abbatem spanhemensem conscriptus. *Coloniæ*, 1531, 1 vol. in-4.

2400 De Scriptoribus ecclesiasticis liber unus, auct. Bellarmino. *Lugd.*, 1675, 1 vol. in-8.

2401 Bibliotheca Scriptorum Ordinis S[ti] Francisci Capucinorum, auct. F. Dionysio Genuensi ; 1691, 1 vol. in-4.

2402 Nouvelle Bibliothèque des Auteurs ecclésiastiques, par M. Ellies du Pin. *Paris*, 1686, 6 vol. in-8.

2403 Histoire générale des Auteurs sacrés et ecclésiastiques, par le R. P. Dom Remy Ceillier. *Paris*, 1729—1763, 23 vol. in-4.

— Bibliothèque janséniste, n° 725.

2404 Lettres sur les ouvrages et œuvres de piété. *Paris*, 1724, 4 vol. in-12 pour 5; le 1er m.

Ouvrage bien écrit et intéressant.

CATALOGUE
DE
LA BIBLIOTHÈQUE
DE LA VILLE DE ROANNE

Cinquième Partie
HISTOIRE

PREMIÈRE DIVISION
HISTOIRE EN GÉNÉRAL

CHAPITRE PREMIER
PRÉLIMINAIRES

SECTION PREMIÈRE. — Géographie.

§ 1. — GÉOGRAPHIE GÉNÉRALE.

2405 Strabonis de situ Orbis libri XVII. *Amstelodami*, *ap. Joan. Janssonium*, 2 vol. p. f.

2406 Géographie de Strabon, traduite du grec en français. *Paris, Imprimerie Impériale*, 1805, 3 vol. in-4.

2407 Zachariæ Lilii Orbis Breviarium. *Veneunt in Gormontiana libraria*, 1515, 1 vol. in-4.

2408 La Geographia di Claudio Tolomæo tradotta di græco in italiano. *In Venetia*, 1574, 1 vol. in-4.

2409 Cosmographiæ universalis libri VI, auct. Sebastiano Munstero. *Basileæ*, 1550, 1 vol. in-fol., gravure.

2410 La Cosmographie universelle de tout le Monde, pa Françoys de Belle-Forest. *Paris*, 1575, 2 vol. in-fol.

2411 Nouveau Théâtre du monde, contenant les Etats, Empires, Principautez. *Paris*, 1661, 2 vol. in-fol.

2412 Le Grand Dictionnaire géographique et critique, M. Bruzen la Martinière. *La Haie*, 1726, 10 vo. in-fol.

2413 Dictionnaire universel de la Géographie commerçante, par J. Peuchet. *Paris*, an VII, 3 vol. in-4.

2414 Géographie historique, ecclésiastique et civile, par Dom Vaissette. *Paris*, 1755, 12 vol. in-12.

2415 Méthode pour étudier la Géographie, par M. l'abbé Lenglet Dufresnoy. *Paris*, 1742, 8 vol. in-12.

2416 Nouvelle Méthode pour apprendre la Géographie, par le sieur De la Croix. *Lyon*, 1717, 5 vol. in-12.

2417 La Géographie universelle, par Jean Hubner. *Basle*, 1746, 4 vol. in-12.

2418 Géographie historique universelle et particulière, par Ch. Du Bois Gamotz, sieur de la Gaudinière. *Paris*, 1645, 1 vol. in-4.

2419 La Géographie royalle, présentée au Roi T. C. Louis XIV, par le P. Philippe Labbe. *Paris*, 1646, 1 vol. in-8.

2420 Géographie ancienne, comparée avec la géographie moderne, par Mrs Meissas et Michelot. *Paris*, 1837, 1 vol. in-12.

2421 Petite Géographie ancienne, par les mêmes. *Paris*, 1838, 1 vol. in-18.

2422 Nouvelle Géographie méthodique, par les mêmes. *Paris*, 1844, 1 vol. in-12.

2423 Manuel de Géographie, par les mêmes. *Paris*, 1844, 1 vol. in-12.

_{Ces quatre ouvrages, ainsi que les autres des mêmes auteurs, ont été donnés par M. Michelot, officier de l'Université, Directeur du Chemin de fer de la Loire.}

§ 2. — GÉOGRAPHIE PARTICULIÈRE.

2424 Pausaniæ accurata Græciæ Descriptio græcè et latinè. *Hanoviæ,* 1613, 1 vol. in-fol.

2425 Pausanias, ou Voyage historique de la Grèce, traduit en françois, par l'abbé Gedoyn, avec des remarques. *Paris,* 1731, 2 vol. in-4.

2426 Descrittione de la Italia di F. Leandro Alberti. *In Bologna,* 1550, 1 vol. in-4.

2427 Itinerario, overo nuova Descritione de viagi principali d'Italia di Francesco Scotti. *In Roma,* 1650, 1 v. in-12.

2428 Roma sacra antica e moderna figurata. *In Roma,* 1687, 1 vol. in-12.

2429 Les Merveilles de la ville de Rome. *A Rome,* 1690, 1 v. in-12.

2430 La ville de Rome, ou Description abrégée de cette superbe ville. *Rome,* 1763, 1 vol. in-12.

2431 Géographie sacrée, par Mrs Meissas et Michelot. *Paris,* 1841, 1 vol. in-18.

2432 La Terre-Sainte, par le R. P. Eugène Roger; 1 vol. in-4, grav.

2433 La République des Suisses, trad. du latin de Josias Simler. *Paris,* 1579, 1 vol. in-12.

2434 Le Voyage de tous les Pays-Bas, ou les Dix-Sept Provinces. *Paris,* 1678, 1 vol. in-12.

2435 L'Europe vivante, Relation historique et politique de tous ses états; 1664, 1 vol. in-4.

2436 Théâtre de la Turquie, par le sieur Michel Febvre. *Paris,* 1682, 1 vol. in-4.

§ 3. — ATLAS ET CARTES.

1° Atlas.

2437 Petit-Atlas de Mercator, avec tables et descriptions, trad. par Popellinière. *Amsterdam,* 1609, 1 vol. p. format obl., le fr. m.

2438 Les Isles Britanniques, l'Espagne, la France, l'Italie et l'Allemagne descrites en plusieurs cartes et divers traictés, par Nic. Sanson. *Paris*, 1644, 1 vol. p. in-fol., 15 cartes au lieu de 49 indiquées dans la table.

2439 Atlas nouveau, contenant toutes les parties du monde, présenté à Mgr le Dauphin, par Hubert Jaillot, 85 cartes dressées par Sanson. *Paris*, 1689, 1 vol. très gr. format.

2440 Recueil de 80 cartes allemandes coloriées, titres en latin; 2 vol. in-fol., sans frontispice.

2441 Recueil de 22 cartes diverses, 2 plans de batailles et 12 plans de villes et environs de villes fortes; 1 vol. in-fol., s. fr.

2442 Atlas universel de géographie moderne, par Mrs Meissas et Michelot. *Paris*, 1840, 1 vol. in-fol.

2443 Petit Atlas de géographie ancienne, du moyen-âge, moderne et sacrée, par les mêmes. *Paris*, 1842, 1 vol. in-4.

— Atlas hydrographique du Voyage de la Favorite.

— Atlas du Voyage Dentrecasteaux.

2° Cartes.

2444 Alsatia superior et inferior in tabulis delineata...... exhibita per Jacques Michal Capitaneum et Ingenieur, sculpta à Matthæo Seuttero; s. d., 1 feuille g. f.

2445 Les frontières de Lorraine et de la Comté de Bourgogne, la Haute-Alsace, etc., levée sur les lieux pendant les guerres, par Henry Sengre. *Paris, Jaillot*, 1705, 1 f.

2446 Estats entre la Nied, la Sare et le Rhin, par Henry Sengre. *Paris, Jaillot*, s. d., 1 f.

2447 Le Duché de Brabant, etc., dédié au Roy, par Hubert Jaillot. *Paris*, 1720, 2 feuilles.

2448 Carte particulière des pays qui sont situés entre le Rhin, la Saare, la Moselle et la Basse-Alsace. *Paris, Jaillot*, 1705, 4 feuilles.

2449 Le Duché de Luxembourg, etc., dédié au Roy, par Hubert Jaillot. *Paris*, 1705, 4 feuilles.

2450 L'Espagne suivant l'étendue de tous ses royaumes, par Jaillot. *Paris,* 1716, 4 feuilles.

2451 Le Comté du Tirol, les Evêchés de Trente et de Brixen, par Jaillot. *Paris,* 1707, 1 f.

2452 Les Archevêchés et Electorats de Mayence et de Trèves, le Palatinat et Electorat du Rhin, le Duché de Wirtemberg, par Jaillot. *Paris,* 1704, 2 feuilles.

2453 Le Diocèse de Tournay, par Bernard Cappellier, pasteur de St-Léger. *Paris, Jaillot,* 1726, 1 f.

2454 Les Comtés de Hainaut et de Namur, avec le Cambresis, par Henry Friex. *Paris, Crepy,* 1744, 1 feuille.

2455 Le Cours du Pô, dédié au Roi, par le R. P. Placide, géographe de S. M. *Paris,* 1734, 5 feuilles.

2456 Carte topographique du cours du Rhin, de Philisbourg à Mayence, par le sieur Le Rouge. *Paris,* 1745, 2 f.

2457 Le Cours du Rhin, de Bâle à Hert, près Philisbourg, par le sieur Le Rouge. *Paris,* 1745, 5 feuilles.

2458 Carte générale de la République de Bolivia, dressée par A. d'Orbigny, d'après ses itinéraires. *Paris,* 1839, 2 gr. feuilles.

2459 La même, avec teintes géologiques. *Paris,* 1842, 2 f.

SECTION II.

Voyages.

§ 1. — RECUEILS ET VOYAGES AUTOUR DU MONDE.

2460 Novus Orbis regionum ac insularum Veteribus incognitarum (Voyages de découvertes). *Parisiis, ap. Joan. Parvum,* 1532, 1 vol. p. in-fol.

2461 Histoire générale des Voyages, par M. l'abbé Prévost. *Paris,* 1746, 74 vol. in-12 pour 76 ; le 11ᵉ et le 45ᵉ m.

2462 Le Voyageur françois, ou la Connaissance de l'ancien et du nouveau monde, par M. l'abbé Delaporte. *Paris,* 1766, 21 vol. in-12, incomplet.

2463 Voyage du tour du monde, trad. de l'italien de Gemelli Careri. *Paris*, 1727, 5 vol. in-12 p. 6 ; le 5ᵉ m.

2464 Voyage dans l'hémisphère austral et autour du monde, écrit par Jacques Cook et trad. de l'angl., ouvrage enrichi de plans, cartes, planches, portraits, et vues de pays dessinés par M. Hodges. *Paris*, 1778, 5 vol. in-4.

2465 Voyage autour du monde, fait dans les années 1740—44, par Georges Auson, trad. de l'anglais. *Amsterdam*, 1751, 1 vol. in-4.

2466 Les Voyages du seigneur de Villamont. *Lyon*, 1611, 1 vol. in-12.

2467 Voyage autour du monde, exécuté sur la corvette la *Favorite* en 1830—32, par M. Laplace. *Paris*, 1833, 4 vol. in-8 de texte, 1 album et 1 atlas.

2468 Lettres édifiantes et curieuses concernant l'Asie, l'Afrique et l'Amérique. *Paris*, *Desrez*, 1838, 2 vol. in-8, P. L.

§ 2. — VOYAGES EN EUROPE.

2469 Relations historiques et curieuses de voyages en Allemagne, Angleterre, Hollande, Bohême, Suisse, etc., par Charles Patin. *Paris*, 1676, 1 vol. in-12.

2470 Réponse aux faussetés et aux invectives qui se lisent dans un voyage de Sorbière en Angleterre. *Amsterdam*, 1675, 1 vol. p. f.

2471 Londres. *Lausanne*, 1770, 3 vol. in-12.

2472 Relation du voyage d'Espagne. *Paris*, 1699, 3 vol. in-12.

2473 Journal du voyage de Montaigne en Italie, par la Suisse et l'Allemagne, en 1580, avec des notes de M. Querlon. *Rouen*, 1774, 3 vol. in-12.

2474 Notes d'un voyage en Auvergne, par M. Mérimée. *Paris*, 1838. — Notes d'un voyage en Corse, par le même. *Paris*, 1840, 2 vol. réunis, 1 vol. in-12.

2475 Relation du voyage de la Commission scientifique de

Morée dans le Pélopouèse, les Cyclades et l'Attique, par M. Bory de St-Vincent. *Paris*, 1836, 2 vol. in-8 de texte et 1 album in-fol.

2476 Journal des voyages de M. de Monconnys, 2ᵉ et 3ᵉ parties. *Lyon*, 1666, 2 vol. in-4.

— Voyages de Flandre et de Hollande (Œuvres de Regnard, t. 1ᵉʳ).

— Voyages de Chateaubriand en Auvergne, etc. (Œuvres, t. 6).

§ 3. — VOYAGES EN ASIE.

2477 Voyages dans l'hémisphère méridional, exécutés par Byron, Carteret, Wallis et Cook, trad. de l'angl. *Paris*, 1765, 3 vol. in-4 p. 4, le 2° m.

2478 Le Bouquet sacré, par le P. Boucher (Voyage en Terre-Sainte). *Paris*, 1627, 1 vol. in-12.

2479 Le Voyage de la Terre-Sainte, par M. Doubdan. *Paris*, 1666, 1 vol. in-4.

2480 Voyage de M. de Brèves en Hierusalem, etc. *Paris*, 1630, 1 vol. in-4.

2481 Voyage du sieur Paul Lucas au Levant. *Paris*, 1704, 2 vol. in-12.

2482 Journal du voyage de Siam, fait par l'abbé de Choisy. *Trévoux*, 1751, 1 vol. in-12.

2483 Voyage en retour de l'Inde par terre, par Thomas Howel. — Passage dans l'Inde par l'Egypte et le Grand-Désert, par James Capper, trad. de l'angl. *Paris*, an V.

2484 Voyage de St-Pétersbourg dans diverses contrées de l'Asie, par Jean Bell d'Antermony, trad. de l'angl. *Paris*, 1766, 3 vol. in-12.

2485 Voyage dans la mer du Sud par les Espagnols et les Hollandais, trad. de l'angl., par M. Fréville. *Paris*, 1774, 1 vol. in-8.

2486 Voyage de Dentrecasteaux à la recherche de la Pérouse, rédigé par M. de Rossel. *Paris, Impr. Imp.*, 1808, 2 vol. in-4 et atlas.

2487 La Syrie, l'Egypte, la Palestine et la Judée, par le baron Taylor et L. Raybaud. *Paris*, 1839, 3 vol. in-4, dont 1 de planches.

2488 Voyage en Perse de M. Eugène Flandin et Pascal Coste, attachés à l'ambassade de France, 1840—41. *Paris, Gide et Baudry.* — Récit du voyage, 3 vol. in-8, album, 6 vol. gr. in-fol., dont un de texte explicatif.

§ 4. — VOYAGES EN AFRIQUE.

2489 Voyage au Congo, par deux PP. Capucins. *Paris*, 1680, 1 vol. in-12.

2490 Journal d'un voyage sur les côtes d'Afrique en 1701 ; le frontisp. m., 1 vol. in-12.

2491 Campagne pittoresque du Luxor, par M. Léon de Joannis. *Paris*, 1835, 1 vol. in-8 et un album.

2492 Voyage au Soudan et dans l'Afrique septentrionale, par M. P. Trémaux, non terminé.

§ 5. — VOYAGES EN AMÉRIQUE.

2493 Les Voyages de la nouvelle France occidentale, dite Canada, faits par le sieur de Champlain. *Paris*, 1640, 1 vol. in-4.

2494 Voyage aux îles Malouines en 1763, par Dom Pernetty, abbé de Burgel (Roannais). *Paris*, 1770, 2 vol. in-8.

2495 Voyage du marquis de Chastellux dans l'Amérique septentrionale en 1780. *Paris*, 1786, 2 vol. in-8.

— Voyage en Amérique, par M. de Chateaubriand (OEuvres, tome 6).

2496 Voyage dans l'Amérique méridionale, par Alcide d'Orbigny. *Paris*, 1835, 9 tomes en 8 vol. in-4, dont 2 de planches.

2497 Expédition dans les parties centrales de l'Amérique du sud, par M. Francis de Castelnau, non terminé.

SECTION III.

Chronologie.

§ 1. — CHRONOLOGIE TECHNIQUE.

2498 Chronologia, hoc est supputatio temporum ab initio mundi, Gerardo Mercatore et Matthæo Beroaldo authoribus. *Basileæ,* 1577, 1 vol. in-8.

2499 Fasciculus temporum omnes Antiquorum historias complectens ; 1 vol. in-4, goth., s. d.

2500 Sethi Calvisii opus chronologicum ad annum 1685, continuatum. *Francofurti ad Mœnum,* 1685, 1 vol. in-fol.

2501 Tractatus chronologicus à variis auctoribus compilatus studio Fr. Aurelii à Genua. *Genuæ,* 1712, 1 vol. in-4.

2502 La Grande et Petite Méthode pour apprendre la chronologie et l'histoire tant sacrée que prophane, par le R. P. Philippe Labbe, S. J. *Paris,* 1664, 1 vol. in-12.

§ 2. — MÉTHODES POUR L'ÉTUDE DE L'HISTOIRE.

2503 Méthode qu'on doit tenir en la lecture de l'histoire, par P. Droict de Gaillard. *Paris,* 1604, 1 vol. in-12.

2504 Introduction à l'histoire générale et politique de l'Univers, par M. le baron de Pufendorff. *Amsterdam,* 1732, 7 vol. in-12.

2505 Les Eléments de l'Histoire, par M. l'abbé de Vallemont (Notions de Géographie, de Chronologie, etc.). *Paris,* 1729, 3 vol. in-12 pour 4; le 3° m.

2506 L'Esprit de l'Histoire, ou Lettres politiques et morales sur la manière d'étudier l'Histoire, par Ant. Ferrand. *Paris,* 1809, 4 vol. in-8.

2507 Les Leçons de l'Histoire, ou Lettres d'un père à son fils, sur les faits intéressants de l'Histoire universelle, par M. l'abbé Gérard. *Paris,* 1787, 4 vol. in-12.

2508 De l'Etude de l'Histoire, par M. Condillac. *Paris,* 1798, 1 vol. in-8.

CHAPITRE II.

HISTOIRE PROPREMENT DITE.

SECTION PREMIÈRE.

Histoire universelle.

2509 Chronicon absolutissimum, ab orbe condito usque ad Carolum Magnum, Philippo Melanthone autore; 1560, 1 vol. p. f.

2510 Martini Poloni, Archiep. Consentini Chronicon. *Antuerpiæ*, 1574, 1 vol. in-8.

2511 Freculphi Episc. Lexoviensis Chronicon. *Lipsiæ*, 1538, 1 vol. in-fol.

2512 F. Jo. Laziardi historiæ universalis Epitome; 1 vol. in-fol., le fr. m.

2513 Historia universalis Fr. Antonini Archiep. Florent. ; 1 vol. in-fol., goth., rel. en bois.

2514 Rapsodia historiarum Enneadum Marci Antonii Coccii Sabellici. *In ædibus Ascensianis*, 1527, 2 vol. in-fol., rel. en bois.

2515 Horatii Turselini, S. J., Historiarum ab origine mundi usque ad annum 1661 Epitome. *Lugd.*, 1730, 1 vol. in-12.

2516 Annales mundi, sive Chronicon universale ab orbe condito ad annum Christi 1660, auct. Philippo Brietio, S. J. *Parisiis*, 1662, 5 vol. in-12, incomplet.

2517 Flosculi Historiarum ab orbe condito ad annum 1660, auct. R. P. Joan. de Bussières, S. J.; 1 vol. in-18.

2518 Discours sur l'Histoire universelle, par Mre Jacques Benigne Bossuet, 1re partie. *Paris*, 1732, 1 vol. in-4.

2518 (bis) Suite de l'Histoire universelle de M. l'évêque de Meaux, depuis l'an 800 jusqu'à l'an 1700. *Paris*, 1794, 1 vol. in-12.

SECTION II.

Histoire sainte.

2519 Sulpicii Severi sacra Historia commentariis illustrata. *Lugd., Batav.*, 1654, 1 vol. in-8, frontisp. gravé.

2520 Sulpice Sévère translaté en françois, par J. Filleau. *Paris*, 1562, 1 vol. in-8, broch. parch., doré s. tr.

2521 La Bible en françoys (abrégé d'Hist. sainte); 1 vol. p. f., 16ᵉ s., vignettes dans le texte, les 1ᵉʳˢ feuillets m.

2522 Scolastica Historia Magistri Petri Comestoris sacræ Scripturæ seriem brevem exponens. *Impressa Argentine, anno* 1500, 1 vol. in-4.

2523 Annales sacri Henrici Spondani à mundi creatione ad ejus reparationem. *Lutetiæ*, 1639, 1 vol. in-fol., fr. gravé.

2524 Jacobi Saliani Annalium ecclesiasticorum Veteris Testamenti Epitome. *Lugd.*, 1664, 1 vol. in-fol.

2525 Abrégé de l'histoire de l'Ancien Testament, où l'on a conservé autant qu'il a été possible les propres paroles de l'Ecriture. *Paris*, 1737, 9 vol. in-12 pour 10; le 8ᵉ manque.

2526 Histoire de l'Ancien et du Nouveau Testament et des Juifs, par le R. P. Dom Augustin Calmet. *Paris*, 1737, 4 vol. in-4.

2527 Histoire de la Religion, par Mʳᵉ Jean Mallemans (comprenant l'Hist. sainte et les 1ᵉʳˢ siècles de l'Hist. eccl.). *Paris*, 1704, 6 vol. in-12.

2528 Histoire sainte, par le R. P. Nicolas Talon. *Paris*, 1649, 2 vol. in-fol.

2529 Histoire du Peuple de Dieu, depuis son origine jusqu'à la naissance du Messie, par le P. Isaac-Joseph Berruyer, S. J. *Paris*, 1728, 8 vol. in-4.

2530 Le même ouvrage. *Paris*, 1753, 10 vol. in-12.

2531 Les Mœurs des Israélites, par M. Fleury. *Bruxelles*, 1753, 1 vol. in-12.

2532 Vita Jesu Christi, per Ludolphum de Saxonia. *Lugd.,* 1536, 1 vol. in-4.

2533 La Vie du Sauveur du monde Jésus-Christ, par le P. Bernardin de Montereul, S. J. *Paris,* 1639, 1 vol. p. f.

SECTION III.

Histoire ecclésiastique.

§ 1. — HISTOIRE DE L'ÉGLISE EN GÉNÉRAL.

2534 Abdias Babyloniæ 1ᵘˢ Episcopus. De Historiâ certaminis apostolici libri x. *Parisiis,* 1571, 1 vol. in-12.
Livre apocryphe.

2535 Theatrum conversionis Gentium totius orbis, auct. Fr. Arnoldo. *Antuerpiæ,* 1573, 1 vol. in-12.

2536 Histoire du Peuple de Dieu, depuis la naissance du Messie jusqu'à la fin de la Synagogue, par le P. Berruyer, S. J. *La Haye,* 1756, 5 vol. in-4.

2537 Le même ouvrage. *La Haye,* 1753, 8 vol. in-12.

2538 Ecclesiastica Historia Eusebii Pamphili, Socratis, Theodoriti, etc., græcè. *Lutetiæ Parisiorum, ex officinâ Roberti Stephani, typographi Regii, Regiis typis,* 1544, 1 beau vol. in-fol.

2539 Historia ecclesiastica Eusebii Pamphili. *Parisiis,* 1595, 1 vol. in-4, goth.

2540 L'Histoire ecclésiastique (d'Eusèbe) translatée de latin en françois, par Mʳᵉ Claude de Seyssel. *Paris,* 156', 1 vol. p. f.

2541 L'Histoire de Théodorite traduite du grec en françois, par D. M. Mathée. *On les vend à Poictiers, à l'enseigne du Pélican,* 1544, 1 vol. in-8.

2542 Auctores Historiæ ecclesiasticæ : Eusebius, Ruffinus, Theodoritus, Sozomenus et Socrates. *Apud inclytam Basileam,* 1528, 1 vol. in-fol.

2543 Idem opus, editio aucta. *Basileæ,* 1535, 1 vol. in-fol.

2544 Nicephori Callisti Xanthopuli Historia ecclesiastica è græco in latinum versa. *Basileæ, per Joannes Oporinum, et Hervagium,* 1560, 1 vol. in-fol., d. sur tr.

2544 (bis) Idem opus, cui adjecia est Historia Tripartita. *Parisiis,* 1562, 1 vol. in-fol., rel. v.

2545 Histoire ecclésiastique de Nicéphore, fils de Calliste, traduite en françois. *Paris,* 1578, 1 vol. in-fol.

2546 Le même ouvrage, précédé de l'Histoire tripartite. *Paris,* 1687, 3 vol. in-8.

2547 Tabula chronographica statûs Ecclesiæ catholicæ ad annum 1614, auct. P. Gaulterio. *Parisiis,* 1615, 1 vol. in-fol.

2548 Table chronographique de l'état du Christianisme, par le R. P. Jacques Gaultier ; 1672, 1 vol. in-fol.

2549 Annales ecclesiastici, auctore Cæsare Baronio, cum continuatione Spondani. *Moguntiæ,* 1601, 8 v. in-fol., frontisp. gravé.

2550 Julii Cæsaris Bulengeri Diatribæ ad Isaaci Casauboni exercitationes adversùs illustrissimum Cardinalem Baronium. *Lugd.,* 1617, 1 vol. in-fol.

2551 Annales ecclesiastici Cæsaris Baronii in epitomen redacti opera Henrici Spondani. *Lugd.,* 1686, 2 vol. in-fol.

2552 Le Corps des Annales sacrées de Baronius et Sponde, traduit en françois, par Pierre Coppin, D^r en th. *Paris,* 1657, 6 vol. in-fol.

2553 L'Estat de l'Eglise avec le discours des temps depuis les apôtres jusques à présent ; 1662, 1 vol. in-8, parch.
<small>Vignettes dans le texte, ouvrage protestant.</small>

2554 L'Histoire Ecclésiastique, proposant l'entière et vraye forme de l'Eglise de N. S. Jésus, par F^{çois} Bourgoing, ministre de Genève ; 1560, 1 vol. in-fol.

2555 Histoire des controverses et des matières ecclésiastiques traitées dans les 9e, 11e, 15e et 16e siècles, par M. Ellies du Pin ; 5 vol. in-8.

2556 Mémoires pour servir à l'Histoire ecclésiastique des six premiers siècles, par M. Lenain de Tillemont. *Par's,* 1701, 16 vol. in-4.

— Histoire des Empereurs des six 1ers siècles, par le même (Voir *Hist. rom*).

2557 Histoire Ecclésiastique, par M. l'abbé Fleury, continuée jusqu'en 1595, par le R. P. Fabre. *Paris*, 1722, 40 vol., dont 34 in-4, et 6 in-12.

2558 Les Mœurs des chrétiens, par M. Fleury. *Paris*, 1682, 1 vol. in-12.

2559 Abrégé de l'Histoire Ecclésiastique (par M. l'abbé Racine). *Cologne*, 1752, 16 vol. in-12.

2560 Histoire de l'Eglise, par Mre Ant. Godeau, év. de Vence. *Paris*, 1663, 2 vol. in-fol.

2561 Mémoires chronologiques et dogmatiques pour servir à l'Histoire Ecclésiastique, depuis 1600 jusqu'en 1716; s. l., 1739, 4 vol. in-12.

§ 2. — HISTOIRE PARTICULIÈRE DE QUELQUES ÉGLISES ET DES MISSIONS.

2562 Histoire ecclésiastique des Iles et Royaumes du Japon, par le R. P. Solier. *Paris*, 1628, 2 vol. in-4.

2563 Histoire des Martyrs du Japon, par le R. P. Trigaut. *Paris*, 1624, 1 vol. in-4.

2564 Histoire du Royaume du Tonquin et des grands progrès que l'Evangile y a faits, de 1627 à 1646, par le R. P. de Rhodes. *Lyon*, 1651, 1 vol. in-4.

2565 Histoire de l'établissement de la foi catholique aux Indes Orientales, par Pierre Dujarric. *Bordeaux*, 1614, 3 vol. in-4.

2566 Relation des Missions de la Nouvelle France, etc., de 1647 à 1650 ; 4 broch. parch.

— Lettres édifiantes et curieuses (V. *Géogr.*).

2567 Mémoires historiques présentés au Pape Benoît XIV, sur les Missions des Indes, par le P. Norbert. *Lucques*, 1744, 2 vol. in-4.

2568 Lettres édifiantes et curieuses sur la visite apostolique de M. de la Baume en Cochinchine en 1740 ; 1 vol. in-4, fait suite à l'ouvrage précédent.

.ccueil de pièces et mémoires concernant les affaires de la Chine et le différend survenu entre les Jésuites et les Dominicains ; 14 vol. in-12.

2570 La Suède et le St-Siége sous les Rois Jean III, Sigismond III. et Charles IX , trad. de l'allemand , par M. Cohen. *Paris,* 1842, 3 vol. in-8.

2571 Aperçu historique sur l'Eglise d'Afrique en général et en particulier sur l'Eglise épiscopale de Tlemcen, par M. l'abbé Bargès. *Paris,* 1848, broch. in-8.

§ 3. — HISTOIRE DES ORDRES RELIGIEUX.

2572 Annales de la Société des soi-disant Jésuites. *Paris,* 1764, 5 vol. in-4.

2573 Amphitheatrum honoris (Apologie de la société de Jésus); 1 vol. in-4. le titre m.

2574 Chroniche de gli ordini instituiti dal P. S. Francesco, composte dal R. P. Marco da Lisbona. *In Parma,* s. d., 1 vol. in-4.

2575 Les Chroniques des Frères Mineurs , par le P. Marco de Lisbonne, trad. de l'italien. *Paris,* 1623, 3 vol. in-4 p. 4, le 1er m.

2576 Chronologie, ou Mémorial des Frères Mineurs , par le P. Jacques Arbaleste. *Lyon,* 1656, 1 vol. p. f.

2577 La Gloire du Tiers-Ordre de St-François, ou l'Histoire de son établissement et de son progrès, par le R. P. Hilarion de Nolay. *Lyon,* 1694, 1 vol. in-4.

2578 Asiaticæ Historiæ Societatis Jesu pars 3ª (Historia Sinarum), auct. R. P. Bartoli. *Lugd.,* 1670. 1 vol. in-4.

2579 Annales Minorum Capucinorum, à PP. Zacharia Boverio et Marcellino de Pisis. *Lugd.,* 1676, 3 vol. in-fol.

2580 Annales des Frères Mineurs Capucins, traduites par le P. Ant. Caluze. *Paris,* 1675, 2 vol. in-fol.

2581 Bibliotheca Cluniacensis, complectens SS. Patrum Cluniacensium vitas , miracula., scripta , statuta, etc., collecta à D. Marrier. *Parisiis,* 1614, 1 vol. in-fol.

2582 Clypeus nascentis Fontebraldensis Ordinis contra priscos et novos ejus calumniatores. *Parisiis,* 1614, 2 vol. in-8.

2583 Recueil de pièces historiques et curieuses (contenant le catéchisme des Jésuites, par Estienne Pasquier). *A Delft,* 1717, 2 vol. in-12.

2584 Histoire monastique d'Irlande. *Paris,* 1690, 1 vol. in-12.

2585 Histoire des Ordres monastiques, religieux et militaires, et des Congrégations séculières, etc. (par le P. Héliot). *Paris,* 1721, 6 vol. in-4 pour 8, le 4° et le 6° m.

§ 4. — BIOGRAPHIE.

1° Vies des Saints et des Personnes pieuses.

2586 Vies des saints Patriarches de l'Ancien Testament. *Lyon,* 1683, 1 vol. in-8.

2587 Vitæ Sanctorum ex probatissimis auctoribus præsertim ex Lipomano collectæ. *Lugd.,* 1594, 1 vol. in-8.

2588 Elucidationes sacræ in v lib. de imaginibus antiquorum Eremitarum, auct. Georgio Garnefelt. *Coloniæ,* 1621, 1 vol. in-8.

2589 L'Histoire et Vies des Saints, traduites de Lipomanus, par Gabriel de Puyherbault. *Paris,* 1572, 1 vol. in-fol. doré s. tr.

2590 Vies des Saints, par le P. Ribadeneira, trad. par M. René Gautier. *Paris,* 1686, 2 vol. in-fol.

2591 Vies des Saints, par le P. François de Giry. *Paris,* 1703, 2 vol. in-fol.

2592 Vies des saints, par M. Baillet. *Paris,* 1710, 4 vol. in-8.

2593 Vies des Saints, par le P. Croiset, S. J. *Lyon,* 1723, 2 vol. in-fol.

2594 Vies des Pères, des Martyrs et des autres principaux Saints, tirées des actes originaux, etc., trad. de l'angl. par M. l'abbé Godescard. *Paris,* 1763, 7 vol. in-8, incomplet.

2595 Les Fleurs de la Solitude (Vies des Saints qui ont habité les déserts), par le P. Simon Martin. *Paris,* 1652, 1 vol. in-fol.

2596 Histoire des Saints et Bienheureux de l'Ordre des Hermites de St-Augustin, par le P. Simplicien ; 1 vol. in-fol., le titre m.

2597 La Vie des bienheureux frères et glorieux martyrs St. Lugle, archevêque, et St. Luglien, Roy d'Hibernie ; s. l., 1718, 1 vol. in 8.

2598 Vie de St. Basile et de St. Grégoire de Nazianze, par M. Godefroy Hermant. *Paris,* 1674, 2 vol. in-4.

2599 Vie de St. Athanase et de plusieurs autres saints, par M. Godefroy Hermant. *Paris,* 1679, 2 vol. in-8.

2600 Vie de St. Bernard, par le sieur Lamy. *Paris,* 1649, 1 vol. in-8.

2601 Vie de St. Bernard, par M. de Villefore. *Paris,* 1704, 1 vol. in-4.

2602 La vie, les vertus et les miracles de St. Germain, évêque d'Auxerre, par Dom Georges Viole. *Paris,* 1656, 1 vol. in-4.

2603 La Vie de St. François d'Assise, patriarche des Frères Mineurs, par le P. Jacques d'Autun. *Dijon,* 1676, 1 vol. in-4.

2604 La Vie de St. François, instituteur de l'Ordre des Frères Mineurs, par le P. Candide Chalippe. *Paris,* 1728, 1 vol. in-4.

2605 La Vie de Ste Thérèse écrite par elle-même, traduite par M. Arnaud d'Andilly. *Paris,* 1670, 1 vol. in-4.

2606 Compendio della vita di Monsignor Francesco di Sales. *In Roma,* 1648, 1 vol. in-4.

2607 La Vie de St. Vincent de Paule. *Nancy,* 1748, 2 v. in-4.

2608 La Vie de St. Ignace, fondateur de la Compagnie de Jésus, par le P. Bouhours. *Paris,* 1820, 1 vol. in-12.

2609 Eloges historiques des Empereurs, des Rois, des Princes, des Impératrices, etc., qui dans tous les siècles ont excellé en piété, par Mre Ant. Godeau. *Paris,* 1667, 1 vol. in-4.

2610 Le Portrait des Filles illustres de St-Benoît, par Mre F. Bachelard. *Lyon*, 1670, 1 vol. in-4.

2611 Mortes illustres eorum de Societate Jesu qui in odium fidei interfecti sunt, auct. Philippo Alegambe. *Romæ*, 1657, 1 vol. in-fol.

2612 La Vie de Jean d'Aranthon, év. et prince de Genève. *Lyon*, 1697, 1 vol. in-8.

2613 Le Capucin de Sicile, ou l'histoire du Frère Bernard de Corleon. *Paris*, 1690, 1 vol. in-12.

2614 Le Courtisan prédestiné, ou le Duc de Joyeuse capucin, par M. de Caillière. *Paris*, 1668, 1 vol. in-12.

2615 La Vie de M. Cretenet, instituteur de la Congrégation des prêtres de St-Joseph à Lyon. *Lyon*, 1680, 1 vol. in-8.

2616 Vie de Mlle Reynart, de M. Thuet et de M. Oubrel; 1 vol. in-8.

2617 La Vie de la sœur Marie Paret, par le P. Guillouzon. *Clermont*, 1683, 1 vol. in-12.

2618 La Vie de M. de Renty, par le P. St-Jure. *Paris*, 1664, 1 vol. in-12.

2619 Relation de la vie et de la mort de quelques Religieux de la Trappe (suivie de la description de l'Abbaye), tomes 3e et 5e ; 2 vol. in-12.

2620 La Vie de la bienheureuse mère Jeanne Françoise Frémiot de Chantal, fondatrice de l'Ordre de la Visitation, par le R. P. Beaufils, S. J. *Annecy*, 1751, 1 vol. in-12.

2° Vies des Papes, des Cardinaux et des Personnages célèbres.

2621 Historia Baptistæ Platinæ de Vitis Pontificum Romanorum. *Lovanii*, 1572, 1 vol. in-fol.

2621 (bis) Eadem. *Parrhisiis*, 1 vol. in-8, s. d.

2622 Vitæ Paparum Avenionensium, auct. Baluzio. *Parisiis*, 1693, 2 vol. in-4.

2623 Histoire du Pontificat de St. Léon-le-Grand, par le P. Maimbourg. *Lyon*, 1687, 2 vol. in-12.

2624 La Vie du Pape Sixte V, traduite de l'italien de Grégoire Leti. *Paris*, 1714, 2 vol. in-12.

2625 Histoire du Cardinal Ximénès, par M. Fléchier. *Paris,* 1693, 1 vol. in-4.

2626 La Vie du Cardinal de Berulle, par Germain Habert. *Paris,* 1646, 1 vol. in-4.

2627 La Vie du Cardinal Bona ; 1675, 1 vol. in-12.

2628 La Vie de Dom Barthélemy des Martyrs (par M. Le Maistre de Sacy). *Paris,* 1679, 1 vol. in-8.

§ 5. — HISTOIRE DES SUPERSTITIONS, SCHISMES, HÉRÉSIES, SECTES DIVERSES.

2629 Les Religions du monde, ou Démonstration de toutes les Religions et Hérésies de l'Asie, Afrique, Amérique et de l'Europe, escrites par le sieur Alex^{dre} Ross, et trad. par Thomas La Grue. *Amsterdam,* 1668, 1 vol. in-4, fig.

2630 Histoire des Révolutions arrivées dans l'Europe en matière de religion, par M. Varillas. *Paris,* 1686. 11 vol. in-12.

2631 Relation de l'apostasie de Genève ; 1 vol. in-12, le titre manque.

2632 Histoire de l'Arianisme, par le P. Maimbourg. *Lyon,* 1683, 2 vol. in-12 p. 3, le 1er m.

2633 Histoire de l'Hérésie des Iconoclastes, par le P. Maimbourg. *Paris,* 1683, 2 vol. in-12.

2634 Entretiens d'Eudoxe et d'Euchariste sur les histoires de l'Arianisme et des Iconoclastes, du P. Maimbourg ; 1 vol. in-12.

2635 Histoire du Schisme des Grecs, par le P. Maimbourg. *Paris*, 1677, 2 vol. in-12.

2636 Histoire du grand Schisme d'Occident, par le P. Maimbourg. *Paris,* 1678, 2 vol. in-12.

2637 Histoire du Luthéranisme, par le P. Maimbourg. *Paris,* 1680, 2 vol. in-12.

2638 Histoire du Calvinisme, par le P. Maimbourg. *Paris,* 1682, 2 vol. in-12.

2639 Histoire du Schisme d'Angleterre, de Sanderus, traduite en françois, par M. Maucroix. *Lyon,* 1685, 2 v. in-12.

2640 Histoire de la naissance, progrès et décadence de l'Hérésie de ce siècle, par M. Florimond de Remond. *Rouen,* 1629, 1 vol. in-4.

— Histoire des Variations des Eglises protestantes, par Bossuet, n° 684 du C.

2641 Histoire du Fanatisme de notre temps ; 1 vol. in-12, les 1ers f. m.

2642 Recueil de pièces concernant les Religieuses de Port-Royal ; 1 vol. in-12.

2643 Recueil historique et dogmatique sur l'origine, les progrès et la condamnation des erreurs de Baïus, Jansénius, Quesnel ; 1739, 1 vol. in-12.

2644 Nouvelles ecclésiastiques, ou Mémoires pour l'histoire de la Constitution *Unigenitus* ; 1777, 1 vol. in-4.

2645 Anedoctes, ou Mémoires secrets sur la Constitution *Unigenitus* ; 1730, 3 vol. in-12.

§ 6. — OUVRAGES DIVERS.

2646 Dictionnarii theologici Epitome, complectens indicem Conciliorum Generalium, Paparum, Antipaparum, Patrum, etc. *Solori,* 1738, 1 vol. in-12.

2647 Horatii Turselini Lauretanæ Historiæ libri v. *Lugd.,* 1614, 1 vol. in-12.

2648 Philippi à Limborch Historia Inquisitionis. *Amstelodami,* 1692, 1 vol. in-fol., fig.

SECTION IV.

Histoire civile.

§ 1. — HISTOIRE ANCIENNE.

1° Cours généraux.

2649 Eléments d'Histoire générale, par M. l'abbé Millot. — Histoire ancienne. *Paris,* 1772, 4 vol. in-12.

2650 Cours d'Histoire, par M. Condillac.--Histoire ancienne. *Paris*, 1798, 5 vol. in-8 pour 6, le 5ᵉ m.
2651 Histoire ancienne des Egyptiens, des Carthaginois, etc., par M. Rollin. *Paris*, 1764, 13 vol. in-12.
2652 Abrégé de l'Histoire ancienne de M. Rollin, par M. l'abbé Tailhié; 4 vol. in-12 p. 5; le 1ᵉʳ m.

2° Histoire des Juifs.

2653 Flavii Josephi Opera recognita et castigata. *Coloniæ Agr.*, 1524, 1 vol. in-fol., frontisp. gravé.
2654 Histoire de Flave Josèphe revue et corrigée sur le grec, par Jean Le Frère, suivie d'un abrégé de la guerre judaïque tiré de l'hébreu, par David Kiber, et mis en françois par Belleforest. *Paris*, 1569, 1 vol. in-fol.
2655 OEuvres de Josèphe traduites du grec, par M. Arnaud d'Andilly. *Paris*, 1670, 2 vol. in-fol.
2656 OEuvres de Josèphe (même traduction), avec notices, par Buchon. *Paris, Desrez*, 1836, 1 vol. in-8, P. L.
2657 L'Histoire et la Religion des Juifs, depuis Jésus-Christ jusqu'à présent 1707, pour servir de supplément et de continuation à l'histoire de Josèphe, par M. Basnage. *Rotterdam*, 1707, 6 vol. in-12.
2658 Dissertations critiques pour servir d'éclaircissement à l'histoire des Juifs et de supplément à l'histoire de M. Basnage, par M. de Boissy. *Paris*, 1787, 2 vol. in-12.

3° Histoire des Grecs et autres Peuples anciens.

2659 Herodoti Historia latinè versa. *Coloniæ*, 1526, 1 vol. in-fol., le fr. m.
2660 Les Histoires d'Hérodote mises en françois, par Pierre Du Ryer. *Paris*, 1645, 1 vol. in-fol.
2661 Hérodote, *Histoire ancienne*; Ctésias, *Hist. de Perse, Hist. de l'Inde*; Arrien, *Expédition d'Alexandre*, en français, avec notices biographiques, par Buchon. *Paris*, 1837, 1 vol. in-8, P. L.
— Velleius Paterculus (V. *Hist. rom.*).

2662 Thucydidis Olori filii de Bello peloponesiaco libri VIII (græcè). — Sequitur latina Laurentii Vallæ Interpretatio. *Edidit Henricus Stephanus*, 1564, 1 vol. in-fol.

2663 L'Histoire de Thucydide, Athénien, de la Guerre qui fut entre les Péloponésiens et Athéniens, translatée en langue françoyse, par Cl. de Seyssel, év. de Marseille. *Lyon*, 1534, 1 vol. in-4, goth.

2664 Œuvres complètes de Thucydide et Xénophon, avec notices biographiques, par Buchon. *Paris*, 1836, 1 vol. in-8, P. L.

2665 Diodori Siculi quæ nunc extare noscuntur Opera. *Basileæ, excudebat Henricus Petrus*, 1531, 1 vol. in-fol.

2666 Diodori Siculi Bibliotheca seu rerum antiquarum Historia, Poggio interprete. *Parisiis, ap. Simonem Colinæum*, 1531, 1 vol. in-8.

2667 Justini ex Trogo Pompeio Historia. *Parisiis, ap. Simonem Colinæum*, 1530, 1 vol. in-8.

2668 Idem opus. *Lugd., op. Antonium Vincentium*, 1557, 1 vol. p. f.

2669 Quinte-Curce, de la Vie et des Actions d'Alexandre-le-Grand, trad. par M. Vaugelas, texte en regard. *Luxembourg*, s. d., 2 vol. in-12.

2670 Histoire de Philippe, Roi de Macédoine, père d'Alexandre. *Paris*, 1740, 1 vol. in-12.

2671 Histoire de Zénobie, Impératrice-Reine de Palmyre, par M. Euvoi de Hauteville. *Paris*, 1758, 1 vol. in-12.

§ 2. — HISTOIRE ROMAINE.

1° Ouvrages latins.

2672 Varii Tractatus de Antiquitatibus Italiæ; 1us est Q. Fabii Pictoris de Aureo Seculo. *Lugd.*, 1554, 1 v. p. f.

2673 Dionysii Halicarnassei Antiquitatum romanarum libri XI ab Æmilio Porto latinè redditi. *Ap. Jac. Stœr*, 1603, 1 vol. p. f.

2674 Idem Opus. — Edition incunable, reliure en bois, gauffrée, avec coins en cuivre, beau papier bien conservé, mais les 1ers et ders feuillets m.; 1 vol. p. in-fol.

2675 Historiæ romanæ Scriptores latini veteres. *Ebroduni,* 1621, 2 vol. in-fol.

2676 Titi Livii Patavini quæ extant Decades, cum Sabellici annotationibus. *Parisiis, ap. Ascensium,* 1510, 1 vol. in-fol.

2677 T. Livii Patavini libri omnes superstites recogniti à Jano Grutero. — Sequuntur variorum commentaria. *Parisiis,* 1625, 1 vol. in-fol., doré s. tr.

2678 T. Livii Patavini historiarum lib. xxxv recensuit J. B. L. Crevier. *Parisiis,* 1747, 6 vol. in-12.

2679 C. Velleius Paterculus ex emendatione et recensione Justi Lipsii. *Lugd.,* 1740, 1 vol. t. p. f.

2680 Polybii historiarum libri qui supersunt græcè et latinè, interprete Isaaco Casaubono, cum notis variorum. *Amstelodami,* 1670, 3 vol. in-8.

2681 C. Crispi Sallustii de Catilinæ conjuratione et bello Jugurthino Historiæ, cum notis Philippi Melanchtonis. *Lugd., ap. Seb. Gryphium,* 1536, 1 vol. in-8.

2682 C. Crispi Sallustii Opera, cum Jodoci Badii Ascensii expositione, etc. *Lugd., per Johan. de Plateâ,* 1514, 1 vol. in-4, rel. en bois gauff.

2683 C. Crispi Sallustii de bello Catilina et Jugurtha Opus unà cum invectivis. *Impressum Parhisius, per Georgium Mitthelus,* s. d., le titre m., papier propre et bien conservé; 1 vol. petit in-4.

2684 Caii Julii Cæsaris Commentaria, cum fig. ligneis. *Venetiis, per Augustinum de Zannis,* 1511, 1 vol. petit in-fol.

2685 Caroli Sigonii Fasti consulares ac Triumphi à Romulo ad Cæsarem, cum commento. *Venetiis, Aldus,* 1556, 1 vol. in-fol.

2686 Cornelii Taciti Opera quæ extant à Justo Lipsio recensita. — Item Velleius Paterculus, cum ejusd. Lipsii notis. *Antuerpiæ, ex officinâ Plantinianâ,* 1684, 1 v. in-fol.

2687 Historiæ Augustæ Scriptores vi, cum notis variorum; 1620, 1 vol. in-fol.

2688 C. Suetonius Tranquillus de Vitâ duodecim Cæsarum. *Parrhisiis, operâ Joan. Barbier et Ponseti le Preux,* 1 vol. in-8, s. d., 16e s.

2689 Suetonius Tranquillus Philippi Beroaldi et Marci Antonii Sabellici commentariis illustratus, cum figuris nuper additis. *Venetiis,* 1504, 1 vol. in-fol.

2690 In Suetonium Isaaci Casauboni animadversiones et variorum commentaria (les 1ers feuillets du texte m.); 1 vol. in-fol.

2691 Herodiani, Aurelii Victoris, Eutropii et Pauli diaconi Historiæ. *Florentiæ, ap. Juntam,* 1517, 1 vol. in-8.

2692 Herodiani historici græci libri octo, ab Angelo Politiano latinitate donati. *Parisiis, ap. Simonem Colinæum,* 1529, 1 vol. in-8.

2693 Ammiani Marcellini Rerum gestarum libri xviii ex recensione Hadriani Valesii. *Parisiis, Dezallier,* 1681. 1 vol. in-fol.

2° Ouvrages français et Traductions.

2694 Histoire romaine de Tite-Live, traduite en françois, par Antoine de la Faye; s. l., *Stœr,* 1582, 1 vol. in-fol.

2695 Histoire romaine de Tite-Live, traduite en françois, par M. Guérin. *Paris,* 1739, 10 vol. in-12.

2696 Histoire de Velléius Paterculus avec les suppléments, par J. Doujat. *Paris,* 1672, 1 vol. in-12.

2697 Ouvrages historiques de Polybe, Hérodien et Zozime, avec notices biographiques, par Buchon. *Paris,* 1836, 1 vol. in-8, P. L.

2698 Traduction de Salluste, avec le texte et des notes critiques, par le R. P. Dotteville. *Avignon,* 1788, 1 vol. n-12.

2699 Les Commentaires de Jules César et les Annotations de Blaise de Vigenere, avec les Parallèles de César et de Henri IV, de nouveau illustrez de maximes politiques, par Anthoine de Bandole. *Paris,* 1625, 1 vol. in-4.

2700 Les Œuvres de C. Tacitus et de Velléius Paterculus, traduites par Jean Bourgoing. *Paris,* 1610, 1 v. in-4.

2701 Traduction complète des œuvres de Tacite, par le R. P. Dotteville. *Paris,* 1779, 7 vol. in-12.

2702 L'Histoire de Dion Cassius, contenant les vies de 26 Empereurs, trad. par Ant. de Bandole. *Paris,* 1610, 1 vol. in-4.

2703 Suétone Tranquille, de la Vie des douze Césars, nouvellement trad. en françois et illustré d'annotations. *Paris,* 1611, 1 vol. in-4.

Portraits des Césars à cheval.

2704 Suétone, des Vies des douze Césars, empereurs romains, de la traduction de M. du Teil. *Amsterdam,* 1663, 1 vol. p. f.

2705 Le Recueil des histoires romaines et autres, etc.; 1 v. p. in-fol., goth., vignettes dans le texte, les 1ers et ders f. m.

2706 Rome délivrée, ou la Retraite de Coriolan, avec son apologie (par Mascaron). *Paris,* 1646, 1 vol. in-4.

2707 Histoire des Révolutions arrivées dans le gouvernement de la République romaine, par M. l'abbé de Vertot. *Amsterdam,* 1759, 2 vol. in-12.

2708 Histoire romaine, par M. Coeffeteau, précédée de l'abrégé de Florus et continuée jusqu'à la paix de Munster. *Lyon,* 1662, 3 vol. in-12.

2709 Le même ouvrage, sans la continuation ; 1 vol. in-fol.

2710 Histoire romaine, depuis la fondation de Rome jusqu'à la bataille d'Actium, par M. Rollin ; 16 vol. in-12, de diff. éd.

2711 Histoire romaine depuis la fondation de Rome, jusqu'à la translation de l'empire, par Constantin, trad. de l'angl., de Laurent Echard. *Paris,* 1744, 16 vol. in-12.

2712 Abrégé de l'histoire romaine, par M. l'abbé Tailhié ; 5 vol. in-12.

2713 Histoire des Empereurs romains, depuis Auguste jusqu'à Constantin, par M. Crévier. *Paris,* 1749, 12 v. in-12.

2714 Histoire des Empereurs et des autres Princes qui ont régné durant les six premiers siècles de l'Eglise, par M. Lenain de Tillemont. *Paris,* 1720, 6 vol. in-4.

2715 Vie de l'Empereur Julien, par M. l'abbé de la Bleterie. *Paris,* 1746, 1 vol. in-12.

2716 Histoire de l'Empereur Jovien et Traduction de quelques ouvrages de l'Empereur Julien, par M. l'abbé de la Bleterie. *Paris,* 1748, 1 vol. in-12.

2717 Histoire de Théodose-le-Grand, par M. Fléchier. *Paris,* 1749, 1 vol. in-12.

2718 Histoire du Bas-Empire, par M. Le Beau, continuée par M. Ameilhon. *Paris,* 1748, 18 v. in-12, incompl.

2719 Histoire de la décadence et de la chute de l'Empire romain, par Edouard Gibbon. *Paris,* 1837, 2 vol. in-8, P. L.

2720 Considérations sur les causes de la grandeur et de la décadence des Romains, par M. Montesquieu; 1 vol. in-12.

§ 3. — HISTOIRE MODERNE.

1° Histoire générale.

2721 Eléments d'Histoire générale, par M. l'abbé Millot. — Histoire moderne. *Paris,* 1772, 5 vol. in-12.

2722 Cours d'Histoire de M. Condillac. — Histoire moderne. *Paris,* 1798, 6 vol. in-8.

2723 Tableau de l'Histoire moderne, depuis la chute de l'Empire d'Occident jusqu'à la paix de Westphalie, par le chevalier de Mehegan. *Paris,* 1772, 3 vol. in-12.

2724 Jacobi Augusti Thuani historiarum sui temporis, ab anno 1543 usque ad annum 1607, libri 138. *Genevæ,* 1620, 4 vol. in-fol.

2725 Histoire universelle de Jacques-Auguste de Thou, depuis 1543 jusqu'en 1607. *A Londres,* 1734, 16 v. in-4.

2726 Mémoires chronologiques, pour servir à l'histoire profane de l'Europe, depuis 1600 jusqu'en 1716 (par le P. d'Avrigny). *Amsterdam,* 1725, 4 v. in-12.

2727 Mémoires pour servir à l'histoire de l'Europe, depuis 1740 jusqu'à la paix d'Aix-la-Chapelle, 18 octobre 1768. *Amsterdam*, 1749, 4 vol. in-12.

2728 Histoire de la guerre présente et des négociations pour la paix, avec la vie du Prince Eugène de Savoye, par M. P. Massuet. *Amsterdam*, 1737, 4 vol. in-12 pour 5; le 1er m.

2729 Histoire impartiale des évènements militaires et politiques de la dernière guerre, dans les quatre parties du monde. *Amsterdam*, 1785, 3 vol. in-12.

2730 Histoire des guerres et des négociations qui précédèrent le traité de Westphalie, par le P. Bougeant. *Paris*, 1751, 6 v. in-12.

2° Histoire des Peuples du Nord.

2731 Les Russes en Pologne, tableau historique de 1762 à 1812, par M. de Chazet (en polonais et en français). *Paris*, 1812, broch. in-8.

2732 La Pologne historique, littéraire, monumentale et illustrée, par Léonard Chodzko. *Paris*, 1847, 1 vol. in-4.

2733 Histoire des Révolutions de Suède, par M. l'abbé de Vertot. *Lyon*, 1733, 2 vol. in-12.

2734 Histoire d'Eric XIV, roi de Suède, trad. du suédois d'Olof Celsius, pasteur de Stockolm, par M. Genet. *Paris*, 1777, 1 v. in-12.

2735 Histoire de Charles XII, par M. de Voltaire, avec les critiques de la Motraye et des Réponses à ces critiques. *Basle*, 1740, 1 vol. in-12.

2736 Le même ouvrage, sans les critiques, mais suivi de quelques autres pièces. *Amsterdam*, 1741, 1 v. in-12.

2737 La Chronique de Nestor, trad. en français d'après l'édition impériale de Pétersbourg, accompagnée de notes, par Louis Paris. *Paris*, 1834, 2 vol. in-8.

2738 Mémoires du règne de Pierre-le-Grand, empereur de Russie, par le B. Iwan Nestesuranoi. *Amsterdam*, 1740, 5 vol. in-12.

2739 Mémoires concernant Christine, reine de Suède, pour servir d'éclaircissement à l'histoire de son règne, etc., suivis de deux ouvrages de cette Princesse. *Amsterdam*, 1751, 2 vol. in-4.

2740 Histoire des Révolutions de l'empire de Russie, par M. Lacombe. *Paris*, 1760, 1 vol. in-12.

2741 Histoire de la dernière guerre entre les Russes et les Turcs, par M. de Keralio. *Paris*, 1777, 2 vol. in-12.

— Histoire de Russie.
<small>Dans les derniers volumes de l'Histoire moderne de l'abbé de Marsy, n° 2797 du C.</small>

3°. Histoire d'Allemagne.

2742 Histoire de l'empire d'Allemagne et principalement de ses révolutions depuis Charlemagne. *Paris*, 1771, 8 vol. in-12.

2743 Histoire de la décadence de l'Empire et des différends entre les Empereurs et les Papes, par le P. Maimbourg. *Paris*, 1679, 2 vol. in-12.

2744 Histoire de l'Empereur Charles-Quint, par Dom Jean Ant. de Vera, trad. de l'esp. *Paris*, 1662, 1 vol. in-4.

2745 Histoire du règne de l'empereur Charles-Quint, trad. de l'anglais de Robertson. *Paris*, 1771, 6 vol. in-12.

2746 OEuvres complètes de Williams Robertson : 1° Histoire de Charles-Quint ; 2° Recherches historiques sur l'Inde ancienne ; 3° Histoire d'Ecosse ; 4° Histoire d'Amérique. *Paris*, 1837, 2 vol. in-8, P. L.

2747 La vie de Charles V, duc de Lorraine et de Bar, généralissime des troupes impériales ; 1 vol. in-12.

2748 Mémoires historiques et politiques de François-Eugène, prince de Savoye, généralissime des armées impériales. *La Haie*, 1712, 2 vol. in-12.

2749 Æneæ Sylvii Historia bohemica. *Coloniæ*, 1532, 1 vol. in-12.

2750 Caroli Scribani, S. J., Antuerpia. *Antuerpiæ*, 1610, 1 vol. in-4.

2751 Annales rerum flandricarum. auct. Jac. Meyero. *Antuerpiæ*, 1561, 1 vol. in-fol.

2752 Famianus Strada de Bello belgico ; 1648, 2 vol. p. f.

2753 Histoire de la guerre de Flandres écrite en latin, par Famianus Strada, S. J., mise en français, par Pierre Du Ryer. *Lyon*, 1676, 6 vol. in-12.

2754 Mémoires du marquis de Maffei, lieutenant-général des troupes de l'Electeur de Bavière, ensuite de celles de l'Empire, trad. de l'italien. *La Haie*, 1740, 2 v. in-12.

2755 Mémoires pour servir à l'histoire de Brandebourg ; s. l., 1751, 2 vol. in-12.

Portrait de Frédéric-le-Grand.

2756 Journal du siége d'Ostende, de 1601 à 1604, trad. de l'allemand ; 1 vol. in-12, parch.

2757 Histoire du Stathouderat, par M. l'abbé Raynal ; s. l., 1750, 2 vol. in-12.

4° Histoire de l'Europe méridionale.

2758 Abrégé historique et politique de l'Italie. *Yverdon*, 1781, 4 vol. in-12.

2759 Histoire des guerres d'Italie écrite en italien, par messire François Guicciardini, trad. en fr. par Hiérôme Chodemey. *Paris*, 1577, 1 vol. in-fol.

2760 Histoire d'Italie, de 1492 à 1532, par Francesco Guicciardini, avec notice biographique, par Buchon. *Paris*, 1836, 1 vol. in-8, P. L.

2761 Blondi Flavii de Roma triumphante lib. x. — Historiarum ab inclinatione Romanorum libri xxxi. — De Origine ac gestis Venetorum lib. I, etc. *Basileæ*, *Froben*, 1559, 1 vol. in-fol.

2762 Idem Opus. *Parisiis*, *ap. Simonem Colinæum*, 1533, 1 vol. in-8.

2763 Histoire de la République de Venise, par M. l'abbé Laugier. *Paris*, 1759, 12 vol. in-12.

2764 Histoire du gouvernement de Venise, par M. Amelot de La Houssaie. *Amsterdam*, 1695, 3 vol. in-12.

2765 Pièces du mémorable procès esmeu l'an 1606, entre le Pape Paul V et les Vénitiens ; s. l., 1607, 1 vol. in-8.

2766 Histoire des hommes illustres de la maison de Médicis, par Jean Nestor. *Paris*, 1575, 1 vol. in-4, parch.

2767 Histoire des rois des Deux-Siciles de la maison de France, par M. d'Egly. *Paris*, 1741, 4 vol. in-12.

2768 Lettres sur l'Italie en 1785, par M. Dupaty. *Paris*, 1812, 3 tomes en 1 vol. in-18.

2769 Joannis Marianæ, S. J., de Rebus Hispaniæ libri xxv. *Moguntiæ*, 1649, 1 vol. in-4.

2770 Abrégé chronologique de l'histoire d'Espagne, par M. Désormeaux. *Paris*, 1758, 5 vol. in-12.

2771 Histoire des révolutions d'Espagne, par le P. Joseph d'Orléans. *La Haie*, 1734, 2 vol. in-12.

2772 Histoire publique et secrète de la Cour de Madrid, depuis l'avènement de Philippe V jusqu'à la guerre avec la France. *Liége*, 1719, 2 vol. in-12.

2773 Histoire de l'avènement de la Maison de Bourbon au trône d'Espagne, par M. Targe. *Paris*, 1772, 5 vol. in-12 p. 6, le 1er m.

2774 Relation des troubles de la Cour de Portugal en 1667 et 1668. *Paris*, 1674, 1 vol. in-12.

2775 Révolution de Portugal, par M. l'abbé de Vertot. *Paris*, 1739, 1 vol. in-12.

— Histoire de l'Afrique et de l'Espagne, sous la domination des Arabes. — *Hist. d'Afr.*, n. 2814.

2776 Inventaire de l'histoire générale des Turcs, par M. Baudier ; 1 vol. in-4, le titre m.

2777 Histoire générale des Turcs, contenant l'histoire de Calchondyle, traduite par Blaise de Vigenère et ses continuations. *Paris*, 1662, 2 vol. in-fol., gravures.

2778 Histoire universelle des guerres du Turc, par tout le monde et principalement en Hongrie, de 1565 à 1606. *Paris*, 1608, 1 vol. in-4.

2779 Abrégé de l'histoire des Turcs, par le sieur Du Verdier. *Lyon*, 1671, 3 vol. in-12.
  Portraits des Empereurs.

— Histoire des Turcs, dans l'abbé de Marsy. — *Hist. mod.*, n. 2797.

5° Histoire d'Angleterre.

2780 Historiarum Britanniæ libri XI, auct. Vito Basinstochio. *Duaci*, 1598, 1 vol. in-8, parch.

2781 Histoire d'Angleterre, de Rapin Thoyras, les tomes 11, 12, 13. *La Haie*, 1738, 3 vol. in-4.

2782 Abrégé de l'histoire d'Angleterre de M. Rapin Thoyras. *Paris*, 1730, 10 vol. in-12.

2783 Nouvel abrégé chronologique de l'histoire d'Angleterre, trad. de l'anglais, de M. de Salmon. *Paris*, 1751, 2 vol. in-8.

2784 Les Fastes de la Grande-Bretagne, jusqu'à la paix de 1763. *Paris*, 1769, 2 vol. in-12.

2785 Histoire des révolutions d'Angleterre, depuis le commencement de la Monarchie, par le P. D'Orléans, S. J. *Paris*, 1794, 4 vol. in-12.

2786 Histoire navale d'Angleterre, depuis la conquête des Normands en 1066, jusqu'à la fin de l'année 1734, trad. de l'angl., de Thomas Lediard. *Lyon*, 1751, 3 v. in-4.

2787 Histoire de la conquête de l'Angleterre par les Normands, par M. Augustin Thierry. *Paris*, 1830, 4 vol. in-8.

2788 Histoire de la maison de Plantagenet sur le trône d'Angleterre, par M. David Hume, trad. de l'angl. *Amsterdam*, 1765, 4 vol. in-12, incomplet.

2789 Histoire de la maison de Stuart sur le trône d'Angleterre, par M. David Hume. *Londres*, 1766, 6 vol. in-12.

2790 Histoire de la maison de Tudor sur le trône d'Angleterre, par M. David Hume. *Amsterdam*, 1766, 6 v. in-12.

2791 Histoire d'Angleterre, depuis le traité d'Aix-la-Chapelle, en 1748, jusqu'au traité de Paris en 1763, par M. Targe. *Londres*, 1768, 5 vol. in-12.

— Histoire d'Ecosse (œuvres de Robertson, n° 2746).

2792 Histoire de Henri VII, roi d'Angleterre, par M. Marsolier. *Paris*, 1700, 2 vol. in-12.

2793 Esprit politique, ou l'Histoire en abrégé de Guillaume III, roi de la Grande-Bretagne. *Bruxelles*, 1697, 1 v. in-12.

2794 La vie d'Anne Stuart, reine de la Grande-Bretagne, trad. de l'anglais. *Amsterdam*, 1716, 1 vol. in-12

2795 La vie de Mylord duc d'Ormont, commandant des troupes de la Grande-Bretagne. *La Haie*, 1737, 1 v. in-12.

2796 Histoire du parlement d'Angleterre, par M. l'abbé Raynal. *Genève*, 1750, 1 vol. in-12.

6° Histoire générale des peuples hors de l'Europe.

2797 Histoire moderne des Chinois, des Japonais, des Indiens, des Persans, des Turcs, etc. (par l'abbé de Marsy). *Paris*, 1755, 30 vol. in-12.

2798 Histoire générale de l'Asie, de l'Afrique et de l'Amérique, s. n. *Paris*, 1770, 14 vol. in-12 pour 15, le 8e manq.

2799 Histoire philosophique et politique des établissements et du commerce des Européens dans les deux Indes (par M. l'abbé Raynal). *La Haye*, 1774, 7 vol. in-8.

7° Histoire de l'Asie.

2800 Bibliothèque Orientale, ou Dictionnaire contenant tout ce qui regarde les peuples de l'Orient, par M. d'Herbelot. *Paris*, 1697, 1 vol. in-fol.

2801 Joan. Petri Maffei historiarum Indicarum libri xvi. *Lugd.*. 1637, 1 vol. in-8.

2802 Histoire des Indes Orientales, anciennes et modernes, par M. l'abbé Guyon. *Paris*, 1744, 3 vol. in-12.

2803 Mélanges posthumes d'histoire et de littérature orientale, par M. Abel Rémusat. *Paris, Imp. roy.*, 1843, 1 vol. in-8.

2804 Mémoires concernant l'histoire, les sciences, les arts, les mœurs, les usages des Chinois, par les missionnaires de Pékin. *Paris*, 1776, 13 vol. in-4, gravures.

2805 Histoire des deux conquérants Tartares qui ont subjugué la Chine, par le P. J. d'Orléans, S. J. *Paris*, 1688, 1 vol. in-8.

2806 Nouveaux Mémoires sur l'état présent de la Chine, par le P. le Comte. *Paris*, 1697, 3 vol. in-12.

2807 Seconde campagne de Chine, par le lieutenant Mackensie, trad. de l'angl. *Paris*, 1842, broch. in-12.

2808 Histoire des arabes sous le gouvernement des Califes, par M. l'abbé de Marigny. *Paris*, 1750, 4 vol. in-12.

2809 La vie de Jacob Almançor, roi d'Arabie, trad. de l'esp. *Paris*, 1638, 1 vol. in-12.

2810 Le Couronnement de Soléiman, 3e roi de Perse, et ce qui s'est passé de plus mémorable dans les deux premières années de son règne. *Paris*, 1671, 1 vol. in-12.

2811 Histoire d'Arménie, par le Patriarche Jean VI, dit Catholicos, trad. de l'arm., par M. Saint-Marin. *Paris, Imp. roy.*, 1841, 1 vol. in-8.

2812 Histoire de Mahomet, par M. Turpin, les 2 1ers vol. *Paris*, 1773, 2 vol. in-12.

8° Histoire de l'Afrique.

2813 L'Afrique de Marmol, traduite par M. Perrot d'Ablancourt. *Paris*, 1667, 3 vol. in-4.

2814 Histoire de l'Afrique et de l'Espagne sous la domination des Arabes, par M. Cardonne. *Paris*, 1765, 3 vol. in-12.

2815 Histoire de Loango Kakongo et autres royaumes d'Afrique, par M. l'abbé Proyart. *Paris*, 1776, 1 v. in-12.

2816 Nouvelle histoire de l'Afrique française (Sénégal), par M. l'abbé Demanet, curé et aumônier pour le Roi en Afrique. *Paris*, 1767, 2 vol. in-12.

2817 Recherches sur l'histoire de l'Algérie et son administration sous les Romains, par une commission de l'Académie des Inscript. et Bel.-Let. *Paris*, 1835, broch. in-8 (1re livr. de l'ouvr.).

2818 Province de Constantine, Recueil de renseignements pour l'expédition, par M. Dureau de la Malle. *Paris*, 1837, 1 vol. in-8.

— L'Algérie, par le baron Baude, n° 1475.

9° Histoire de l'Amérique.

2819 Histoire de l'Amérique, par M. Robertson, principal de l'Université d'Edimbourg. *Paris*, 1778, 4 vol. in-12.

2820 Histoire de la découverte et de la conquête du Pérou, trad. de l'esp. d'Augustin de Zarate. *Paris*, 1706, 2 vol. in-12.

2821 Histoire du Paraguay, par le P. Charlevoix, S. J. *Paris*, 1757, 6 vol. in-12.

2822 Essai historique sur la révolution du Paraguay et le gouvernement dictatorial du docteur Francia. *Paris*, 1827, 1 vol. in-8.

CHAPITRE III.

COMPLÉMENTS HISTORIQUES.

SECTION PREMIÈRE.

Biographie.

§ 1. — BIOGRAPHIE GÉNÉRALE. — DICTIONNAIRES HISTORIQUES.

2823 Dictionnaire théologique, historique, poétique, cosmographique et chronologique, par D. de Juigné. *Lyon*, 1679, 1 vol. in-8.

2824 Le Grand Dictionnaire historique, ou le Mélange curieux de l'histoire sainte et profane, par le sieur L. Moreri. *Lyon*, 1674, 1 vol. in-fol.

2825 Le Grand Dictionnaire historique de Louis Moreri, avec les suppléments de Goujet et Drouet fondus dans le texte. *Paris*, 1759, 10 vol. in-fol.

2826 Dictionnaire historique et critique, par M. Pierre Bayle. *Amsterdam*, 1734, 5 vol. in-fol.
Portrait, frontisp. gravé.

2827 Nouveau Dictionnaire historique, par une société de gens de lettres. *Paris*, 1772, 6 vol. in-8.

2828 Plutarchi Chæronæi græcorum romanorumque Virorum illustrium Vitæ. *Basileæ*, 1535, 1 vol. in-fol.

2829 Idem Opus. *Parisiis, ap. Nicolaum à Pratis*, 1521, 1 vol. in-fol.

2830 Liber Æmylii Probi de Vitis excellentium Græciæ Principum et Ducum. *Coloniæ*, 1543, 1 vol. in-8.

2830 (bis) Vies des Grands Capitaines de Cornelius Nepos, traduites par M. Bruyset, le texte en regard. *Lyon*, 1812, 1 vol. in-12.

2831 Diogenis Laertii de Vita et Moribus Philosophorum libri x. *Lugd., ap. Seb. Gryphium,* 1551, 1 vol. in-8.
2832 Abrégé des vies des anciens Philosophes, par M. Fénelon. *Lyon,* 1810, 1 vol. in-8.
2833 Papirii Massonis foresii Elogia. *Parisiis,* 1638, 2 vol. in-12.
2834 Biographie des Protestants célèbres, par Théodore de Bèze; 1 vol. in-8, parch. portraits.
Il manque plusieurs feuillets.
2835 Recueil historique de la vie et des ouvrages des plus célèbres architectes. *Paris*, 1687, 1 vol. in-4.
2836 Prosopographie, ou Description des hommes illustres, par Ant. Du Verdier de Vauprivas. *Lyon,* 1608, 3 vol. in-fol.
Le 2ᵉ vol. a été donné par M. Auguste Chaverondier.
2837 Les Princes célèbres qui ont régné dans le monde depuis l'origine des monarchies. *Paris*, 1769, 3 v. in-12.

§ 2. — BIOGRAPHIE PARTICULIÈRE.

2838 Vie d'Appolonius de Thyane, par Philostrate, traduite par Blaise de Vigenère; 1 vol. in-4, le titre m.
2839 Histoire de Cicéron, tirée de ses écrits et des monuments de son siècle. *Paris*, 1749, 3 vol. p. 4, le 1ᵉʳ m.
2840 La vie de Socrate. *Paris*, 1650, 1 vol. in-12.

SECTION II.

Extraits et Mélanges.

2841 Æliani variæ historiæ libri xiv. *Lugd.*, 1628, 1 vol. p. f.
2842 Nic. Leonici Thomæi de variâ historiâ libri iii. *Lugd., ap. Gryphium,* 1532, 1 vol. in-8.
2843 Valerii Maximi factorum ac dictorum memorabilium: liber ad Tyberium Cæsarem. *Impressum* Venetiis, *per Dionysium et Pelegrinum Bononienses anno D^{ni}* 1485, 1 vol. petit in-fol.

2844 Valerii Maximi dictorum factorumque memorabilium libri ix. *Antuerpiæ, ex officinâ Plantini,* 1567, 1 vol. in-8.

2845 Valerius Maximus. *Parisiis, ap. Simonem Colinæum,* 1527, 1 vol. in-8.

2846 Idem ; 1543, 1 vol. p. f.

2847 Idem. *Ap. Crispinum,* 1602, 1 vol. p. f., doré s. tr.

2848 Selectæ è profanis Scriptoribus Historiæ, latin-français. *Avignon,* 1801, 2 vol. in-12.

2849 Officinæ Joannis Ravisii Textoris Epitome. *Lugd.,* 1572, 1 vol. in-8.

2850 Mores, leges, et ritus omnium Gentium, per J. Boemum Aubanum. *Apud Tornæsium,* 1604, 1 vol. p. f.

2851 Les Méditations historiques de Camerarius. *Lyon,* 1610, 1 vol. in-4.

2852 Etudes d'histoire moderne, par M. Villemain. *Paris,* 1846, 1 vol. in-12.

2853 Histoire des conjurations, conspirations et révolutions célèbres, par M. Duport du Tertre. *Paris,* 1754, 9 vol. in-12.

2854 Histoire générale, civile, naturelle, politique et religieuse de tous les peuples, ou Recueil d'observations sur les mœurs, coutumes, usages, caractères, etc., etc. par M. l'abbé Lambert. *Paris,* 1750, 11 vol. in-12 pour 14, les 1er, 5e et 13e m.

2855 Histoire des différents peuples du monde (leurs mœurs, coutumes, religion, etc.), par le sieur Contant d'Orville. *Paris,* 1770, 6 vol. in-8.

2856 Mémoires historiques, politiques et littéraires, par M. Amelot de la Houssaie. *Amsterdam,* 1737, 3 vol. in-12.

2857 Recueil d'évènements curieux et intéressants, ou Tableau politique, historique et philosophique de l'année 1781. *Amsterdam,* 1782, 2 vol. in-18.

2858 Abrégé de l'histoire de ce siècle de fer, contenant les misères et les calamités des derniers temps, avec leurs causes et prétextes, par M. de Parival. *Leyde,* 1654, 1 vol. in-8.

SECTION III.

Histoire Nobiliaire.

§ 1. — NOBLESSE, CHEVALERIE, ORDRES MILITAIRES.

— Dictionnaire de la noblesse, par M. de la Chenaye Desbois (*V. Hist. de Fr.*).
2859 Le Théâtre d'honneur et de chevalerie, ou l'Histoire des ordres militaires des Roys et Princes de la chrétienté, par André Favyn. *Paris*, 1620, 2 vol. in-4.
2860 Histoire des Ordres royaux hospitaliers-militaires de Notre-Dame-du-Mont-Carmel, et de Saint-Lazare de Jérusalem, par M. Gautier de Sibert. *Paris, Imp. roy.*, 1772, 1 vol. in-4, grav.
2861 Histoire des chevaliers de Malte, par M. l'abbé de Vertot. *Paris*, 1724, 4 vol. in-4.
<small>Portraits des Grands-Maîtres.</small>
2862 Le même ouvrage. *Paris*, 1737, 7 vol. in-12.
2863 Histoire des chevaliers de Saint-Jean de Jérusalem, par J. Baudouin. *Paris*, 1643, 1 vol. in-fol., gravures.
2864 Priviléges de l'ordre de Saint-Jean de Jérusalem, par M. Desclozeaux. *Paris*, 1649, 1 vol. in-4.
2865 Traité des tournois, joustes, carrousels et autres spectacles publics. *Lyon*, 1669, 1 vol. in-4.

§ 2. — ART HÉRALDIQUE.

2866 Le Roy d'Armes; 1 vol. petit in-fol., le titre m.
2867 La Science héroïque, par Marc Vulson de la Colombière. *Paris*, 1644, 1 vol. in-fol., doré sur tr., fleurs de lys et armes sur le plat.
2868 Méthode du Blason, ou Art héraldique. *Lyon*, 1765, 1 vol. in-8.

2869 Abrégé méthodique des principes de la science héraldique, par noble Jn.-Cl. Favre ; 1 v. petit in-4, parch.

2870 La nouvelle Méthode raisonnée du Blason pour l'apprendre d'une manière aisée, par le R. P. Menestrier. *Lyon*, 1734, 1 vol. in-12.

2871 L'Art du Blason justifié, ou les Preuves du véritable art du Blason établies par diverses autorités, par le P. Menestrier. *Lyon*, 1661, 1 vol. in-12.

2872 La Méthode royale, facile et historique du Blason à l'usage du Dauphin. *Paris*, 1671, 1 vol. in-12.

2873 Le Blason en plusieurs tables et figures, par Pierre Du Val. *Paris*, 1677, 1 vol. in-12.

2874 L'Art héraldique, ou la Manière d'apprendre facilement le blason, par M. Baron. *Paris*, 1684, 1 vol. in-12.

SECTION IV.

Archéologie.

§ 1. — ANTIQUITÉS.

2875 Notitia utraque dignitatum cùm Orientis tùm Occidentis ultrà Arcadii Honoriique tempora, cum commento Guidi Panciroli. *Lugd.*, 1608, 1 vol. in-fol.

2876 Julii Cæsaris Bulengeri de Imperatore et Imperio romano libri XII. *Lugd.*, 1618, 1 vol. in-fol.

2877 Fenestellæ de Magistratibus Sacerdotiisque Romanorum libellus. *Lugd.*, 1612, 1 vol. p. f.

2878 Justi Lipsii de Magistratibus veteris Populi Romani et de veteri scriptura Latinorum libelli posthumi. *Turnoni*, 1610, 1 vol. p. f.

2879 Antiquitatum romanarum Syntagma, auct. Joan. Rosino, editio aucta. *Coloniæ*, 1613, 1 vol. in-4.

2880 Antiquitatum convivialium libri III, auct. Joan. Guilielmo Stuckio. *Tiguri*, 1582, 1 vol. in-fol.

2881 R. P. Aloysii Novarini Schediasmata sacro-prophana ; 1 vol. in-fol., le titre m.

2882 Miscellanea eruditæ Antiquitatis (auct. Spondano);
1 vol. in-fol., le frontisp. m.

2883 Lazarus Bayfius de re navali, de re vestiaria, de vasculis;
— sequitur Antonii Thylesii de coloribus libellus.
Parisiis, ex officina Roberti Stephani, 1536, 1 v. in-4.

2884 L'Antiquité expliquée et représentée en figures, par
Dom Bernard de Montfaucon. *Paris*, 1719, 9 vol.
in-fol., très endommagés; beaucoup de planches ont
été enlevées.

2885 Mémoires et dissertations sur les Antiquités nationales
et étrangères, publiés par la société des Antiquaires de
France, 2ᵉ série, les tomes 1, 2, 3, 6 et 7. *Paris,*
1835 et suiv., 5 vol. in-8.

2886 Mémoire sur deux inscriptions puniques découvertes à
Carthage, par M. l'abbé Bargès. *Paris*, 1849, broch.
in-fol.

— Histoire des Vestales. — Habillements des dames romaines, etc. (OEuvres de Nadal, *Polygr*.).

2887 Archéologie, ou Traité des antiquités, par M. Champollhois-Figeac. *Paris*, 1833, 1 vol. in-18.

2888 Dictionnaire abrégé d'Antiquités. *Paris,* 1773, 1 vol. in-18.

§ 2. — NUMISMATIQUE.

2889 Manuel de Numismatique ancienne, par M. Hennin.
Paris, 1850, 2 vol. in-8.

2890 De la rareté et du prix des Médailles romaines, par M.
Mionnet. *Paris,* 1827, 2 vol. in-8.

2891 Eléments de Numismatique, par M. Du Mersan. *Paris*,
1834. — Traité des finances et de la fausse monnaie
des Romains (par Chassipol). *Paris*, 1740. — La Manière de discerner les médailles antiques (par Beauvais); s. d., 1 vol. in-18.

2892 L'Histoire romaine éclaircie par les Médailles, par
J.-L. Schulz. *Paris,* 1783, 1 vol. in-8.

2893 Recueil des monnaies ayant cours en Italie en 1790;
1 vol. in-fol., le titre m.

DEUXIÈME DIVISION.

HISTOIRE DE FRANCE.

CHAPITRE PREMIER.

PRÉLIMINAIRES.

SECTION PREMIÈRE.
Géographie et Statistique.

2894 Géographie ancienne, historique et comparée des Gaules Cisalpine et Transalpine, suivie de l'analyse géographique des Itinéraires anciens, par M. le baron Walckenaer. *Paris*, 1839, 3 vol. in-8 et un atlas de 9 cartes in-4.
Donné à la bibliothèque, par M. Alain Maret.

2895 Descriptio fluminum Galliæ quà Francia est Papirii Massoni foresii opus. *Parisiis*, 1618, 1 vol. in-8, portrait.
L'auteur est né à Saint-Germain-Laval, en 1544.

2896 Le Théâtre géographique du royaume de France, contenant les cartes des Provinces d'iceluy avec leurs descriptions. *Paris*, s. d., 1 vol. in-fol.
Frontisp. gravé, vol. incomplet.

2897 Le Voyage de France, dressé pour la commodité des Français et des étrangers, par le sieur du Verdier *Lyon*, 1667, 1 vol. in-12.

— Notes d'un voyage en Auvergne, par M. Mérimée. *Paris*, 1838. — Notes d'un voyage en Corse, par le même. *Paris*, 1840, 1 vol. in-8, n° 2474 du C.

2898 Dictionnaire géographique, historique, administratif, etc. de toutes les communes de France, par M. Girault de Saint-Fargeau. *Paris*, 1844, 3 vol. in-4, ornés de gravures.

— Statistique générale de la France, départements du Doubs, de la Lys et de la Meurthe; 1 vol. in-fol., n° 1526 du C.

— Statistique du département du Gard, par M. Hector Rivoire. *Nimes,* 1842, 2 vol. in-4, ornés de pl., n° 1527 du C.

2899 L'Etat de la France, où l'on voit tous les Princes, Ducs et Pairs, Maréchaux de France et autres officiers de la couronne, etc. pour l'année 1669; 2 vol. in-12.

2900 Le même, pour l'année 1687; 2 vol. in-12.

2901 Le même, pour l'année 1749 (par les bénédictins de Saint-Maur); 6 vol. in-12.

2902 L'Etat de la France, dans lequel on voit tout ce qui concerne le gouvernement ecclésiastique, civil, militaire, la justice, les finances, etc. Extrait des mémoires dressés, par les intendants du royaume, par ordre du roi Louis XIV, avec des mémoires historiques, par M. le comte de Boulainvilliers. *Paris,* 1737, 6 vol. in-12.

2903 Almanach royal pour l'année 1737; 1 vol. in-8.

2904 Le même, pour l'année 1786; 1 vol. in-8, doré s. t.

SECTION II.

Chronologie et Méthodes.

2905 Chronicon de Regibus Francorum, à Pharamundo ad Henricum II. *Parisiis,* 1548, broch. parch. in-8.

2906 Pratique de la mémoire artificielle pour apprendre la chronologie et l'histoire, par le R. P. Buffier. 2ᵉ partie, Histoire de France. *Paris,* 1705, 1 vol. in-12.

CHAPITRE II.

HISTOIRE PROPREMENT DITE.

SECTION PREMIÈRE.
Histoire ecclésiastique.

2907 Gallia christiana, series Archiepiscoporum, Episcoporum, Abbatum Franciæ (par Scevole et Louis de Sainte-Marthe). *Lutetiæ*, 1656, 4 vol. in-fol.
_{Frontisp. gr. 1 feuillet a été enlevé dans le 4ᵉ vol.}

— Bibliotheca cluniacensis, n° 2581 du C.

2908 Histoire de l'Eglise gallicane, par le R. P. Jacques Longueval, S. J. *Paris*, 1732, 18 vol. in-4.

— Les Mémoires du clergé de France, n° 375 du C.

2909 L'Euphême des Français et leur Homonée, par J. de Loyac. *Bordeaux*, 1615, 1 vol. in-4, doré s. tr., armes s. le pl.

2910 L'Histoire ecclésiastique de la Cour, ou Antiquités et Recherches de la chapelle et oratoire du Roi, par G^{me} du Peyrat. *Paris*, 1645, 1 vol. in-fol.

2911 L'Histoire de la sainte Chapelle royale du Palais, enrichie de planches, par M. Sauveur-Jérôme Morand. *Paris*, 1790, 1 vol. in-4.

2912 Histoire et Description de l'église royale de Brou, par le R. P. Rousselet. *Bourg*, s. d., 1 vol. in-18.

2913 Incendie de la cathédrale de Chartres, et notice historique sur ce monument. *Paris*, 1836, broch. in-8.

SECTION II.
Histoire civile.

§ 1. — HISTOIRE GÉNÉRALE.

2914 Pauli Æmilii de Rebus gestis Francorum libri ix. *Vænundantur in ædibus Jodoci Badii Ascensii*, 1 vol. in-fol., s. d., 16ᵉ s.

2915 Aimonii monachi Historiæ Francorum libri v. *Parisiis,* 1567, 1 vol. in-8.

2916 Roberti Gaguini Annales de gestis Regum Francorum ; 1 vol. in-8, 16ᵉ s., le fr. m.

2917 La Mer des Cronicques et Mirouer hystorial de France, jadis composé en latin , par religieuse personne Frère Robert Gaguin , et nouvellement traduict de latin en vulgaire françoys. *Paris,* 1536, 1 vol. petit in-fol. goth.

2918 Les Chroniques et Annales de France, de Nicolle Gilles, corrigées et continuées jusqu'à Louis XIII, par Fᵒⁱˢ Belleforest et Savaron. *Paris,* 1622, 1 vol. in-fol.

2919 Histoire universelle de toutes les nations et spécialement des François, par Jacques Charron. *Paris,* 1621, 1 vol. in-fol.

2920 R. P. Joannis de Bussières , S. J. Historia francica. *Lugd.,* 1671, 2 vol. in-4.

2921 Inventaire général de l'histoire de France , depuis Pharamond jusqu'à Louis XIV, par Jean de Serre. *Rouen,* 1647, 1 vol. in-fol.

2922 Histoire des Révolutions de France , par M. de la Hode. *La Haie,* 1738, 4 vol. in-12.

2923 L'Honneur françois , ou Histoire des vertus et des exploits de notre nation depuis l'établissement de la monarchie , par M. de Sacy. *Paris,* 1783, 12 vol. in-12.

2924 Histoire générale de France , avec l'état de l'Eglise et de l'Empire, par Scipion Dupleix. *Paris,* 1663, 7 vol. in-fol.

2925 Histoire de France , depuis Pharamond jusqu'au règne de Louis-le-Juste , par le sieur de Mezeray. *Paris,* 1684, 3 vol. in-fol., fig.

2926 Histoire de France , depuis l'établissement de la monarchie françoise dans les Gaules , par le R. P. Daniel, S. J. *Paris,* 1713, 3 vol. in-fol.

2927 Le même ouvrage, les tomes 3, 4, 5. *Paris,* 1722, 3 vol. in-4.

2928 Abrégé de l'Histoire de France, depuis l'établissement de la monarchie, par le R. P. Daniel. *Paris*, 1731, 8 vol. in-12 pour 9; le 8° m.

2929 Histoire de France, depuis l'établissement de la monarchie jusqu'au règne de Louis XIV, par M. l'abbé Velly, continuée par Mrs Villaret et Garnier (s'arrête à 1564). *Paris*, 1761, 30 vol. in-12.

2930 Abrégé chronologique de l'Histoire de France, par M. le président Hénault, continuée jusqu'à 1783, par Ant° Des Odoarts-Fantin. *Paris*, 1756 et 1788, 4 vol. in-12.

2931 Histoire de France, par M. Châlon, prêtre de l'Oratoire. *Paris*, 1741, 2 vol. in-12.

2932 Instruction sur l'Histoire de France, par M. le Ragois. *Paris*, 1712, 1 vol. in-12.

2933 Manuel d'Histoire de France, par Mrs Meissas et Michelot. *Paris*, 1843, 1 vol. in-18.

2934 Galeries historiques de Versailles, par Ch. Gavard. *Paris*, 1838, 10 vol. in-fol., texte et planches, non compris le supplément, encore en feuilles.

2935 Galeries historiques de Versailles (Explication des tableaux, bustes et statues du Musée de Versailles). *Paris*, 1839, 9 vol. in-8.

2936 Histoire de France (Développement du texte explicatif des Galeries historiques de Versailles, servant de complément aux deux ouvrages précédents) ; 2 vol. in-4.

§ 2. — HISTOIRE DE CERTAINES ÉPOQUES. — RÈGNES ET VIES DES ROIS. — FAITS PARTICULIERS.

2937 Florus gallicus, sive rerum à veteribus Gallis bello gestarum Epitome, auct. R. P. Berthault, S. J. *Rhotomagi*, 1660, 1 vol. p. f.

2938 Histoire des Celtes et particulièrement des Gaulois et des Germains, par Simon Pelloutier. *Paris*, 1770, 7 v. in-12 pour 8 ; le 2° m.

2939 Histoire critique de l'établissement de la Monarchie française dans les Gaules, par M. l'abbé Dubos. *Paris*, 1642, les 2 1ers vol. in-12.

2940 Histoire de la Monarchie françoise (jusqu'à l'année 840), par Charles Sorel. *Paris*, 1630, 1 vol. in-8.

— Histoire de la conquête de l'Angleterre par les Normands, par M. A. Thierry (V. *Histoire d'Angleterre*).

2941 Histoire de la Rivalité de la France et de l'Angleterre, par M. Gaillard. *Paris*, 1771, 11 vol. in-12.

2942 Histoire de France sous les règnes de saint Louis, de Philippe de Valois, du roi Jean, de Charles V et de Charles VI, par M. l'abbé de Choisy. *Paris*, 1750, 3 vol. in-12 pour 4; le 1er m.

2943 Histoire de saint Louis, s. n. *Paris*, 1688, 2 vol. in-4.

2944 La vie de saint Louis, par M. de Choisy. *Paris*, 1689, 1 vol. in-4.

2945 Histoire de Charles Cinquième, par M. de Choisy. *Paris*, 1689, 1 vol. in-4.

2946 Histoire de François Ier, par M. Varillas. *Lyon*, 1685, 3 vol. in-12.

2947 Histoire de François Ier, par M. Gaillard. *Paris*, 1769, 8 vol. in-12.

2948 Histoire et règne de Henri II, par M. l'abbé Lambert. *Paris*, 1755, 2 vol. in-12.

2949 Histoire de Charles IX, par M. Varillas. *Lyon*, 1684, 3 vol. in-12.

2950 Histoire des Français des divers états aux cinq derniers siècles, par Alexis Monteil. *Paris*, 1840, 8 vol. in-8.

2951 Histoire de France pendant les guerres de religion, par Ch. Lacretelle. *Paris*, 1814, 4 vol. in-8.

2952 Histoire de la mort déplorable de Henri IV. *Paris*, 1611, 1 vol. in-fol.

2953 Histoire de la maison de Bourbon, par M. Désormeaux. *Paris, Impr. roy.*, 1772, 4 vol. in-4, dorés s. tr., ornés de grav.

2954 Histoire du règne de Louis XIII, par M. Michel le Vassor. *Amsterdam*, 1701, 18 vol. in-12.

2955 Histoire du règne de Louis XIII et des principaux évènements arrivés pendant ce règne dans tous les pays du monde. *Paris*, 1716, 5 vol. in-12.

2956 Histoire de la Mère et du Fils, c.-à-d. de Marie de Médicis et de Louis XIII, par Fois-Eudes de Mezeray. *Amsterdam*, 1730, 2 vol. in-12.

2957 Histoire du ministère du cardinal de Richelieu. *Paris*, 1650, 1 vol. in-fol.

2958 L'Intrigue du Cabinet sous Henri IV et Louis XIII, terminée par la Fronde, par M. Anquetil. *Paris*, 1780, 4 vol. in-12.

2959 Joannis Labardœi de rebus gallicis Historia ab anno 1643 usque ad annum 1652. *Parisiis*, 1671, 1 vol. in-4.

2960 Histoire de France sous le règne de Louis XIV, par M. de Larrey. *Rotterdam*, 1738, 9 vol. in-12.

2961 Histoire du règne de Louis XIV, par M. de Limiers. *Amsterdam*, 1720, 3 vol. in-4.

2962 Le Siècle de Louis XIV, par M. de Francheville (Voltaire). *Dresde*, 1752, 2 vol. in-12.

2963 Les Années françaises, ou les Campagnes de Louis XIV, par M. de Ceriziers. *Paris*, 1658, 1 vol. in-12.

2964 Relation de la guerre de Flandres, en l'année 1667, par M. de Vandeuvres. *Paris*, 1668, 1 vol. in-12.

2965 Relation de ce qui s'est passé en Flandres entre l'armée de France, celle d'Espagne et des Confédérés, ès-années 1675-76-77. *Lyon*, 1678, 1 vol. in-12.

2966 Vie privée de Louis XV, ou Principaux évènements, particularités et anecdotes de son règne. *Londres*, 1781, 4 vol. in-12.

2967 Relation de la campagne de M. le commandeur de Suffren dans l'Inde; s. l., 1782, broch. in-12.

2968 Mémoires sur l'enfance et la jeunesse de l'empereur Napoléon, jusqu'à l'âge de 23 ans, par M. T. Nasica. *Paris*, 1852, 1 vol. in-8.

2969 Une année de la vie de l'empereur Napoléon, du 1ᵉʳ avril 1814 au 20 mars 1815, par un lieutenant de grenadiers. *Paris*, 1815, 1 vol. in-8.

2970 Précis historique, militaire et critique des batailles de Fleurus et Waterloo dans la campagne de Flandre, en 1815, par le maréchal-de-camp Berton. *Paris*, 1815, broch. in-8.

2971 Louis-Philippe prince et roi, par Eugène d'Auriac. *Paris*, 1843, broch. in-12.

2972 Mémoires historiques, critiques et anecdotes des reines et régentes de France. *Amsterdam*, 1776, 6 vol, in-12.

§ 3. — HISTOIRE PARTICULIÈRE DES ARMÉES, ETC.

2973 Histoire de la Marine française, par M. le comte de Lapeyrouse Bonfils. *Paris*, 1845, 3 vol. in-8.

2974 Résumé des victoires, conquêtes, désastres et revers des armées françaises, de 1792 à 1823, par le chevalier Isnard de Sainte-Lorette. *Paris*, 1824, 1 vol. in-12.

§ 4. — MÉMOIRES DIVERS.

2975 Les Mémoires de Messire Philippe de Commines, reveus et corrigez, par Denis Sauvage. *Paris*, 1552, 1 vol. in-fol., goth.

2976 Recueil de diverses pièces servant à l'histoire de Henri III. *Cologne*, 1666, 1 vol. in-12.

2977 Journal du règne de Henri IV, par Pierre de Létoile; s. l., 1732, 2 vol. in-12.

2978 Mémoires du duc de Sully. *Londres*, 1752, 7 vol. in-12 pour 8; le 1ᵉʳ manq.

2979 Supplément aux mémoires de Sully (Pamphlet contre les Jésuites). *Amsterdam*, 1762, 1 vol. in-12.

2980 Les Mémoires du duc de Guise. *Paris*, 1668, 1 vol. in-12.

2981 Mémoires pour servir à l'histoire d'Anne d'Autriche, par Mᵐᵉ de Motteville. *Amsterdam*, 1723, 5 vol, in-12.

2982 Mémoires de Mlle de Montpensier. *Amsterdam*, 1769, 3 v. in-12.

2983 Mémoires et réflexions sur les principaux évènements du règne de Louis XIV. *Amsterdam,* 1740, 1 vol. in-12.

2984 Mémoires pour servir à l'histoire de Louis XIV, par M. l'abbé de Choisy. *Utrecht,* 1727, 1 vol. in-12.

2985 Mémoires de Gaspard, comte de Chavagnac. *Besançon*, 1699, 2 vol. in-12.

2986 Mémoires de M. Joly, pour servir d'éclaircissement et de suite aux Mémoires du cardinal de Retz. *Rotterdam,* 1718, 2 vol. in-12.

2987 Mémoires (de Torcy) pour servir à l'histoire des négociations depuis le traité de Riswick jusqu'à la paix d'Utrecht. *La Haie,* 1756, 3 vol. in-12.

2988 Mémoires du comte de Forbin. *Amsterdam,* 1740, 2 v. in-12.

2989 Mémoires de Du Guay Trouin. *Rouen*, 1779, 1 vol. in-12.

2990 Mémoires du duc de Villars. *La Haie,* 1736, 3 vol. in-12.

2991 Mémoires politiques et militaires pour servir à l'histoire de Louis XIV et de Louis XV, composés par M. l'abbé Millot sur les pièces originales recueillies par M. le duc de Noailles. *Paris,* 1776, 6 v. in-12.

2992 Mémoires de la Régence du duc d'Orléans durant la minorité de Louis XV. *La Haie,* 1742, 3 vol. in-12.

§ 5. — RECUEIL D'AUTEURS ORIGINAUX, COLLECTION DU PANTHÉON LITTÉRAIRE.

2993 Chroniques étrangères, relatives aux expéditions françaises pendant le 13e siècle, traduites par Buchon, savoir : ANONYME GREC : Chronique de la Principauté française d'Achaïe. — RAMON MUNTANER : Chronique d'Aragon, de Sicile et de Grèce. — BERNAT D'ESCLOT : Chronique de Pierre III et expédition française de 1285 (texte catalan). — ANONYME SICILIEN : Chronique de la conspiration de Prochyta ; 1 vol. format spécial.

2994 JEAN FROISSART : Chronique de 1325 à 1400. — BOUCI-
CAUT : Livre des faits du bon Messire Jean le Maingre,
dit Boucicaut ; 3 vol.

2995 ENGUERRAND DE MONSTRELET : Chroniques de 1400 à
1444 ; 1 vol.

2996 MATTHIEU DE COUSSY : Chroniques de 1444 à 1461. —
JEAN DE TROYES : Livre des faits advenus au temps du
très-chrestien et très-victorieux Louys de Valois, de
1460 à 1483. — CHRONIQUE anonyme de la Pucelle,
de 1423 à 1429. — Autre, id. — PIERRE DE FÉNIN :
Mémoire contenant l'histoire de Charles VI, de 1407 à
1427. — JOURNAL d'un bourgeois de Paris, de 1408 à
1449. — POÈME anglais sur la bataille d'Azincourt ; 1 v.

2997 SIRE GEORGE CHASTELLAIN : Chronique du duc Philippe,
de 1407 à 1422. Chronique des derniers ducs de
Bourgogne, de 1461 à 1469 ; 1 vol.

2998 JACQUES DU CLERQ : Mémoires de 1448 à 1467. — PIÈCES
relatives à la prise de Constantinople, 1453. — JEAN
LEFEBVRE DE ST-RÉMY : Mémoires de 1407 à 1435. —
MÉMOIRES sur Jacques Cœur et actes de son procès ;
1 vol.

2999 PHILIPPE DE COMMINES : Mémoires de 1464 à 1498. —
GUILLAUME DE VILLENEUVE : Mémoires sur l'expédition
de Naples, de 1494 à 1496. — MESSIRE OLIVIER DE LA
MARCHE : Mémoires sur la maison de Bourgogne, de
1434 à 1488. — GEORGE CHASTELAIN : Chronique de
Messire Jacques de Lalain. — JEAN BOUCHET : Le Pa-
négiric du Seigneur Loys de la Trimoille, de 1460 à
1525 ; 1 vol.

3000 LE LOYAL SERVITEUR : Chronique de Bayard, de 1489 à
1524. — GUILLAUME DE MARILLAC : Vie du Connétable
Charles de Bourbon, de 1490 à 1527. — JACQUES BUONA-
PARTE : Sac de Rome en 1527. — ROBERT DE LA MARCK :
Histoire des choses mémorables advenues sous les rè-
gnes de Louis XII et de François Ier, de 1500 à 1580.
— LOUISE DE SAVOYE : Journal de 1514 à 1522. —
MARTIN ET GUILLAUME DU BELLAY : Mémoires de 1513 à
1547 ; 1 vol.

3001 GASPARD DE SAULX TAVANNES : Mémoires de 1513 à 1547.
— BOYVIN DU VILLARS : Mémoires de 1550 à 1560 ; 1 v.

3002 BLAISE DE MONTLUC : Commentaires du maréchal Blaise de Montluc, de 1521 à 1576. — VINCENT CARLOIX : Mémoires de Vieilleville, de 1528 à 1570 ; 1 vol.

3003 PIERRE DE LA PLACE : Commentaires de l'estat de la Religion et République soubs les rois Henry et François Seconds et Charles Neufvième, de 1556 à 15 . — REGNIER DE LA PLANCHE : Histoire de l'estat de France, tant de la République que de la Religion, sous le règne de François II, 1559 et 1560. Livre des Marchands. — THÉODORE AGRIPPA D'AUBIGNÉ : Mémoires de 1557 à 1622. — FRANÇOIS RABUTIN : Commentaires des dernières guerres en la Gaule Belgique, de 1551 à 1559 ; 1 vol.

3004 PALMA CAYET : Chronologie novenaire de 1589 à 1597. Chronologie septenaire de 1598 à 1604. — MICHEL DE MARILLAC : Mémoires de la Ligue. — LE MARÉCHAL DE VILLEROY : Mémoires d'Estat de 1574 à 1594. — LE DUC D'ANGOULÊME : Mémoires ; 2 vol.

3005 ROBERT MACQUÉREAU : Chronique de la Maison de Bourgoingne, de 1500 à 1527. — LE COMTE DE CHEVERNY : Mémoires de 1528 à 1599. — PHILIPPE HURAULT : Mémoires de 1599 à 1601. — JEAN PAPE : Mémoires de 1572 à 1587. — LA SATYRE Ménippée ; 1 v.

3006 LE PRÉSIDENT JEANNIN : Ses négociations ; 1 vol.

3007 Mémoires divers de : B. de Salignac. — G. de Colligny, — La Chastre. — Guill. de Rochechouart. — Michel de Castelnau. — J. de Mergey. — F. de la Noue. — Ach. de Gamon. — J. Philippi. — Duc de Bouillon. — Guill. de Saulx Tavannes. — Marguerite de Valois. — J. Aug. de Thou. — J. Choisnin. — Matthieu Merle ; 1 vol.

§ 6. — HISTOIRE DES PROVINCES, VILLES ET CHATEAUX.

3008 Histoire ou Chronologie du pays de Vaux et lieux circonvoisins. *Lyon,* 1614, 1 vol. p. f.

3009 Archives historiques et ecclésiastiques de la Picardie et de l'Artois, publiées par M. Roger. *Amiens,* 1842, 2 vol. in-8.

— Statistique du département du Gard.
3010 Le Siége de Hesdin , par Mre Ant^e De Ville. *Lyon,* 1639, 1 vol. in-4, parch.
3011 Provinciæ Massiliensis ac reliquæ Phocensis Annales, auct. J. B. Guesnay. *Lugd.,* 1657, 1 vol. in-fol.
3012 Marseille, Nîmes et ses environs en 1815. *Paris,* 1818, broch. in-8.
3013 Capta Rupecula , Cracina servata auspiciis ac ductu christianissimi Regis Ludovici XIII , descripta à R. P. Philiberto Moneto , S. J. *Lugd.,* 1630, 1 v. p. f.
3014 Recherches historiques et statistiques sur la Corse, par M. Robiquet. *Paris,* 1835, 1 vol. in-8, et 1 atlas in-fol. de tableaux et cartes.
3015 Histoire critique de l'établissement des Bretons dans les Gaules, par M. l'abbé de Vertot. *Paris,* 1730, 2 v. in-12.
3016 Les Annales d'Aquitaine , par Jean Bouchet. *Poictiers,* 1644, 1 vol. in-fol.
3017 Discours historique touchant l'état général des Gaules et principalement des provinces de Dauphiné et de Provence sous les Romains, les Bourguignons et les Francs, par Aymar du Perier. *Lyon,* 1610 , 1 vol. in-12.
3018 Histoire de la ville de Vienne , durant l'époque gauloise et romaine, par M. Mermet. *Paris,* 1828, 1 vol. in-8.
3019 Augusta Viromanduorum (St-Quentin) vindicata et illustrata, auct. Cl. Hemero. *Parisiis,* 1643, 1 v. in-4.
3020 Abrégé chronologique de l'Histoire ecclésiastique , civile et littéraire de Bourgogne , depuis l'établissement des Bourguignons, par M. Mille. *Dijon,* 1771, 3 v. in-8.
3021 Description de Paris et de ses environs , par Piganiol de la Force. *Paris,* 1742, 8 vol. in-12.
— Essai historique sur Paris (*Œuvres de St-Foix*); tome 3e.
3022 Description des Châteaux et Parcs de Versailles et de Marly , par Piganiol de la Force. *Paris,* 1751, 2 vol. in-12.

3023 Souvenirs historiques des résidences royales, par M. Vatout, les tomes 3ᵉ et 4ᵉ, Fontainebleau et Eu. *Paris*, 1839, 2 vol. in-8.

3024 Histoire lithographiée du Palais-Royal avec notices historiques, par M. Vatout ; 1 vol. in-fol., planches et texte.

3025 Le palais du Luxembourg, depuis 1615 jusqu'en 1845, par M. Alphonse de Gisors. *Paris*, 1847, 1 vol. in-4, grav.

3026 Histoire du château de Radepont et de l'abbaye de Fontaine-Guérard, par L. Fallue. *Rouen*, 1851, 1 vol. in-8.

CHAPITRE III.

COMPLÉMENTS HISTORIQUES.

SECTION PREMIÈRE.

Biographie.

— Vies des Hommes illustres et grands Capitaines français.
Œuvres de Brantôme, *Polygraphie*.

3027 Galeries des portraits, tableaux et bustes du château d'Eu; Notices historiques, par M. Vatout. *Paris,* 1826, 5 tomes en 3 vol. in-8.

3028 Histoire de Bayard, par M. Guyard de Berville. *Tours,* 1837, 1 vol. in-12.

3029 La Vie de Coligny (par Gatien de Courtilz). *Cologne,* 1690, 1 vol. in-12.

3030 Histoire de Philibert Emmanuel de Lorraine, duc de Mercœur. *La Haie,* 1691, 1 vol. in-12.

3031 Le Véritable Père Josef (sic) capucin nommé au cardinalat, contenant l'histoire anecdote et secrète du cardinal de Richelieu. *St-Jean-de-Maurienne,* 1704, 2 vol. in-12.

3032 Histoire de la vie du duc d'Espernon, par M. Girard. *Paris,* 1730, 4 vol. in-12.

3033 Histoire de la Maison de Montmorenci, par M. Désormeaux. *Paris,* 1764, 4 vol. in-12 p. 5, le 2ᵉ m.

3034 Histoire de la vie de Henry dernier, duc de Montmorenci, par Simon Ducros. *Grenoble,* 1665, 1 vol. in-12.

3035 Mémoire de la vie de Frédéric Maurice de la Tour-d'Auvergne, duc de Bouillon. *Paris,* 1692, 1 vol. in-12.

3036 La Vie de J.-B. Colbert, ministre d'Etat sous Louis XIV. *Cologne,* 1695, 1 vol. in-12.

3037 La Vie de Mme de Maintenon. *Paris*, 1788, 2 vol. in-12.
3038 La Vie de Philippe d'Orléans, régent du royaume pendant la minorité de Louis XV. *La Haie*, 1742, 3 vol. in-12.
30.9 Histoire de Maurice, comte de Saxe. *Dresde*, 1755, 2 vol. in-12.
3040 Histoire de Louis-Philippe-Joseph, duc d'Orléans, et du parti d'Orléans, dans ses rapports avec la Révolution française. *Paris*, 1842, 2 vol. in-8.
3041 La Vie de M. Nicole et l'histoire de ses ouvrages; s. l., 1732, 1 vol. in-12.
— Vie de Mre Ant^e Arnaud ; 1er vol. de ses OEuvres.
3042 Histoire de Bossuet, par le cardinal de Bausset. *Paris*, 1830, 4 vol. in-8.
3043 Histoire de la vie et des ouvrages de Fénelon. *Amsterdam*, 1729, 1 vol. in-12.
3044 Eloge historique de M. Bureaux de Pusy, par M. J. Guerre. *Lyon*, 1807, broch. in-8.

SECTION II.

Histoire Nobiliaire.

3045 Dictionnaire de la Noblesse, par M. de la Chenaye-Desbois. *Paris*, 1770, 11 vol. in-4 pour 12 ; le 12e m.
3046 Tablettes historiques, généalogiques et chronologiques, 2e, 3e et 4e parties. *Paris*, 1748, 3 vol. p. f.
3047 Histoire de l'Ordre du Saint-Esprit, par M. de Saint-Foix, historiographe des Ordres du Roi. *Paris*, 1772, 2 vol. in-12.
3048 Histoire généalogique de la Maison de France, par Scevole et Louis de Ste-Marthe. *Paris*, 1619, 1 vol. in-4.
3049 Le même ouvrage. *Paris*, 1647, 2 vol. in-fol.
3050 Histoire généalogique et chronologique de la Maison royale de France, des Pairs et des grands Officiers de

la couronne, par le R. P. Anselme, Augustin déchaussé, terminée par le P. Simplicien, du même Ordre. *Paris*, 1726, 9 vol. in-fol.

3051 Recueil général des titres concernant les fonctions, rangs, dignitez, séances et priviléges des charges des Trésoriers de France, Généraux des finances et Grands-Voyers, par Simon Fournival. *Paris*, 1655, 1 vol. in-fol.

SECTION III.

Archéologie et Numismatique.

3052 Manuel élémentaire d'archéologie nationale, par M. l'abbé Corblet. *Paris*, 1851, 1 vol. in-8.
_{Donné par M. De Viry.}

3053 Mémoires sur les Antiquités nationales et étrangères, par la Société des Antiquaires de France, 2ᵉ série, tomes 1, 2, 3, 6 et 7. *Paris*, 1835 et suiv., 5 v. in-8.

3054 Antiquités de plusieurs villes de France ; 1 vol. in-8, le fr. m.

3055 Mémoires sur diverses antiquités du département de la Drôme, par M. l'abbé Chalieu. *Valence*, s. d., 1 v. in-4.

3056 Dissertation sur l'inscription de la Maison carrée de Nîmes, par M. Perret; broch. in-8.

3057 Temple de Baal à Marseille, ou Grande inscription phénicienne découverte dans cette ville en 1845, expliquée par M. l'abbé Bargès. *Paris*, 1847, broch. in-4.

3058 Notice sur l'arc d'Orange et les théâtres antiques d'Orange et d'Arles. *Paris*, 1839, broch. in-4, pl.

3059 Recherches historiques sur les Enseignes des maisons particulières, par M. de la Querière. *Paris*, 1852, 1 vol. in-8.

3060 Médailles sur les principaux évènements du règne de Louis-le-Grand, avec des explications historiques, par l'Académie des Inscriptions et Médailles. *Paris, Imp. roy.*, 1702, 1 vol. in-fol., mar. r., doré s. tr.

3061 Souvenirs numismatiques de la Révolution de 1848, Recueil complet des médailles, monnaies et jetons qui ont paru en France depuis le 22 février jusqu'au 20 décembre 1848. *Paris*, s. d., 1 vol. in-4, texte et pl.

3062 Essai sur les Monnaies du comté de Bourgogne, depuis l'époque gauloise jusqu'à la réunion de la Franche-Comté à la France sous Louis XIV, par MM. L. Plantet et L. Jeannez. *Lons-le-Saunier, imp. de Robert*, 1855, 1 vol. in-4, avec planches.

Donné par M. Edouard Jeannez.

3063 Histoire monétaire du Berri; 1 vol. in-4, sans frontispice et incomplet, avec 13 cartes.

3064 Notices pittoresques sur les antiquités et les monuments du Berri, publiées par M. Haze; 1838, 11 planches in-4 dépareillées, sans le texte.

SECTION IV.

Mélanges. — Documents divers.

3065 Commentarii Vincentii Lupani de Magistratibus et Præfecturis Francorum. *Turnoni*, 1610, 1 vol. p. f.

3066 De Ducibus et Comitibus provincialibus Galliæ libri III, auct. Dadino Alteserra. *Tolosæ*, 1649, 1 vol. in-4.

3067 Diplômes et chartes de l'époque mérovingienne, publiés par M. Letronne, garde-général des Archives. *Paris*, s. d., 1 vol. de planches in-fol. et 1 broch. in-8 de transcription.

3068 Principes de morale, de politique et de droit public, puisés dans l'histoire de notre monarchie, ou Discours sur l'histoire de France, par M. Moreau. *Paris*, 1782, 19 vol. in-8 pour 20; le 18e m.

3069 Les Recherches de la France, par Estienne Pasquier. *Paris*, 1596, 1 vol. in-fol.

3070 Le même ouvrage. *Paris*, 1665, 1 vol. in-fol.

3071 Le Tacite français et les Réflexions chrestiennes et poli tiques sur la vie des Rois, par M. de Ceriziers. *Paris*, 1684, 1 vol. in-4, le frontisp. de la 1re partie manq.

3072 L'Incomparable piété des très-chrétiens Rois de France, et les admirables Prérogatives qu'elle a méritées à Leurs Majestés, par le R. P. Balthazar de Riez. *Paris*, 1672, 1 vol. in-4.

3073 Recueil des vertus de Louis de France, duc de Bourgogne, Dauphin, par le R. P. Martineau. *Paris*, 1712, 1 vol. in-12.

3074 Recueil chrestien où sont une prophétie de Ste Brigide, Reyne d'Ecosse, promettant au Roy et aux Chrétiens, par S. M. une grande prospérité et élévation, etc. *Paris*, 1611, 1 vol. in-12.

3075 La Première face du Janus françois, extraite et colligée des centuries et commentaires de M. Michel de Nostre-Dame. *Lyon*, 1694, 1 vol. in-4.

3076 Le Cérémonial françois (sacres, couronnements, entrées solennelles), par Théodore Godefroy. *Paris*, 1649, 2 vol. in-fol.

3077 Cérémonies du sacre de S. M. Charles X; broch. in-12.

3078 Les Ambassades et Négociations du cardinal du Perron. *Paris*, 1629, 1 vol. in-fol.

3079 Lettres du cardinal d'Ossat, avec des notes, par M. Amelot de la Houssaie. *Amsterdam*, 1732, 5 v. in-12.

3080 Le même ouvrage; 1 vol. in-fol., les 1ers f. m.

3081 Joannis Ferrandi Epinicion 2um pro liliis. *Lugd.*, 1671, 1 vol. in-4.

3082 Recueil de Mazarinades. *Paris*, 1649, 1 v. in-4, parch.

3083 Nouvelles Recherches historiques sur la Principauté française de Morée et ses hautes baronnies, par M. Buchon. *Paris*, 1843, 2 vol. in-8, et album.

3084 Eclaircissements présentés au Roi, par M. le Maréchal d'Estrées. *Paris*, 1756, broch. in-12.

3085 Remontrances d'un Citoyen aux Parlements de France; broch. in-12, 1771.

3086 Copie des pièces saisies dans le local que Babœuf occupait lors de son arrestation. *Paris*, an V, 1 vol. in-8.

3087 Pièces officielles touchant l'invasion de Rome par les Français, en 1808. *Rome*, octobre 1809, 1 vol. in-8.

3088 Cour des Pairs : Pièces relatives à l'attentat de 1835 ; 3 vol. in-4.

SECTION V.

Documents inédits relatifs à l'Histoire de France, publiés par le Ministère de l'Instruction publique.

PREMIÈRE SÉRIE.

Histoire Politique.

3089 Rapports au Roi et pièces relatives à cette publication ; 1835, 1 vol. in-4.

3090 Rapports au Ministre ; 1839, 1 vol.

3091 Cartulaire de l'Abbaye de Saint-Père, de Chartres, publié par M. Guérard ; 1840, 3 vol.

3092 Cartulaire de l'Eglise de Notre-Dame de Paris, par M. Guérard ; 1840, 4 vol.

3093 Cartulaire de l'Abbaye de Savigny, suivi du Cartulaire de l'Abbaye d'Ainay, par M. Auguste Bernard ; 1853, 2 vol.

3094 Recueil des Monuments inédits de l'histoire du Tiers-Etat, par M. Augustin Thierry ; 2 vol.

3095 Règlements sur les arts et métiers de Paris, rédigés au XIIIe siècle, connus sous le nom de *Livre des Métiers* d'Etienne Boileau, par M. Depping ; 1837, 1 vol.

3096 Archives de la ville de Reims, par M. Varin, avec un volume de tables, par M. Amiel ; 1839, 10 vol.

3097 Documents historiques inédits tirés des archives de la Bibliothèque royale et des Bibliothèques des départements, par M. Champollion-Figeac ; 1841, 4 vol.

3098 Lettres de Rois, Reines et autres personnages des Cours de France et d'Angleterre, depuis Louis VII jusqu'à Henri IV tirées des archives de Londres, par Bréquigny, et publiées par M. Champollion-Figeac; 1839, 2 vol.

3099 Recueil des Lettres missives de Henri IV, par M. Berger de Xivrey; 1843, 6 vol.

3100 Les Olim, ou Registre des arrêts rendus par la Cour du Roi sous les règnes de saint Louis, Philippe-le-Hardi, etc., par M. le comte Beugnot; 1839, 4 vol.

3101 Li Livres de jostice et de plet d'après le manuscrit de la Bibliothèque nationale, par M. Rapetti; 1850, 1 vol.

3102 Paris sous Philippe-le-Bel d'après des documents originaux, contenant le rôle de la taille imposée sur les habitants de Paris, en 1292, par M. Géraud; 1837, 1 vol.

3103 Procès des Templiers, par M. Michelet; 2 vol.

3104 Chronique des Ducs de Normandie, par Benoît Trouvère du xiie siècle, publiée par M. Francisque Michel; 1836, 3 vol.

3105 Histoire de la Croisade contre les hérétiques Albigeois, écrite en vers provençaux, par un poète contemporain, traduite et publiée par M. Fauriel; 1837, 1 vol.

3106 Chronique de Bertrand du Guesclin, par Cuvelier, trouvère du xive siècle, publiée par M. Charrière; 1839, 2 vol.

3107 Chronique du Religieux de Saint-Denis, sur le règne de Charles VI, de 1380 à 1422, publiée en latin et traduite par M. Bellaguet; 1839, 6 vol.

3108 Procès-Verbaux des séances du Conseil de régence du roi Charles VIII pendant les mois d'août 1484 et janvier 1485, par M. Bernier; 1 vol.

3109 Journal des Etats-Généraux de France, tenus à Tours en 1484, sous le règne de Charles VIII, rédigé en latin, par Jehan Masselin, traduit et publié par M. Bernier; 1835, 1 vol.

3110 Procès-Verbaux des Etats-Généraux de 1593, par M. Auguste Bernard; 1842, 1 vol.

— 251 —

3111 Négociation de la France dans le Levant, par M. Charrière ; 1848, 3 vol.
3112 Négociations, lettres et pièces diverses relatives au règne de François II, par M. Pâris ; 1841, 1 vol.
3113 Relations des Ambassadeurs Vénitiens sur les affaires de France au XVI° siècle, recueillies et traduites par M. Tommaseo ; 1838, 2 vol.
3114 Négociations diplomatiques entre la France et l'Autriche pendant les trente 1res années du XVI° siècle, par M. Le Glay ; 1845, 2 vol.
3115 Papiers d'Etat du cardinal de Granvelle, par M. Ch. Weiss ; 9 vol.
3116 Correspondance de Henri d'Escoubleau de Sourdis, par M. Eugène Sue ; 1839, 3 vol.
3117 Captivité de François Ier, par M. Aimé Champollion-Figeac ; 1847, 1 vol.
3118 Lettres, instructions diplomatiques et papiers d'état du cardinal de Richelieu, par M. Avenel ; 1853, 1er v.
3119 Correspondance administrative sous le règne de Louis XIV, par M. Depping ; 1850, 4 vol.
3120 Mémoires militaires relatifs à la succession d'Espagne sous Louis XIV, publiés par le général Pelet ; 1835, 9 vol.
3121 Négociations relatives à la succession d'Espagne sous Louis XIV, par M. Mignet ; 1835, 4 vol.

DEUXIÈME SÉRIE.

Histoire des Lettres et des Sciences.

3122 Les Quatre livres des Rois traduits en françois du XII° siècle, suivis d'un fragment de moralités sur Job et d'un choix de Sermons de saint Bernard, par M. Le Roux de Lincy ; 1841, 1 vol.
3123 L'Eclaircissement de la langue françoise, par Jean Palsgrave, suivi de la Grammaire de Giles du Guez, publié par M. Genin ; 1852, 1 vol.
3124 Ouvrages inédits d'Abélard, par M. Cousin ; 1836, 1 v.

TROISIÈME SÉRIE.

Archéologie.

3125 Iconographie chrétienne, Histoire de Dieu, par M. Didron ; 1843, 1 vol.
3126 Architecture monastique, par M. Albert Lenoir ; 1852, 1 vol.
3127 Statistique monumentale de Paris ; les 1res livraisons.

TROISIÈME DIVISION.

HISTOIRE LOCALE.

CHAPITRE UNIQUE.

HISTOIRE DU LYONNAIS, FOREZ ET BEAUJOLAIS

SECTION PREMIÈRE.

Ouvrages communs aux trois Provinces et Histoire du Lyonnais en particulier.

3128 Histoire abrégée, ou Eloge historique de la ville de Lyon (par M. Brossette). *Lyon*, 1711, 1 vol. in-fol.

3129 Histoire véritable de la ville de Lyon, par Claude de Rubys. *Lyon*, 1604, 1 vol. in-fol.

3130 Histoire de la ville de Lyon, ancienne et moderne, par le R. P. Jean de Saint-Aubin, S. J. *Lyon*, 1666, 1 vol. in-fol.

3131 Abrégé chronologique de l'Histoire de Lyon, par M. Poullin de Lumina. *Lyon*, 1767, 1 vol. in-4.

3132 Histoire littéraire de la ville de Lyon, par le R. P. de Colonia. *Lyon*, 1728, 2 vol. in-4.

3133 Histoire de Lyon depuis sa fondation jusqu'à 1789, par Mrs Clerjon et Morin. *Lyon*, 1829, 6 vol. in-8.
Ouvrage orné de gravures, donné par M. Alain Maret.

3134 Essai pour servir à l'Histoire politique de Lyon, depuis les temps historiques jusqu'à la domination des Francs, par M. Alain Maret. *Lyon*, 1846, 1 v. in-8.
Donné par l'auteur.

— Essai pour servir à l'Histoire de Lyon et du Lyonnais, Forez, Beaujolais, depuis le vi^e siècle jusqu'à la Révolution de 1789, par M. Alain Maret (manuscrit en 2 cahiers in-4).
Donné par l'auteur.

— Essai pour servir à l'Histoire de Lyon et du Lyonnais, Forez, Beaujolais, depuis la Révolution de 1789, jusqu'au consulat de Napoléon, par M. Alain Maret (manuscrit en 1 cahier in-4).

Donné par l'auteur.

3135 Histoire politique et militaire du peuple de Lyon pendant la révolution française, par M. Alphonse Balleydier. *Paris, Curmer,* 1845, 3 vol. in-8, grav.

3136 Histoire des villes de France, par Aristide Guilbert (Provinces de Lyonnais, Forez et Beaujolais). *Paris,* 1 cahier in-8.

3137 Recueil de la partie historique de plusieurs années du calendrier historique de la ville de Lyon, formant un résumé de l'histoire de Lyon jusqu'en 1603; 1 vol. in-12.

3138 Recherches pour servir à l'histoire de Lyon, ou les Lyonnais dignes de mémoire (par l'abbé Pernetti). *Lyon,* 1757, 2 vol. in-12.

3139 Entrée solennelle de Louis XIII dans la ville de Lyon; 1 vol. petit in-fol., orné de pl., le fr. m.

3140 Histoire ecclésiastique du diocèse de Lyon, par J^n - M^{ie} de la Mure. *Lyon,* 1671, 1 vol. in-4.

3141 Notice historique sur le diocèse de Lyon, par M. Auguste Bernard. *Paris,* 1846, broch. in-8.

3142 Des divisions administratives du Lyonnais au xe siècle par M. Auguste Bernard; broch. in-8.

3143 Mémoire sur les Origines du Lyonnais, par M. Auguste Bernard. *Paris,* 1846, broch. in-8.

3144 Narration historique et topographique des couvents de Saint-François de la province de Bourgogne, par le R. P. Fodéré. *Lyon,* 1619, 1 vol. in-8.

— Extrait du mémoire de la généralité de Lyon, dressé par ordre de Mgr le duc de Bourgogne en 1698, par M. Lambert-d'Herbigny, intendant (Voir état de la France, par M. de Boulainvilliers, tome 5, p. 399, n° 2902 du C.).

3145 Aperçu historique sur les origines judiciaires de Lyon, par Me Vial, avocat, lu dans la séance solennelle d'installation de la conférence des avocats, 26 avril 1855 (3 n°* du *Moniteur judiciaire de Lyon*).

3146 Almanach astronomique et historique de la ville de Lyon et des provinces de Lyonnais, Forez et Beaujolais, années 1749-1760-1767-1781 ; 4 vol. in-8.

3147 Mémoires pour servir à l'histoire naturelle des provinces de Lyonnais, Forez et Beaujolais, par M. Alleon Dulac. *Lyon*, 1765, 2 vol. in-8.

3148 Règlement général de la police de la ville de Lyon et faubourg d'icelle, fait par M^{rs} les Juges et Commissaires. *Lyon*, 1640, 1 vol. in-4.

3149 Règlement général des péages et octroys qui se lèvent sur la rivière de Saone tant par eau que par terre, etc. *Lyon*, 1672, 1 vol. in-12.

3150 La Forme de la direction et OEconomie du grand Hostel-Dieu de Notre-Dame-de-Pitié du pont du Rhosne de la ville de Lyon. *Lyon*, 1661, 1 vol. in-4.

3151 Pèlerinage de Lyon à St-Etienne, par le chemin de fer. *Lyon*, 1839, broch. p. f.

3152 Notice sur les chemins de fer du Rhône et de la Loire, et Itinéraire de Lyon à St-Etienne et à Roanne. *Lyon*, 1844, broch. p. f.

3153 Recueil de pièces publiées à l'occasion des affaires de Lyon, en 1817 ; 1 vol. in-8.

3154 Notice historique sur la Bibliothèque la Valette, par M. Auguste Bernard. *Lyon*, 1854, broch. in-8.

SECTION II.

Histoire du Forez et du Département de la Loire.

3155 Histoire universelle civile et ecclésiastique du pays de Forez, par J^n-M^{ie} de la Mure. *Lyon*, 1674, 1 v. in-4.
Enrichi d'un autographe de l'auteur.

3156 Histoire du Forez, par M. Auguste Bernard. *Montbrison*, 1835, 2 vol. in-8.

3157 Les d'Urfé, souvenirs historiques et littéraires du Forez aux xvi⁰ et xvii⁰ siècles, par M. Auguste Bernard. *Paris, Imp. roy.*, 1839, 1 vol. in-8.

— Erection du pays de Rouannois en Duché-Pairie et Généalogie des Ducs (Voir Histoire généalogique de la Maison royale de France, par le P. Anselme, tome 5, p. 292, n° 3050 du C.).

3158 Saint-Etienne, ancien et moderne, par M. Isidore Hedde. *Lyon*, 1841, 1 vol. in-8.

Donné par M. Coste fils.

3159 Recherches historiques sur la ville de Rive-de-Gier, par M. J.-B. Chambeyron. *Lyon, Boitel,* 1845, 1 vol. in-8.

Donné par M. Coste fils.

3160 Histoire de la ville de Charlieu, depuis son origine jusqu'à la révolution de 1789, par M. J.-B. Desevelinges; *Roanne, imprimerie de Sauzon*, 1856, 1 vol. in-8.

3161 Recherches sur le Forum Segusiavorum et l'origine gallo-romaine de la ville de Feurs, par M. l'abbé Roux. *Lyon, Boitel,* 1851, 1 vol. in-4, pl.

3162 Observations sur l'état ancien et actuel des tribunaux de justice du Forez, sur les Grands Hommes de ce pays, etc., par M. Sonyer Du Lac. *Paris,* 1781, 1 v. in-8.

3163 Voyage autour de mon clocher (Néronde), par M. Delandine de St-Esprit. *Paris,* 1845, 1 vol. p. f.

3164 Inondations de 1846. Relation complète et officielle, par M. Berger. *Paris,* 1846, 1 vol. p. f.

3165 Chronique de Notre-Dame-d'Espérance de Montbrison, ou Etude historique et archéologique sur cette église depuis son origine 1212 jusqu'à nos jours, par l'abbé F⁰ⁱˢ Renon. *Roanne, imprimerie de Farine*, 1847, 1 vol. in-8, orné de planches.

3166 Chronique de la très dévote Abbaye des Religieuses de Ste-Claire de Montbrison, par Messire Jⁿ-Mⁱᵉ de la Mure. Réimprimé, par Bernard aîné. *Montbrison,* 1845, broch. in-8.

Donné par M. Bernard.

3167 La Diana sous le point de vue historique et héraldique, par l'abbé F^ois Renon. *Lyon*, 1844, 1 vol. de planches, gr. format obl. et 1 broch. in-8 de texte.
   Don de l'auteur.

3168 Quelques observations sur la bute polytaphe de Roanne, par M. Lapierre. *Roanne*, 1824, broch. in-12.

3169 Notice sur le Musée de Roanne, par M. Fleury Mulsant. *Roanne*, 1845, broch. in-8.

3170 Notice sur les Antiquités de Charlieu, par M. J.-B. Desevelinges. *Roanne*, s. d., broch. in-12.

3171 Essai statistique sur le Département de la Loire, par M. J. Duplessy. *Montbrison*, 1818, 1 vol. in-8.
   Donné par M. Coste fils.

3172 Annuaire du Département de la Loire, années 1835 et 1845 ; 2 vol. p. f.

3173 Almanach du Département de la Loire ; 1851, 1 v. p. f.

3174 La France illustrée (Géographie de Malte-Brun). Département de la Loire. *Paris*, s. d., 1 cahier in-4.

3175 Mémoire sur la constitution géologique de l'arrondissement de Roanne, par M. Bellé, ingénieur civil. *Roanne*, 1854, broch. in-8.

3176 Notice biographique et littéraire sur Jh. de Berchoux, par M. Collombet. *Lyon*, 1841, broch. in-8.

3177 Notice biographique sur M. Marie-Apollon Déplace, curé de St-Louis. *Lyon*, 1850, 1 vol. in-18.

3178 Notice historique sur la vie de M. Arthaud de Viry, docteur en médecine, par son neveu. *Roanne*, 1834, broch. in-8.

— L'Astrée de M. Honoré d'Urfé, abrégée par l'abbé Souchay. *Paris*, 1733, 5 vol. in-12.

3179 Etudes sur l'Astrée et sur Honoré d'Urfé, par M. Norbert Bonafous. *Paris,* 1846, 1 vol. in-8.

— OEuvres complètes de Jean Chapelon (partie en français, partie en langage forésien; 1 vol. in-8, n° 2140 du C.).

3180 Ballet en langage forésien, par Marcellin Allard (réimpression). *Lyon*, 1855, broch. in-8, portrait.

3181 Note sur Marcellin Allard et sa Gazette françoise, par M. Gui de La Grye; broch. in-8, s. titre.

3182 Caisse de Secours mutuel et de prévoyance entre les mariniers de la ville de Roanne. *Roanne,* 1821, br. in-12.

<small>Curieux pour faire connaître les surnoms bizarres que se donnent encore entre eux les mariniers, suivant l'usage du moyen-âge.</small>

— Canal. — Chemins de fer. — Eaux minérales. — Sessions du Conseil-Général. — Discussions relatives au transfert de la Préfecture; voir n°s 1485, 6, 7, 8, 1495, 6, 7, 8, 9, 1500, 1521, 2, 3, 4, 1669, 70, 72. 73.

SECTION III.

Histoire du Beaujolais.

3183 Mémoire contenant ce qu'il y a de plus remarquable dans Villefranche, capitale du Beaujolais. *Villefranche,* 1671, 1 vol. in-4.

3184 Voyage dans le Haut-Beaujolais, ou Recherches historiques sur la ville et le canton de Thizy, par M. de la Rochette. *Roanne,* s. d., 1 vol. in-12.

3185 Notice sur l'histoire du Beaujolais, de Pierre Louvet, compte rendu, par M. Auguste Bernard. *Lyon,* 1854, broch. in-8.

3186 Les Sires de Beaujeu, ou Mémoires historiques sur le monastère de l'Ile-Barbe et la tour de la Belle-Allemande. *Lyon,* 1810, 2 vol. in-8.

CATALOGUE
DE
LA BIBLIOTHÈQUE
DE LA VILLE DE ROANNE

Sixième Partie

POLYGRAPHIE.

CHAPITRE UNIQUE.

ŒUVRES, LETTRES, DIALOGUES, RECUEILS.

SECTION PREMIÈRE.

Œuvres, Lettres et Dialogues.

§ 1. -- AUTEURS GRECS.

3187 Isocratis Opera græcè et latinè; 1 vol. in-fol., le fr. m.
3188 Luciani samosatensis Opera quæ exstant è græco sermone in latinum translata. *Lugd., ap. Joannem Frellonium,* 1549, 1 vol. in-fol.
3189 Luciani samosatensis Dialogi selecti cum nova versione et notis ab uno è PP. S. J. *Lugd.,* 1636, 1 vol. in-8.
3190 Lucien, de la traduction de M. Perrot d'Ablancourt. *Paris,* 1655, 2 vol. in-4.

3191 Œuvres de l'empereur Julien, traduites du grec en français, par M. Tourlet. *Paris*, 1821, 2 vol. in-8 pour 3 ; le 3ᵉ m.

3192 Opera Xenophontis græcè et latinè. *Edidit Firminus Didot, Parisiis*, 1840, 1 vol. in-8.

3193 Les Œuvres de Xénophon, traduites en français. *Yverdon, imprimerie Caldoresque*, 1619, 1 vol. in-8.

§ 2. — AUTEURS LATINS.

3194 Cours de latinité supérieure, ou Extraits des auteurs latins accompagnés des meilleures traductions, par M. l'abbé Paul. *Lyon*, 1806, 2 vol. in-12.

3195 M. T. Ciceronis Opera cum delectu Commentariorum. *Edebat Josephus Olivetus, Genevæ*, 1758, 9 vol. in-4.

3196 M. T. Ciceronis Opera omnia, editio Lambini cui accesserunt Gothofredi notæ. *Lugd., sumptibus Sybillæ à Porta*, 1588, 2 vol. in-4, encadrés en lignes rouges.

3197 M. T. Ciceronis Operum tomi 3ᵘˢ et 4ᵘˢ. *Lutetiæ, ap. Carolum Stephanum, typographum regium*, 1554, 1 vol. in-fol.

3198 M. T. Ciceronis Epistolæ ad Atticum, Seb. Corradi interpretationibus illustratæ. *Venetiis*, 1554, 1 vol. in-fol.

3199 M. T. Ciceronis Epistolæ ad familiares. *Parisiis*, 1556, 1 vol. in-fol.

3200 Plinii Cæcilii Secundi Epistolarum libri x, commentariis Catanæi illustrati. — Sequuntur Panegirici diversi. *Excudebat Paulus Stephanus*, 1601, 1 vol. in-4.

3201 Idem Opus. *Ex calcographiâ Badii Ascensii*, 1533, 1 vol. in-fol.

3202 Lettres de Pline-le-Jeune (traduites par M. de Grezolles). *Clermont*, 1799, 2 vol. in-12.

3203 L. Annæi Senecæ ad Lucilium Epistolæ ; 1 vol. p. f.

3204 L. Apulei Madaurensis Opera ; 1 vol. in-8. *Impressum Florentiæ, operâ et impensâ Philippi de Giunta, anno* 1512.

§ 3. — AUTEURS LATINS MODERNES.

3205 Caii Sollii Apollinaris Sidonii Opera, cum Joannis Savaro Commentariis. *Parisiis*, 1609, 1 vol. in-4.

3206 Eadem, R. P. Sirmondi notis illustrata ; 1 vol. in-4.

3207 Philippi Beroaldi, Angeli Politiani, Hermolai Barbari et aliorum Opuscula. *Parrhisiis, in ædibus Ascensianis*, 1500, 1 vol. in-4.

3208 Philippi Beroaldi Opuscula. *Impressum Parhisius, per Dyonisium Roce*, 1501, 1 vol. in-4.

3209 Illustrium virorum Epistolæ ab Angelo Politiano aut scriptæ, aut collectæ. *Parrhisiis, ap. Johan. Petit*, 1 vol. in-4.

3210 Jacobi Picolomini Cardinalis Papiensis Opera. *Mediolani*, 1506, 1 vol. in-fol.

3211 Cælii Calcagnini Opera aliquot. *Basileæ*, 1544, 1 vol. in-fol., doré s. tr.

3212 Petri Criniti Opera. *Parisiis, Ascensius*, 1510, 1 vol. in-4.

3213 Christophori Longolii Opera, *accuratione, typis, et impensis Jodoci Badii Ascensii, in inclyta Parrhisiorum Academia;* 1530, 1 vol. in-8.

3214 Desiderii Erasmi Opuscula varia ; 1 vol. in-8, doré s. tr.

3215 Des. Erasmi Colloquia familiaria. *Parisiis*, 1748, 1 vol. in-12.

3216 Les Colloques choisis d'Erasme, latin et français, avec 3 dialogues de Pétrarque et de Mathurin Cordier. *Paris*, 1808, 1 vol. in-18.

3217 Joannis Lodovici Vivis dialogi. *Lugd.*, 1552, 1 vol. in-8.

3218 Les dialogues de Jean Loys Vives, traduits en françois, par Benjamin Lanius. *Paris*, 1584, 1 vol. p. f.

3219 Raphaelis Volaterrani Commentaria urbana. *Jehan Petit*, 1526, 1 vol. in-fol.

3220 Simonis Maioli Colloquiorum seu dierum canicularium pars 2ª. *Coloniæ*, 1608, 1 vol. in-fol.

3221 Les Jours caniculaires de Simon Maiole, évêque de Valtourre, tomes 2 et 3. *Paris*, 1610, 2 vol. in-4.

3222 Marsilii Ficini Opera. *Parisiis*, 1641, 2 vol. in-fol.

3223 R. P. Petri Labbe Opuscula diversa. *Gratianopoli*, 1664, 1 vol. in-fol.

3224 Justi Lipsii Opera diversa. *Antuerpiæ, ex officinâ Plantinianâ*, 1599 et seq., 1 vol. in-4.

3225 Justi Lipsii Epistolarum selectarum quinque centuriæ. *Parisiis*, 1602, 1 vol. in-8.

3226 Dionysii Petavii Epistolarum libri III. *Parisiis*, 1652. 1 vol. in-12.

3227 Annuæ litteræ Societatis Jesu anni 1612. *Lugd.*, 1 vol. in-8.

Voir à la page 658 de ce v. une lettre relative au Collége de Roanne.

§ 4. — AUTEURS FRANÇAIS.

3228 Les Œuvres de Guillaume du Vair, év. et comte de Lisieux, Garde des Sceaux. *Paris*, 1641, 1 vol. in-fol.

3229 Œuvres de Pierre de Bourdeille, sieur de Brantôme. *Londres*, 1739, 14 vol. in-18 pour 15; le 12e m.

3230 Œuvres complètes de Pierre de Bourdeille, abbé séculier de Brantôme et d'André, vicomte de Bourdeille, avec notices, par Buchon. *Paris*, 1838, 2 vol. in-8, P. L.

3231 La Jeunesse d'Estienne Pasquier. *Paris*, 1610, 1 vol. in-12.

3232 Les Lettres d'Estienne Pasquier. *Paris*, 1619, 2 vol. in-8.

3233 Œuvres de M. de Voiture. *Paris*, 1665, 1 vol. in-12.

3234 Les Entretiens d'Ariste et d'Eugène (par le P. D^{que} Bouhours); s. l., 1678, 1 vol. in-12.

3235 Sentiments de Cléante sur les Entretiens d'Ariste e d'Eugène. *Paris*, 1671, 2 vol. in-12.

3236 Œuvres diverses de M. de Balzac; 1 vol. in-12.

3237 Lettres choisies de M. de Balzac. *Paris*, 1647, 2 vol. in-12.

3238 Les véritables Œuvres de M. St-Evremont. *Londres*, 1706, 5 vol. in-12.

3239 Œuvres complètes de M. St-Foix. *Paris*, 1777, 6 vol. in-12.

3240 Les Œuvres de M. l'abbé de St-Réal. *Paris*, 1745, 6 vol. in-12.

3241 Œuvres mêlées de l'abbé Nadal. *Paris*, 1738, 2 vol. in-12.

3242 Œuvres diverses de M. l'abbé Fleury. *Paris*, 1 vol. in-8, P. L.

3243 Les Délices de l'Esprit, dialogues dédiés aux Beaux-Esprits, par M. J. Desmarest. *Paris*, 1659, 1 vol. in-fol., orné de grav.

3244 Œuvres de M. Regnard. *Lyon*, 1636, 2 vol. in-12.

3245 Œuvres du P. André. *Paris*, 1766, 4 vol. in-12.

3246 Œuvres de M. de Florian. *Paris*, 1784, 8 vol. in-8.

3247 Réponses aux questions d'un Provincial (par P. Bayle). *Rotterdam*, 1704, 2 vol. in-12.

3248 Lettres de Bayle. *Amsterdam*, 1729, 3 vol. in-12.

— Lettres de J. Racine (V. ses Œuvres, n° 2232 du C.).

3249 Œuvres de M. de Chateaubriand. *Paris*, 1830, 20 vol. in-8.

3250 Lettres choisies de Guy Patin, tomes 4 et 5. *Rotterdam*, 1695, 2 vol. in-12.

3251 Lettres de Mre Roger Rabutin, comte de Bussy. *Paris*, 1706, 3 vol. in-12 pour 4 ; le 2e m.

3252 Lettres de Mme de Sévigné. *Paris*, 1738, 4 vol. in-12 pour 6, le 1er et 2e m.

3253 Lettres de Mme de Pompadour. *Londres*, 1773, 1 vol. in-12.

3254 Lettres de Mme de Maintenon ; 1758, 8 t. en 4 v. in-12.

3255 Lettres de M. Boursault. *Lyon*, 1715, 2 vol. in-12.

3256 Lettres de M. Rollin ; 1 vol. in-12.

3257 Lettres historiques et galantes de deux dames ; tomes 3 et 4, 2 vol. in-12.

3258 Nouveau recueil de lettres politiques, morales et amoureuses, tirées des plus grands personnages grecs, etc. *Paris*, 1637, 1 vol. in-8, parch.

§ 5. — AUTEURS ÉTRANGERS.

3259 OEuvres de Machiavel. *La Haie*, 1743, 6 vol. in-12.

3260 OEuvres complètes de N. Macchiavelli, avec une notice biographique, par Buchon. *Paris*, 1837, 2 vol. in-8, P. L.

3261 Littere originale de R. P. Maestro Ganganelli. *Parrigi*, 1777, 1 vol. in-12, incomplet.

3262 Lettres intéressantes du Pape Clément XIV (Ganganelli). *Paris*, 1776, 3 vol. in-12.

3263 Les Epîtres dorées et discours salutaires de Dom Antoine de Guévaré, év. de Mondonedo. *Paris*, 1573, 1 vol. in-8.

3264 OEuvres diverses du docteur Young, trad. de l'anglais, par M. Le Tourneur. *Paris*, 1770, les tomes 3 et 4, 2 vol. in-12.

SECTION II.

Recueils ou Collectanées.

3265 Censorinus de die natali. — Tabula Cebetis. — Dialogus Luciani de Virtute conquerente cum Mercurio. — Enchiridion Epicteti. — S^{ti} Basilii de Liberalibus studiis et ingenuis moribus liber, ex græco in latinum versus. — Ejusdem Oratio de invidiâ. — Plutarchi de invidiâ et odio Libellus. — Tertulliani Apologeticus. *Omnia Venetiis, arte et impensis Joannis Tacuini*, 1509, 1 v. p. f.

3266 Dionysii Alexandrini de Situ Orbis liber. — Pomponii Melæ de Situ Orbis libri III. — C. J. Solini Polyhistor. — Æthici Cosmographia. *Omnia excudebat Henricus Stephanus, anno 1577*, 1 vol. in-4.

3267 Q. Horatii Flacci Odarum liber 2us. — Junii Juvenalis Satyræ xiii. — M. Tullii Ciceronis de Officiis liber 1us, cum notis variorum. *Parisiis*, 1582. — Ejusdem de Oratore liber 3us. — Ejusdem Tusculanarum Quæstionum liber 1us. *Parisiis*, 1580. — Ejusdem de Finibus bonorum et malorum liber 5us. — Ejusdem de Naturâ Deorum liber 3us. — Fabulæ Esopi selectiores græcè. — Xenophontis Apologia græcè. — Brevia et dilucida quædam præludia ad Philosophiam, auct. Jo. Hamiltonio. *Parisiis*, 1580, 1 vol. in-4.

3268 M. Tullii Ciceronis in Verrem actio 2^a. *Parisiis*, 1540. — Persii Flacci Satyræ sex. *Parisiis*, 1549. — Audomari Talæi Rhetorica. *Parisiis*, 1549, 1 vol. in-4.

3269 Xenophontis commentariorum libri quatuor græcè. *Parisiis, ex officinâ Jac. Boyardi*, 1542. — Xenophontis de factis et dictis Socratis memoratu dignis per Bessarionem Cardinalem latinitate donati. *Ex officinâ Boyardi*, 1542. — Plutarchi Chæronei de liberorum institutione græcè. *Parisiis, ap. Christoph. Wechelum*, 1546. — M. Val. Martialis Epigrammaton liber 8us. *Parisiis, ap. Tiletanum*, 1547, 1 vol. in-4.

3270 Q. Horatii Flacci poemata. *Parisiis*, 1543. — Pub. Virgilii Maronis Georgicon libri iv. *Parisiis, ex officinâ Michaelis Vascosani*, 1543. — Epitome Georgii Rithaymeri de Geographiâ. *Parisiis*, 1544. — Libellus de re militari, vulgò inter Ciceronis opera adscriptus. *Parisiis*, 1541. — Compendium dialecticæ F^{ci} Titelmanni. *Parisiis*, 1541. — Persii Flacci Satyræ sex. *Parisiis*, 1544. — Platonis Phædo græcè. *Parisiis*, 1544, 1 vol. in-4.

3271 Octaviani Ferrarii de disciplina encyclio. *Venetiis, ap. Paulum Manutium Aldi F.*, 1560. — Amplissimi cujusdam viri Epistola ad illustrissimum Principem Franciscum Ducem Guisianum. *Parisiis*, 1558. — De Caleti et Guinæ expugnatione Carmen. *Parisiis*, 1558. — De Theavilâ captâ Michaelis Hospitalii Carmen. *Parisiis*, 1558. — Ejusdem ad Carolum cardinalem Lotarenum de pace Carmen ; sequitur epistola ad Margaritam Regis sororem. *Parisiis*, 1558. — In Franciæ Delphini et Mariæ Scotorum Reginæ nuptias Carmen.

Parisiis, 1558. — Pujolii de pace inter Henricum Galliæ et Philippum Hispaniæ Reges inita carmen. *Parisiis*, 1559. — Ludi latrunculorum descriptio, auct. Hommeiano. *Parisiis*, 1560. — Descriptio universæ naturæ, auct. Carpentario Scholiis illustrata. *Parisiis*, 1560. — Ejusdem Descriptio Logicæ. — Ejusdem Descriptio Analyticæ. — Joan. Lud. Vivis in Virgilii Bucolica commentarii. *Parisiis*, 1560. — Aristotelis de mirabilibus Auscultationibus liber. *Parisiis*, 1548. — M. T. Ciceronis 1ª ad Lentulum epistola, per Theodorum græcè donata. *Parisiis*, 1548, 1 vol. in-4.

3272 Lucii Annæi Senecæ Naturalium Quæstionum lib. VII. *Parisiis, ap. Vascosanum*, 1540. — Aristotelis Meteorologicorum libri IV, Fᶜᵒ Vatablo interprete. *Parisiis*, 1542. — Jo. Joviani Pontani ad filium Meteorum liber (versibus latinis). — Aristotelis de cœlo libri IV, Jo. Argyropylo interprete. *Parisiis*, 1542, 1 vol. in-4.

3273 Historia septem Sapientium. — Cathon cum glosâ suâ. —De doctrinâ dicendi et tacendi liber. — Stella Clericorum; 1 vol. in-4, goth., s. l. n. d.

3274 Omnia Andreæ Alciati Emblemata cum notis. *Parisiis*, 1571. — Oratio M. T. Ciceronis pro P. Sylla, cum commentario. — Commentarius in Ausonii Gryphum ternarii numeri. *Parisiis*, 1574. — Compendium in universam dialecticam ex Rivio aliisque collectum. *Parisiis*, 1575. — Ciceronis Oratio pro M. Cœlio. *Parisiis*, 1573. — Ciceronis de legibus liber 1ᵘˢ. *Parisiis*, 1574. — Justini historici liber 2ᵘˢ. — Q. Horatii Flacci de Arte poeticâ ad Pisones. *Parisiis*, 1575, 1 v. in-4.

3275 Guillelmi de Mara tripertitus in Chimæram Conflictus. *Venundatur in edibus ascensianis*. — Ejusdem quatuor libri Sylvarum. — Malachiæ libellus qui dicitur *Venenum Malachiœ*, septem peccatorum mortalium venena, eorumque remedia describens. *Parisiis, in officinâ Henrici Stephani*. — Tractatus Dⁿⁱ Stephani Eduensis episc. de Sacramento altaris. *Parisiis, in officinâ Henrici Stephani*, 1517. — Quæstiones de parvulis Judæorum baptisandis ab Udalrico; 1 vol. in-4.

3276 Libri Dialecticæ legalis v, auct. Chistophoro Hegendorphino. *Parisiis, ex officinâ Roberti Stephani*, 1532. — Philippi Melanchtonis Dialectica et Rhetorica. *Ap. Franciscum Gryphium*, 1532, 1 vol. in-8.

3277 Georgii Trapezuntii de Re dialecticâ libellus. *Lugd.*, 1539. — Georgii Vallæ de Expeditâ ratione argumentandi libellus cum scholiis. — Jo. Sturmii Partitionum dialecticarum libri II. *Parisiis, ap. Wechelum,* 1539. — Fundamentum logicæ, introductio in terminorum cognitionem. *Parisiis, ap. Simonem Colinœum*, 1540. — Dialectica progymnasmata. *Parisiis*, 1542, 1 vol. in-8.

3278 L. Fenestellæ de Magistratibus Sacerdotiisque Romanorum Libellus. *Parisiis, ex officinâ Simonis Colinœi,* 1542. — Pomponii Læti de romanis magistratibus, sacerdotiis, jurisperitis et legibus Libellus. — C. Julii Solini Polyhistor. *Parisiis, ap. Simonem Colinœum,* 1533. — Eutropii de Gestis Romanorum libri X. *Parisiis, ap. Simonem Colinœum*, 1542. — Pauli Diaconi de Gestis Romanorum libri octo ad Eutropii historiam additi. *Parrisiis, ap. Simonem Colinœum,* 1531, 1 v. in-8.

3279 Alcimi Aviti Viennensis episc. Opuscula poetica. *Ex edibus ascensianis*, 1510. — Christophori Longolii civis romani perduellionis rei Defensiones duæ. *In calcographiâ Jodoci Badii Ascensii,* 1520, 1 v. in-8.

3280 Jacobi Pontani Progymnasmatum latinitatis, sive dialogorum selectorum libri II. *Lugd.*, 1607. — Hadriani Cardinalis de sermone latino Epitome; 1 vol. in-8.

3281 Catonis disticha cum scholiis Erasmi. *Lugd., ap. Doletum.* — Eadem, græcè. - - Dicta Sapientum. — Mimi Publiani ab Erasmo castigati. — Sententiæ insignes. — Catonis disticha, Dicta Sapientum cum Scholiis. *Parisiis*, 1547. — De lubrico temporis curriculo. *Parisiis*, 1573. — Bucolicon de funere Caroli Octavi. — Michaelis Verini Disticha de moribus. *Parisiis*, 1571. — Libellus de moribus in mensa servandis Verulano auth. *Parisiis*, 1573. — Sentences selectes tournées en poésie française. *Paris*, 1561, 1 vol. in-8.

3282 De imitatione ciceronianâ Dialogi tres, auct. Jo. Sambuco ; 1561. — Ejusdem Orationes duæ funebres. *Parisiis*, 1561. — De præmaturâ morte Georgii Bona Epistolæ aliquot et epigrammata funebria. — Nic. Clenardi epistolarum libri duo. *Ex officinâ Christophori Plantini Antuerpiæ*, 1666. — Picta Poesis. *Lugd.*, 1552. — M. T. Ciceronis vita, per Christophorum Preyss. *Basileæ*, s. d., 1 vol. in-8.

3283 Jodoci Vuillichii Reselliani Arithmeticæ libri III. *Argentorati*, 1540. — Compendium arithmeticæ Artis, per Joan. Scheubelium. *Basileæ*, 1549. — Joachimi Ringelbergii Institutiones astronomicæ. *Basileæ*, 1528. — Hugonis Latimeri Anglicani Pontificis Oratio apud totum Ecclesiasticorum conventum habita. *Basileæ*, 1537. — Francisci Robortelii variorum locorum annotationes tam in græcis quàm in latinis authoribus. *Parisiis*, 1544, 1 vol. in-8.

3284 De Re hortensi libellus. *Parisiis*, 1536. — De Vasculis libellus ex Bayfio decerptus. *Parisiis*, 1535. — De Re vestiariâ libellus ex Bayfio. *Parisiis*, 1535. — Abrégé de la civilité puérile des meurs pour les enfants, tiré du sieur Erasme, couché en articles, par Chrestofle Sauldry. *Orléans*, s. d. — La Sparte chrétienne avec les chansons spirituelles nouvellement composées. *Paris*, 1606. — La Vie et légende de Monsieur St. Fiacre avec plusieurs beaux miracles. *Paris*, 1600. — Doctrina de communione sub utraque specie Concilii Tridentini. *Parisiis*, 1562. — La Harengue des Ambassadeurs du Roy De France Charles IX prononcée en latin au concile de Trente avec la réponse de l'assemblée. *Paris*, 1562. — Avertissement sur la réception et la publication du concile de Trente, 1583. — Remonstrances au Roy des Deputez des trois Estats de son Duché de Bourgongne sur l'édit de pacification, etc., 1586. — Advertissement à tous bons et loyaux subjectz du Roy, 1587. — Réponse à ceux qui appellent idolâtres les chrestiens vrays adorateurs, par M. René Benoist. *Paris*, 1566. — Advertissement du moyen par lequel tous troubles et différens de ce temps seront assopis et ostez, par M. R. Benoist. A Messieurs les habitans de Paris, 1587. — Admonition à M₨ du Tiers Estat de France qui ne sont de l'Eglise catholique romaine, par Pierre-Victor Cayet. *Paris*, 1596. — Response en latin et en françois à Martin Bartox touchant sont livret intitulé : *Abnegatio errorum Ecclesiæ romanæ*, par Pierre Monteau. *Paris*, 1603. — Discours merveillable d'un démon amoureux lequel a poussé une jeune damoyselle à brusler une riche abbaye et couper la gorge à sa propre mère. *Paris*, 1605. — Histoire tragique et mémorable advenue à Paris en ce karesme mil six cens deux. *Paris*, s. d. — Discours sur le maudit et exécrable attentat entrepris de nouveau sur la personne du Roy. *Paris*, 1605. — Les cruels et horribles tormens de Balthazar Gérard vrai martyr, souffertz en l'exécution de sa glorieuse et mémorable mort pour avoir tué Guillaume de Nassau prince d'Orenge, ennemy de son Roy et de l'Eglise Catholique. *Paris*, s. d. — Ode sur la conservation de la France. *Rouen*, 1602. — Sur la mort inopinée de magnanime prince Henry de Bourbon prince de Condé, Remonstrance à la France. *Paris*, 1588. — Michaelis Ritii. *Optimus Francus*, sive de Fide gallicâ. *Parisiis*, 1589. — Lettres particulières envoyées au Roy par un gentilhomme françoys, 1585. — Discours sur les causes et raisons qui ont meu justement les Françoys de prendre les armes contre Henry de Valois jadis leur Roy. *Paris*, 1589. — De la différence du Roy et du Tyran. *Paris*, 1589. — Discours sur les rebellions auquel est contenu quelle est la misère qui accompaigne les trahistres, sedicieux et rebelles, etc., par P. de Belleforest. *Paris*, 1572. — Aimable accusation et charitable excuse des maus et évènemens de la France. *Paris*, 1576. — Humbles requestes et remonstrances faictes au Roy pour le Clergé de France tenant ses Estats à Orléans, par frère Jean Quintin. *Paris*, 1588. — Présentation des lettres de l'office de M. le Connestable faite en Parlement le 21 novembre 1595. *Paris*, 1 vol. in-8.

OUVRAGES OMIS

Dans la rédaction du Catalogue.

2502 *a* L'Art de vérifier les dates des faits historiques, des chartes, des chroniques, etc. *Paris*, 1770, 1 vol. in-fol.
Donné par M. le Dr de Viry.

2078 *a* Les Métamorphoses d'Ovide, traduites en prose françoise avec xv discours contenant l'explication morale et historique des fables, par M. N. Renouard. *Paris*, 1651, 1 vol. in-fol., orné de gravures.
Donné par M. le Dr Bonneaud, de Charlieu.

2190 *a* Mes premiers Chants, par Charles Garnier (poésies diverses). *Imprimerie de Sauzon, à Roanne*, 1 vol. in-8.
Donné par M. Sauzon.

2190 *b* La Gastronomie, poème en iv chants, par Jh. de Berchoux ; 1 vol. in-18, le titre manq.

2190 *c* Voltaire, ou le Triomphe de la Philosophie moderne, poème en huit chants, suivi de pièces fugitives en vers et en prose, par Joseph Berchoux. *Paris*, 1817, 1 vol. in-8.
Donné par M. Coste fils.

3154 *a* Inscriptions antiques de Lyon, par M. Alph. de Boissieu. *Lyon*, 1846, 1 vol. in-4, orné de 300 fig.
Donné par M. Alain Maret.

1051 *a* Explication de l'ouvrage des six jours, par M^{rs} les abbés Duguet (de Montbrison) et d'Asfeld. *Toulouse*, 1780, 1 vol. in-12.
Donné par M. E. Jeannez.

1508 *a* De la Bienfaisance publique, par M. le baron de Gerando. *Paris*, 1839, 4 vol. in-8.

CATALOGUE

DE

LA BIBLIOTHEQUE

DE LA VILLE DE ROANNE

Manuscrits

Théologie.

1 Disputationes in primam partem secundæ partis ; 1 vol. p. f., écriture moderne.
2 Cursus Philosophiæ et Theologiæ ; *scribebat Joannes Pecquet*, 1677, 4 vol. in-4, rel. en parch.
3 Tractatus moralis de sacramentis novæ Legis ; 1 vol. in-4, écriture moderne.
4 Tractatus de sacramentis tomus 2us ; 1683, 1 vol. in-4.
5 Tractatus de Ecclesiâ ; 1 vol. in-4, écriture du 16ᵉ s.
6 Vera idea Theologiæ cum historiâ ecclesiasticâ sociatæ ; 1 vol. in-4.
7 Tractatus de Justitia et Jure. *Andreas Josephus du Bessey, anno Domini* 1678, 1 vol. in-4, parch.
8 Essai de conférences ecclésiastiques sur divers sujets de morale, par un prêtre de l'Oratoire ; 1730, 1 vol. in-4, rel. en veau, doré s. tr.

9 Conciliorum omnium breve Epitome, 1 vol. in-8, écriture du 16ᵉ s.

10 Remarques sur les conciles et sur les canons des Apôtres ; 1 vol. in-4, rel. en veau, bonne écriture moderne.

---

11 Traités ascétiques pour les Religieux ; 1 vol. p. f. écriture du 17ᵉ s.
12 Traité des vertus ; 1 vol. p. f., rel. parch., écriture du 17ᵉ siècle.
13 Paradisus animæ Alberti Magni ; 1 vol. p. f. écrit sur velin en caractères gothiques.
14 Recueil de plusieurs dévotions très-utiles et profitables ; 1 vol. in-4, doré s. tr., écriture moderne.
15 Projets de prônes ou de sermons ; 1 vol. in-12, écriture moderne.
16 Graduale et Antiphonarium romanum ; 1 vol. p. f., bonne écriture moderne.

---

17 Breviarium officiorum Ecclesiæ ; 1 gros vol. petit in-8, écrit sur vélin en caractères gothiques, lettres initiales en couleur, rel. en bois, les 1ᵉʳˢ feuillets m.
18 Cantus missarum de Sanctis ; 1 vol. in-8, écriture ronde très nette, ainsi que les notes, quelques lettres ornées.
19 Graduale romanum ; 1 vol. in-4, écriture moderne très-nette ainsi que les notes.
20 Cantus varii Ecclesiæ Lugdunensis ; 1 vol. in-4, écriture imitant l'impression, d'une netteté remarquable.
21 Cantus Antiphonarum ; 1 vol. in-4, écriture imitant l'impression.

Jurisprudence.

22 Tractatus de regulis juris ecclesiastici apud Gallos recepti. *Parisiis*, 1693, 1 vol. in-4.
23 Le Cri des Vicaires et des Curés ; 1 cahier in-8.
Plaintes d'un prêtre mécontent vers 1789.

24 Stile des Requestes du Palais, des Requestes de l'hôtel du Parlement et autres juridictions du Palais ; 1714, très-belle écriture, 1 vol. in-4.

25 Résolutions de diverses questions de droit précédées d'une table alphabétique ; 1 cahier in-4, mauvaise écriture moderne.

26 Adversaria, seu Collectanea ex diversis et approbatissimis doctorum pragmaticorum libris ; 1 vol. in-fol., mauvaise écriture.

On lit sur la garde de ce volume la note suivante :

Distique faict par M. Jean Berauld avocat au bailliage de Forez, où il comprend la fondation de D^{lle} Marguerite de Fournillon sa femme, d'une messe chaque lundy de l'année, l'ostension du St-Sacrement aux vespres du dimanche et ensuite récitation du *Libera me, Domine*, sur sa tombe avec la croix.

Lunæ missa die, Domini sportacula sacra
Vespere post *Libera* cum cruce busta super.

27 Extrait du coutumier de France ; 1 vol. in-4, écriture du 16e s.

28 Cayer (sic) des formalités observées dans les Cours et juridictions de Lyon. *Bertrand de la Provenchère*, 1747, 1 vol. in-4.

Sciences et Arts.

29 Dilucida totius Philosophiæ compendia ; 1687, 1 cah. p. f.

30 Logica Joannis Thomæ Pelletier studentis sub disciplinâ R. P. B^{tæ} Regis, S. J. anno 1663 ; 1 vol. in-8.

31 Philosophia data à D^{no} Tandeau Philosophiæ professore in collegio Sorbonæ Plæssæo, scripta verò à Philiberto Arthaud, clerico lugdunæo, annis 1736 et 1737 (1ª pars Logica) ; 1 vol. in-4, orné de six gravures : 1° frontispice, 2° St^e Catherine, patrone des Philosophes, 3° Adam le premier philosophe, 4° Gassendi, 5° la Logique, 6° Descartes.

32 Institutiones Philosophiæ *Scribebat Joannes Fayeux*, 1656 et 1657, 2 vol. in-4, parch.

On trouve, dans le milieu du 1er vol., la note suivante :

Joannes Fayeux die decima septima mensis octobris anno millesimo sexcentesimo quinquagesimo sexto pridie Lucalium Roannæ.

33 Institutiones Philosophiæ ex mente Aristotelis ; 1 v. in-4, les 1ers et ders feuillets manq.

34 Auspice Mariâ Stadium philosophicum, seu Disputationes de rebus universis ad Philosophiam pertinentibus , 1ª pars Logica ; 1 vol. in-4, écriture moderne.

35 Philosophia nova, auct. Patre Ludovico Mariâ Aniciensi ; 1736, 1 vol. in-4.

36 Philosophia Patris Claudii Mariæ Pittiot, lugdunensis capucini ; 1726, 1 vol. in-4.

37 Physicæ Elementa ; 1754, 1 vol. in-8, rel. en veau.

38 Philosophiæ peripateticæ pars 2ª, seu Physica; 2 vol. in-4, mauv. écriture. A la fin du 2° vol. on lit :

Finis totius cursûs Joan. Bapt. Bois dati à Reverendo Patre Caydel Jesuita, perfecti die decima 1ª Julii anno 1684.

39 Physicæ pars 2ª; 1682, 1 vol. in-4.

40 Disputationes in quosdam Aristotelis Physicæ libros ; 1 vol. in-4, écriture du 16ᵉ s.

41 Physicæ annotata à Dno Francisco Avigniono accepta Parisiis in collegio Lexovæorum ; 1586, 1 vol. in-fol.

42 Physica DD. Bonnet de Minville, scribebat Andreas Menjot de Marival, abbas de Dompierre Baccalaureus in fieri 11ª octobris ; 1669, 1 vol. in-4.

43 Commentarius in Metaphysicam. Ex libris Vincentii Chatini, carilocensis presbyteri ; 1631, 1 vol. in-4.

44 Traité de Philosophie en français d'une bonne rédaction; 1 vol. in-4, écriture moderne.

45 Cours de Physique, en français, dicté par M. Champion, professeur royal au séminaire de Saint-Irénée, à Lyon, en 1770 ; 1 vol. in-4.

46 Essais politiques sur les différents Etats de l'Europe; 3 v. in-12, bonne écriture moderne.

---

47 Tractatus de Astronomiâ ad Sphæram Johannis de sacro Bosco accommodatus ; 1 vol. p. f., écriture du 17ᵉ s.

48 Tractatus de Astrologiâ ; 1 vol. in-4, avec figures cabalistiques d'une très mauvaise exécution.

49 Livre de cabale en hébreu, écrit en caractères rabbiniques; 1 vol. in-4.

50 Traité sur les Mathématiques (Traité d'Astrologie), par le sieur Dunois, mathématicien, pour dame Catherine de Lannoy, Marquise de Quevernau, Baronne de Noyau, etc. estant en ladicte ville de Noyan en l'année 628; 1 vol. in-fol., relié en maroquin rouge, doré s. tr.

---

51 Traité élémentaire de fortification et d'artillerie appartenant à Ouarguy, sergent de la Cie de Bonnaix ; 772, 1 cahier in-4.

52 Recueil de différents traités d'Artillerie d'une bonne écriture moderne ; 1 vol. in-4, broché.

53 Itinéraire général des passages du Rhin et de leurs débouchés, avec des observations sur le courant et les différentes positions de ce fleuve que le sieur Hugel, capitaine d'infanterie, a reconnus militairement par les ordres de M. le comte de Saxe au mois de juillet 743 ; 1 cahier in-4.

Belles-Lettres.

54 Recueil de Noëls ; 1 vol. p. f., écriture du 16e s.

55 Traduction en vers français, par Jean de Meun, des cinq livres de la Consolation de Philosophie de Boëce, accompagnée de notes ou commentaires sur les marges. L'ouvrage est dédié au roi Philippe-le-Bel :

> « A ta royale Majesté très-noble. Prince par la grâce de Dieu Roy de
> » France Phelippe-le-Quart. Je Jehan de Meun qui jadis au rommant de
> » la rose puis que jalousie oit mis en prison Belacueil et enseignay la
> » manière du chastel prandre et de la rose qûlir et translatay du la-
> » tin en françois le livre de vengence de chevalerie et le livre des mer-
> » veilles d'Irlande et la vie et les epistres de maistre Pierre Ahoyllart et
> » de Helloys sa femme et le livre a Elied de spirituel amistié, envoye
> » ores Boëce de consolation que je t'ay translaté de latin en françois
> » etc.

A la fin du volume, au-dessous du mot *explicit*, est la phrase suivante, formant deux lignes de la même écriture que le reste de l'ouvrage :

> « C'est livre est de Frère Rolet...., de l'ordre des Frères Meneurs et du couvent de Mascon. »

On lit aussi sur la première garde et sur le dernier feuillet :

<small>Ce livre est à Bertrand de Bouthéon escuyer tranchant de Madame de Bourbon.</small>

On ne trouve aucune date. Écriture ancienne assez lisible, avec des lettres initiales en couleurs et traits de plume, papier fort, 1 vol. p. in-fol., rel. en bois.

56 Traduction française des premiers livres de l'Alexandréide (par M. Lapierre) ; 1 cahier in-fol.

57 Le Voyage de Monsieur, frère du Roi, à Marseille, en 1777. Poème (burlesque) en deux chants ; 1 cahier in-4.

Histoire.

58 Incipiunt libri de vita Christi in Evangelistis tradita, continentes tres partes seu tria volumina. Qui libri fuerunt extracti de libraria aurelianensi per virum disertum dominum Petrum de Lepul, curatum Vougyaci, matisconensis diocesis studentem in universitate aurelianensi in facultate decretorum in anno currente millesimo quadringentesimo quinquagesimo quinto (1495). Quorum primum continet capita sequentia. Suit la table du 1er volume, les deux autres manquent.

Après la table, sur la marge inférieure de la première page, on lit la mention suivante :

<small>Je Jehan de Foudras esquyer et chevalier dis et soubstiens que par éritage ce livre est de céans fet ce vendredi iiiièyme juillet mil cinq cens souessente vij témoin mon cin cy mis Foudras † seigneur du Pin et de Thigny et estait ce dict livre à noble Jehan des Fourniers curé de Cherlieu Dieu aye son âme.</small>

1 vol. petit in-fol. rel. en bois, garni de cinq gros clous en cuivre sur le plat. Lettres en couleur dans le texte.

59 Abrégé d'Histoire de France, composé ou copié par Jacques de Contenson, de St-Just-en-Chevalet ; 1 vol. in-12, mauvaise écriture moderne.

60 Recueil d'anecdotes et de faits historiques dédié au duc d'Aquaviva (manuscrit italien) ; 1 vol. in-4, écriture moderne.

61 Histoire universelle, depuis l'origine du monde jusqu'à la mort d'Auguste ; 6 vol. in-4, reliés en veau pour 7 ; le 2e manque. Bonne écriture moderne.

62 Recueil sur l'Histoire ecclésiastique ; 1 vol. in-4, mauvaise écriture moderne.

Histoire locale.

63 Un terrier de la communauté de Beaulieu, écriture du 16° s. ; 1 cahier in-4, commençant au 12° feuillet, paraphé sur ce 12° feuillet le 21 octobre, 1701, signé Delandine, Vincent, Perrin.

64 Terrier concernant partie des rentes aliénées et dépendantes jadis du prieuré de Beaulieu, etc., signé de Sine Muro N^{re} ; 1459, 1 cahier in-8, parch.
Ce terrier est précédé d'un répertoire d'une bonne écriture moderne qui se termine par ces vers:

> Ces hommes ont passé, bientôt nous passerons.
> La terre aura nos corps, et le papier nos noms ;
> Dans cent ans l'on dira : Qui fit ce répertoire
> Gît dans le paradis, l'enfer ou le purgatoire.

Factum fuit die lunæ 26 mensis septembris, anno Domini 1777, apud Sancti Symphoriani de Lay (Pagum) in tabulario.

65 Liève d'un ancien terrier de la communauté de Beaulieu, faite en 1708; 1 vol. in-fol. Intéressant pour la connaissance des anciens noms de lieux dans la ville et les environs.

66 Terrier, ou Recueil d'actes concernant l'église paroissiale de St-Philibert, de Charlieu ; écriture du 16° s., 1 v. in-f.

67 Un des livres de compte du Collége sous les Jésuites, en 1684, intitulé : *Livre de la Dépense ou des Oreilles* ; 1 vol. in-fol., rel. parch.

68 Observations sur les manuscrits et livres précieux de la Bibliothèque, par M. Lapierre ; 1 cahier in-4.

69 Ancien catalogue de la Bibliothèque, par le même ; 1 cahier in-fol.

70 Copie d'un extrait des archives du bailliage de Montbrison, comprenant compte-rendu aux chambres assemblées, par M. Rolland, président, le 5 7bre 1763, relativement à la situation du collége de Roanne, par suite de l'expulsion des Jésuites ; 1 cahier in-4.

71 Recueil de notes diverses, concernant différents points de l'histoire de Roanne; 1 cahier in-4.

72 Registre de la formule des vœux de la profession des Religieuses du troisième Ordre de Saint-François du monastère de Sainte-Elisabeth de Roanne ; 1 vol. in-4.

73 Essai pour servir à l'Histoire de Lyon et du Lyonnais. Forez, Beaujolais, depuis le vi^e siècle jusqu'à la Révolution de 1789, par M. Alain Maret ; 2 cahiers in-4.

Donné par l'auteur.

74 Essai pour servir à l'Histoire de Lyon et du Lyonnais. Forez, Beaujolais, depuis la Révolution de 1789 jusqu'au consulat de Napoléon, par M. Alain Maret ; 1 cahier in-4.

Donné par l'auteur.

CATALOGUE

DE

LA BIBLIOTHÈQUE

DE LA VILLE DE ROANNE

Ouvrages doubles.

1° THÉOLOGIE

Écriture Sainte.

1 Commentaire littéral sur tous les livres de l'ancien et du nouveau Testament, par le R. P. Dom Augustin Calmet. *Paris, Emery,* 1707, 26 vol. in-4, rel. en veau, parfaitement conservés.
2 Explication des livres des Rois et des Paralipomènes, selon la méthode des Saints-Pères. *Paris, Babuty,* 1738, 6 vol. in-12 bien conservés.
3 Idem du livre de Job. *Paris,* 1732, 4 vol. in-12 bien conservés.
4 L'Histoire royale, ou Les plus belles et les plus curieuses Questions de la Genèse en forme de lettres dédiées au Roy, par le sieur Nicolas de Hauteville. *Paris,* 1666, 2 vol. in-4, reliure vieille, différente pour chaque volume.
5 Paraphase des CL psaumes de David, tant littérale que mystique, avec annotations nécessaires, par Ant° de Laval, géographe du roy, etc. *Paris,* 1626, 1 vol. in-4, en bon état.

6 Biblia sacra. *Lugd.*, *Sacon*, 1518, 1 vol. in-fol. goth., le titre manque, en mauvais état.

7 Biblia sacra ; format in-8, 12 exemplaires en mauvais état.

8 Sainte Bible en français ; 1 vol. in-4, sans couvertures, les 10 1ers feuillets manq.

9 La sainte Bible, trad. par le P. Carrières. *Paris*, 1740, 4 vol. in-12 pour 5 ; le premier manq.

10 Hugonis de Sancto Charo cardinalis Commentaria in Sacram Scripturam. *Lugduni*, 1645, 8 vol. in-fol., rel. en peluche verte.

11 R. P. Corn. Cornelii a Lapide Commentaria in varios Sacræ Scripturæ libros ; 7 vol. in-fol. de différentes éditions, reliure vieille et diverse.

12 Cornelii Jansenii episcopi Yprensis Pentateuchus, sive Commentarius in quinque libros Moysis. *Parisiis*, 1649, 1 vol. in-4.

13 Le même. *Lugd.*, 1677, 1 vol. in-4.

14 Cornelii Jansenii episc. Ypr. Tetrateuchus, sive Commentarius in sancta J. C. Evangelia ; cinq exemplaires de différentes éd.

15 Cornelii Jansenii episcopi Gandavensis Paraphrasis in omnes Psalmos davidicos cum argumentis et annotationibus.— Item Comment. in Proverbia et Ecclesiasticum ; 1 vol. in-fol., le titre déchiré à moitié.

16 Cornelii Jansenii Gand. ep. Commentarii in suam Concordiam ac totam historiam evangelicam. *Lovanii*, ap. *Tiletanum*, 1572, 1 vol. in-fol.

17 Idem Opus. *Lugduni*, 1684, 1 vol. in-fol.

18 R. P. Joan. Columbi in Universam S. Scripturam Commentaria, tomus 1us Pentateuchum, Josue, Judices, Ruth et Reges continens ; 1 vol. in-fol., titre déchiré.

19 Commentaria in Psalmos davidicos auctoris incogniti posteriùs cogniti Michaelis Ayguani Bonon, 2 tomes en 1 v. in-fol. *Lugduni*, 1597, rel. peluche.

20 Idem Opus. *Lugduni*, 1652, 1 vol. in-fol. couv. raccornie.

21 F^{is} Didaci Stellæ in sacro-sanctum Jesu Christi Evangelium secundùm Lucam Enarrationes. *Lugduni*, 1580, 1 vol. in-fol.

22 Ferdinandi Quirini de Salazar, S. J., Expositio in Proverbia Salomonis. *Parisiis*, 1626, 2 vol. in-fol.

23 Le tome 2° du même ouvrage. *Lugd.*, 1636, 1 vol. in-fol.

24 Sebastiani Barradas, S. J. Commentaria in concordiam et historiam quatuor Evangelistarum. *Lugd.*, 1613, 4 vol. in-fol. rel. pel.

25 Petrus Morales in caput 1um Matthæi ; 1 vol. in-fol., le frontisp. manq.

26 Guillelmi Estii Annotationes in præcipua ac difficiliora Sacræ Scripturæ loca. *Moguntiæ*, 1667, 1 vol. in-fol.

27 Idem Opus ; la moitié du titre déchiré, 1 vol. in-fol.

28 R. P. Ludovici ab Alcasar hispal., S. J., Vestigatio arcani sensûs in Apocalypsi, adjectum opusculum de sacris ponderibus et mensuris ; 1 vol. in-fol. rel. pel., 1618.

29 Michaelis Ghislerii Commentaria in Canticum Canticorum Salomonis. *Lugd.*, 1620, 1 vol. in-fol., rel. pel. bien conservé.

30 R. P. Jacobi Tirini, S. J. Commentarius in Sacram Scripturam, 2 tomes en 1 vol. in-fol. en bon état. *Lugd.*, 1672, 1 vol. in-fol.

31 Idem Opus. *Lugduni*, 1678, 2 tomes en 1 vol. in-fol.

32 Idem, tomus 1us, la moitié du titre déchiré ; 1 vol. in-fol.

33 R. P. Menochii, S. J. Commentarii totius Sacræ Scripturæ ex optimis quibusque authoribus collecti. *Lugduni*, 1683, 2 tomes en 1 vol. in-fol.

34 R. P. de Ponte, S. J. Expositio moralis et mystica in Canticum Canticorum. *Coloniæ Agrip.* 1622, 1 vol. in-fol., le papier est devenu jaune.

35 Francisci Mendoça, S. J. Commentaria in quatuor libros Regum. *Lugduni*, 1626, 2 vol. in-fol.

36 R. P. Paciuchelli Lectiones morales in Jonam prophetam. *Antuerpiæ*, 1680, 3 vol. in-fol.

37 Desiderii Erasmi Paraphrases in Novum Testamentum. *Basileæ, ap. Fröben*, 1535, 2 tomes en 1 vol. in-fol.

38 Le même. *Basileœ*, 1541, 2 tomes en 1 vol. in-fol.
39 Des. Erasmi in Novum Testamentum Annotationes. *Basileœ, ex officinâ Frobeniana*, 1535, 2 tomes en 1 vol. in-fol.
40 Divi Thomæ Aquinatis Enarrationes quas cathenam verè auream dicunt super quatuor Evangelistas. *Parisiis, ex officinâ Galteri*, 1546, 1 vol. in-fol.
41 Idem Opus; titre déchiré, 1 vol. in-fol.
42 Divi Thomæ de Aquino Commentaria in omnes epistolas Beati Pauli. *Caracteribus Michaelis Furter Basileœ impressa*, 1495, 1 vol. petit in-fol., goth.
43 Commentaire sur Daniel; 1 vol. p. f. relié parch. dont il manq. les 30 1res pages.
44 Opus aureum ornatum omni lapide pretioso super Evangeliis totius anni. *Lugd., Gueynard*, 1508, 1 vol. in-4, goth., rel. gauff.
45 Le même. *Lugduni*, 1510, 1 vol. in-8, goth. rel. gauff.
46 Postilla, seu Expositio epistolarum tam dominicalium quàm ferialium; 1508, 1 vol. in-4, goth. rel. en bois.
47 Postilla, sive Expositio epistolarum et evangeliorum tam dominicalium quam ferialium; goth., lettres initiales ornées de vignettes; 1 vol. in-4, parch. en mauv. état.
48 Tertia pars postillarum D^{ni} Hugonis cardinalis; 1 vol. in-fol., rel. peluche.
49 Ejusdem Postilla super quatuor Evangelistas; 1 vol. in-4, goth. en mauv. état.
50 Les Morales de S. Grégoire sur le livre de Job, trad. en fr. *Paris*, 1666, 1 vol. in-4, incomplet.
51 Enarrationes vetustissimorum Theologorum in Epistolas et Apocalypsim Johan. Heutenio interprete. *Parisiis*, 1545, 1 vol. in-8.
52 Explanatio in Psalmos, auct. Card. Bellarmino; 1 vol. in-4, quatre exemplaires.
53 In sacro-sanctum Jesu Christi Evangelium secundùm Joannem piæ et eruditæ juxta catholicam doctrinam Enarrationes, per F. Joannem Ferum. *Parisiis*, 1555, 1 vol. in-8.

54 Idem. *Antuerpiæ*, 1565.

55 In omnes divi Pauli apost. Epistolas Collatio, per Cl. Guilliaudum. *Parisiis*, 1550, 1 vol. in-8.

56 Doctoris F. Balthasari Paes in epistolam B. Jacobi Commentarius. *Lugd., Cardon*, 1624, 1 vol. in-4.

57 Sacrorum Bibliorum vulgatæ editionis Concordantiæ. *Antuerpiæ*, 1612, 1 vol. in-4.

58 Sylva Allegoriarum totius Sacræ Scripturæ, auct. F. Hieronymo Laureto. *Venetiis*, 1575, tomus 1us, 1 vol. in-4.

59 Principes discutés pour faciliter l'intelligence des livres prophétiques, etc.; les 4 1ers vol., 4 vol. in-12.

60 Bibliotheca sancta, à F. Sixto Senensi ex præcipuis catholicæ Ecclesiæ auctoribus collecta. *Lugduni*, 1575, 1 vol. in-fol., parch.

61 Quincuplex Psalterium gallicum, rhomanum, hebraïcum, vetus, conciliatum ; 1 vol. in-4, il manque l'introduction et quelques pages à la fin.

62 Domini Hugonis cardinalis 2^a pars sup. Epistolas et Evangelia; s. d., 1 vol. in-4, goth. rel. gauff.

Saints-Pères.

63 S^{ti} Bernardi Opera ; 1 vol. in-fol., goth., le titre manq.

64 S^{ti} Bernardi Opera omnia in v tomos digesta studio et labore Jac. Merloni Horstii; 5 tomes en 2 vol. de deux éditions, 1658 et 1679, le 2e vol. endommagé.

65 S^{ti} Bernardi Opera. *Parisiis*, 1621, 1 gros vol. in-fol.

66 Le même ouvrage, même édition; une des couvertures manque et les 1ers feuillets sont détachés.

67 S^{ti} Augustini Opera ; trois vol. dépareillés, goth. rel. en bois, petit in-fol.

68 Les Confessions de saint Augustin, traduites par le S. P. *Paris*, 1637, 1 vol. in-4.

69 S^{ti} Augustini Milleloquium veritatis (seu Divi Augustini doctrina in locos communes ordine alphabetico redacta). *Lutetiæ Parisiorum*, 1649, 2 vol. in-fol.

70 Le même ouvrage, même édition.

71 Leo Magnus, Maximus Taurinensis, Petrus Chrysologus, Fulgentius, Valerianus, Asterius, Amedeus : Heptas Præsulum christianâ sapientiâ et facundiâ clarissimorum. *Lutetiæ*, 1623, 1 vol. in-fol.

72 Le même ouvrage. *Lugduni*, 1633, 1 vol. in-fol.

73 Tertulliani Omniloquium alphabeticum rationale tripartitum, sive Tertulliani Opera omnia in novum ordinem disposita operâ Fratris Caroli Moreau. *Parisiis*, 1657, 3 vol. in-fol.

74 Le même ouvrage. *Parisiis*, 1659, 3 vol. in-fol.

75 Origenis Opera. *Venundantur Lugduni in Ædibus Nicolai Parvi et Hectoris Penet*, 1536, 4 tomes en 1 vol. in-fol.

76 Cælii Lactantii Firmiani libri varii. *Antuerpiæ*, 1539, 1 vol. in-8.

77 S^{ti} Hieronymi Stridonensis opera omnia cum notis et scholiis. *Francofurti ad Mœnum*, 1684, 5 vol. in-fol.

78 S^{ti} Hieronymi Opera, cinq volumes dépareillés, dont trois sans couvertures ; 5 vol. in-fol.

79 S^{ti} Ambrosii Mediolanensis episc. Opera. *Parisiis*, 1632, 2 vol. in-fol.

80 Eadem. *Parisiis*, 1642, 2 vol. in-fol.

81 Les Ascétiques, ou Traités spirituels de saint Basile-le-Grand, trad. par M. Godefroy Hermant. *Rouen*, 1727, 1 vol. in-8, broché.

82 S^{ti} Bonaventuræ Opuscula. *Lugduni*, 1647, 1 vol. in-fol.

83 S^{ti} Isidori hispalensis episcopi Opera omnia quæ exstant. *Parisiis*, 1601, 1 vol. in-fol., un côté de la couverture est détaché.

Conciles.

84 D. Hieronymi Epistolæ selectæ. *Lugduni*, 1612, 1 vol. p. f.

85 Summa Conciliorum omnium, seu Collegium synodicum

in sex classes distributum operâ M. L. Bail. *Parisiis*, 1659, 2 vol. in-fol.

86 Le même ouvrage. *Parisiis*, 1672, 2 vol. in-fol.

87 Histoire du Concile de Trente de Fra Paolo Sarpi, trad. par M. Amelot de la Houssaie, avec des remarques historiques, politiques et morales. *Amsterdam*, 1686, 1 vol. in-4, en bon état.

88 Epitome Canonum Conciliorum, Historia omnium Conciliorum, collectore F. Gregorio de Rives, capucino. *Lugduni*, 1663, 1 vol. petit in-fol., en bon état.

89 Concilium Tridentinum ; 1 vol. p. f. *Lugd.*, 1701.

90 Id. id. *Parisiis*, 1646.

Liturgie.

91 Rationale divinorum officiorum à R. D. Gullielmo Durando Mimat. episc. *Lugduni*, 1574, 2 tomes en 1 vol. in-8.

92 Cæremoniale monasticum jussu et authoritate Capituli generalis congregationis S^{ti} Mauri editum. *Lutetiæ*, 1645, 1 vol. in-8.

93 Thesaurus sacrorum rituum, seu Commentaria in rubricas Missalis et Breviarii romani, auct. R. P. Gavanto. *Lugduni*, 1652, 2 tomes en 1 vol. in-4.

94 Le même ouvrage. *Lugd.*, 1669, 1 vol. in-4.

95 Manuductio sacerdotis ad primum ejus ac præcipuum officium, sive Explanatio sacro-sancti Missæ sacrificii juxtà romani Missalis præscriptum, auct. P. Herissonio. *Lugd.*, 1690, 1 vol. in-4.

96 Missa apostolica, seu Divinum sacrificium S. apostoli Petri græcè et latinè. *Lutetiæ*, 1595, 1 vol. in-8, parch.

97 Martyrologium romanum. *Parisiis*, 1613, 1 vol. in-fol. sans couverture.

98 Les Instructions du Rituel d'Alet. *Paris*, 1724, 1 vol. in-12.

99 Gabrielis Byel tam litteralis quàm mystica Expositio

sacri canonis Missæ. *Lugduni, in officinâ Joannis Crespin*; 1 vol. in-4, le titre manq. un côté de la couv. détaché.

Théologiens et Ascétiques.

100 Prælectiones theologicæ quas in scholis sorbonicis habuit Honoratus Tournely. *Parisiis*, 1725, 21 vol. in-8, reliés en veau, bien conservés.

101 Le même ouvrage (collection de 17 vol. formant des traités complets) ; 17 vol. in-8 bien conservés.

102 Prælectiones theologicæ Honorati Tournely de Ecclesiâ Christi. *Parisiis*, 1749, 2 vol. in-8, rel. parch. vert.

103 Institutiones theologicæ ad usum seminariorum, auct. Petro Collet. *Parisiis*, 1757, 5 vol. in-12.

104 Compendiosæ Institutiones theologicæ ad usum seminarii Pictaviensis. *Pictavii*, 1736, 4 vol. in-12.

105 Totius Theologiæ specimen ad usum Candidatorum studio et labore R. P. Pauli à Lugduno ; 6 vol. in-12.

Quatre exemplaires, dont un n'a que les 4 1ers vol.

106 Dictionnaire des cas de conscience, ou Décisions des plus considérables difficultés touchant la morale et la discipline ecclésiastique, par Jean Pontas. *Paris*, 1715, 2 vol. in-fol.

107 Le même. *Paris*, 1726, 3 vol. in-fol.

108 Le même. *Paris*, 1730, 3 vol. in-fol.

109 Le Dictionnaire des cas de conscience décidés suivant les principes de la morale, etc., par Mrs Delamet et Fromageau. *Paris*, 1733, 2 vol. in-fol., rel. veau.

Bien conservé ainsi que les précédents.

110 F^{ci} Sylvii Commentarius in 3^{am} partem Summæ S^{ti} Thomæ ; 1 vol. in-fol., le titre manque.

111 R. P. Raynerii de Pisis Pantheologia, sive Universa theologia ordine alphabetico distributa. *Lugduni*, 1655, 3 vol. in-fol.

112 Le même ouvrage, même édition ; 3 vol. in-fol.

113 R. P. Antonini Diana Resolutiones morales in tres partes distributæ. *Lugd.*, 1635, 1 vol. in-fol.

114 Le Théologien français; deux tomes en 1 vol. in-fol., le titre est déchiré.

115 Leonardi Lessii, S. J. Opuscula varia in unum corpus redacta. *Lutetiæ*, 1626, 1 vol. in-fol.

116 Le même ouvrage. *Lutetiæ*, 1637, 1 vol. in-fol.

117 Cursus theologicus in primam partem divi Thomæ, auct. R. P. à S^{to} Thomâ. *Genuæ*, 1654, 2 vol. in-fol.

118 La Somme théologique des vérités capitales de la Religion chrétienne, par le R. P. F^{ois} Garassus, S. J. *Paris*, 1625, 1 vol. in-fol., la couverture détachée.

119 R. P. de Salazar Defensio pro immaculatâ Deiparæ Virginis conceptione. *Coloniæ*, 1622, 1 vol. in-fol., reliure bonne, papier jauni.

120 Bonaventuræ Bonaventura et Thomas, seu Unica geminaque theologiæ summa ex SS. Thomæ et Bonaventuræ placitis concinnata, auct. R. P. Bonaventura. *Lugd.*, 1655, 1 vol. in-fol.

121 S^{ti} Thomæ Aquinatis Opuscula omnia. *Parisiis*, 1634, 1 vol. in-fol.

122 Le même ouvrage, même éd., 1 vol. in-fol.

123 Petri Berchorii Repertorium vulgò Dictionnarium morale. *Coloniæ*, 1620, 2 vol. in-fol., rel. bonne, papier jauni.

124 Divi Laurentii Justiniani protopatriarchæ Veneti Opera omnia. *Coloniæ*, 1616, 1 vol. in-fol.

125 Petri Venerabilis Clun. abb. Opera, titre à moitié déchiré. *Parisiis*, 1522, 1 vol. petit in-fol.

126 Idem opus, eadem editio.

127 Francisci Toleti, S. J. Instructio sacerdotum. *Lugduni*, 1657, 1 vol. in-8.

128 Stanislai Hosii Opera. *Lugduni*, 1564, 2 vol. in-8, le 1er sans couverture.

129 Confessio catholicæ fidei, auct. Stanislao Hosio. *Lugduni, ap. Guill. Rovillium*, 1562, 1 vol. in-8.

130 Petri Lombardi episcopi Parisiensis Sententiarum libri
IV. *Parisiis*, 1550, 1 vol, in-8.

131 Guillelmi Estii in quatuor libros sententiarum Commentaria. *Parisiis*, 1672, 2 vol. in-fol.

132 Alphonsi de Castro Zamorensi adversùs omnes hæreses libri XIV. *Coloniæ, ex officinâ Novesiani*, 1558, 1 vol. petit in-fol., sans couv.

133 Conférences théologiques et morales sur les commandements de Dieu et de l'Eglise et sur les sacrements à l'usage des missionnaires, par le R. P. Daniel. *Paris*, 1742, 6 vol. in-12.

134 Le même ouvrage, même édition.

135 Conférences ecclésiastiques de Paris sur l'usure et la restitution. *Paris*, 1724, 4 vol. in-12.

136 Conférences sur la morale, par l'auteur des conférences de Paris, les 2 1ers vol.; 2 vol. in-12.

137 Genève plagiaire, par le R. P. Pierre Coton, S. J., forésien. *Paris*, 1617, 1 vol. in-fol., reliure peluche en bon état, frontispice enlevé.

138 Hortus Pastorum sacræ doctrinæ floribus polymitus, auct. Jacobo Marchantio. *Lugd.*, 1662, 1 vol. in-fol.

139 Le même ouvrage, titre en partie déchiré; 1 vol. in-fol.

140 Les Vérités de l'Evangile, ou l'Idée parfaite de l'amour divin, par le R. P. Léandre. *Paris*, 1661, 2 v. in-fol.

141 De la Connaissance et de l'amour du Fils de Dieu, par le R. P. Jn -Bte Saint-Jure. *Paris*, 1633, 1 vol. in-fol., le titre manque.

142 Introduction au Symbole de la foi, ou Catéchisme du R. P. Louis de Grenade, trad. par le R. P. Simon Martin; 1655, 1 vol. in-fol., le titre manque.

143 Le même ouvrage, trad. par Nicolas Colin. *Paris*, 1607, 1 vol. in-4.

144 Le même ouvrage, trad. par M. Girard. *Paris*, 1661, 4 vol. in-4, en mauv. état.

145 Le même. *Paris*, 1687, 4 vol. in-4, dont il manque le 1er.

146 Traité de l'oraison et de la méditation, trad. de l'espagnol du R. P. Louis de Grenade, par M. Girard. *Paris*, 1664, 2 vol. in-8.

147 De la Sainteté et des devoirs de la vie monastique. *Paris*. 1683, 2 vol. in-4, bien conservés.

148 Traité de la vérité de la Religion chrétienne, par Abbadie. *Rotterdam*, 1711, 2 vol. in-12.

149 Le même ouvrage. *Rotterdam*, 1689, 3 vol. in-12, dont un doré s. tr.

150 Recueil historique et dogmatique sur l'origine, les progrès et les condamnations des erreurs de Baïus, Jansénius et Quesnel ; s. l., 1739, 1 vol. in-12.

151 Anti-Hexaples, ou Analyse des cent une propositions du Nouveau Testament de Quesnel, par le R. P. Paul de Lyon. *Lyon*, 1715, 2 vol. in-12.

152 Traité des dispenses en général et en particulier. *Paris*, 1746, 2 vol. in-12.

153 Exposition de la doctrine de l'Eglise catholique sur les matières de controverse, par Mre Jacques-Bénigne Bossuet. *Paris*, 1672, 1 vol. in-24.

154 La Doctrine curieuse des beaux esprits de ce temps combattue et renversée, par le R. P. F^{ois} Garassus. *Paris*, 1623, 1 vol. in-4.

155 Les Nouvelles et anciennes reliques de M. de Saint-Cyran. *A Melphe*, 1686, 1 vol. in-4.

156 La vie des Prédestinés dans la bienheureuse éternité, par le R. P. Rapin. *Paris*, 1684, 1 vol. in-12.

157 Traité de la vraie parole de Dieu, par le R. P. Maimbourg. *Paris*, 1671, 1 vol. in-12.

Sermons.

158 Homiliæ in omnia quæ per quadragesimam leguntur Evangelia, per F. Thomam Beauxamis. *Parisiis*, 1572, 1 vol. in-8.

159 Homiliæ catholicæ in universa christianæ religionis Arcana, — Item de sacris arcanis Deiparæ Mariæ et Jo-

sephi, auct. R. P. Joanne de Carthagena. *Parisiis*, 1616, 4 tomes en 3 vol. in-fol.

160 Sermones dominicales per totum annum qui *dormi securè*, vel *dormi sine curâ* meritò sunt nuncupati ; 1523, 1 vol. in-8.

161 Reverendi Patris Thomæ Reinæ, S. J. Quadragesimale. *Parisiis*, 1667, 1 vol. in-4.

162 Idem opus.

163 La Bibliothèque des Prédicateurs (contenant des plans de sermons sur toutes sortes de sujets), par le R. P. Vincent Houdry. *Lyon*, 1715, 21 vol. in-4.

164 Cours de sermons de l'abbé de Bretteville (contenant trois desseins sur chaque sujet); carême, 4 vol., dominicales, 2 vol. panégyriques, 2 vol. ; en tout 8 vol. in-8. *Paris*, 1692.

165 Les deux volumes de panégyriques du cours ci-dessus ; 2 vol. in-8.

166 Les mêmes ; 2 vol. in-8.

167 Sermons du P. Nicolas de Dijon (carême, dominicales, mystères, panégyriques et octaves) ; il manq. le 1er vol. des panégyriques et le 3e du carême ; 1686, 11 vol. in-8.

168 Sermons du P. Hubert de l'Oratoire pour le carême et sur différents sujets. *Paris*, 1725, 6 vol. in-12.

169 Sermons choisis sur les mystères, la vérité de la religion, différents sujets de morale, etc. (par M. Molinière). *Paris*, 1730, 11 vol. pour 14.

170 Prônes de Messire Claude Joly, évêque et comte d'Agen, sur différents sujets de morale. *Paris*, 1695, 4 vol. in-12.

171 Le même ouvrage. *Lyon*, 1715, 4 vol. in-8.

172 Sermons pour le carême, par le R. P. Dufay. *Lyon*, 1738, 4 vol. in-12.

173 Sermons du P. Terrasson pour le carême. *Paris*, 1726, 3 vol. in-12.

174 Sermons du P. de la Boissière pour le carême et autres sujets. *Paris*, 1738, 6 vol. in-12.

175 Sermons de Massillon pour le carême ; 1746, 4 vol. in-12 (le 4e est d'une édit. diff.)

176 Sermons de morale prêchés devant le Roi, par M. Fléchier. *Paris*, 1713, tomes 2 et 3, 2 vol. in-12.

Ouvrages divers.

177 Responsio apologetica adversus Anticotoni et sociorum criminationes. *Lugd., Cardon*, 1611, 1 vol. in-12, parch.

178 Réponse à l'Anticoton de point en point, etc.; broch. in-12, le titre manque.

179 Discours à lire au conseil en présence du Roi, par un ministre patriote, sur le projet d'accorder l'état civil aux protestants. *Paris*, 1787, 1 vol. in-8, broch.

180 De l'Action de Dieu sur les créatures, traité dans lequel on prouve la prémotion physique par le raisonnement. *Paris*, 1713, 5 vol. in-12 pour 6 ; le 3ᵉ manq.

181 Histoire et analyse du livre de l'Action de Dieu ; Opuscules de M. Boursier relatifs à cet ouvrage, etc. ; s. l., 1755, 3 vol. in-12.

182 Summa angelica R. P. Angeli de Clavasio. *Parisiis*, 1519, 1 vol. in-8, goth. rel. gauff.

2° JURISPRUDENCE.

Droit-Canon.

183 Corpus juris canonici emendatum et notis illustratum Gregorii XIII jussu editum. *Parisiis*, 1618, 1 vol. in-fol., un côté de la couverture détaché.

184 Decretum Gratiani emendatum et notationibus illustratum, unà cum glossis. *Lugd.*, 1613, 1 vol. in-fol.

185 Decretales D. Gregorii Papæ IX, cum glossis. *Lugduni*, 1613, 1 vol. in-fol.

186 Idem opus ; 1533, 1 vol. in-4, goth.

187 Liber sextus Decretalium D. Bonifacii Papæ VIII, Clementis papæ V Constitutiones, etc. cum glossis. *Lugduni*, 1613, 1 vol. in-fol.

188 Les Loix ecclésiastiques de France dans leur ordre naturel, par M. Louis de Héricourt, avocat au parlement. *Paris*, 1743, 1 vol. in-fol., rel. veau en bon état.
189 Le même ouvrage. *Paris*, 1730, 1 vol. in-fol.
190 Abrégé du Recueil des actes, titres et mémoires concernant les affaires du clergé de France. *Paris*, 1752, 1 vol. in-fol., rel. veau, en bon état.
191 Juris canonici theoria et praxis, auct. J. Cabassutio. *Lugduni*, 1678, 1 vol. in-4.
192 Idem opus. *Lugd.*, 1691, 1 vol. in-4.
193 De Jure abbatum, etc., auth. Tamburino. *Lugd.*, tomi 1us et 3us, 2 vol. in-fol.
194 J. Nic. de Tudeschis abbatis siculi Lectura super 3° Decretalium. *Papiæ, impressa per Franciscum de Girardenchis*, 1 vol in-fol. 15° s., bien conservé.
195 Concordata inter SS. Papam Leonem X et Regem Franciscum I cum glossis; 1535, 1 vol. in-8, goth.
196 Pragmatica Sanctio cum glossis Cosmæ Gueymier. *Parisiis*, 1532, 1 vol. in-8, goth.

Droit civil.

197 Digestum vetus cum glossis; s. d., 1 vol. gr. in-fol., goth. a été mouillé.
198 Codex Justiniani cum glossis; s. l. n. d., 1 vol. gr. in-fol., goth. a été mouillé.
199 Codex Justiniani cum notis Dionysii Gothofredi. *Sumptibus Joan. Vignon et Ant. Hierat*, 1604, 1 vol. in-4.
200 Antonii Perezii J. C. Institutiones imperiales erotematibus distinctæ. *Augustoriti Pictonum*, 1737, 1 v. in-12.
201 Corpus Juris civilis. *Aureliopoli*, 1604, 1 vol. in-4.
202 Idem. *Coloniæ*, 1614, 2 vol. in-4.
203 Les Basiliques, ou Edicts et Ordonnances des roys de France, par Nicolas Frerot. *Paris*, 1611, 1 vol. in-fol.
204 Les Loix civiles dans leur ordre naturel. *Paris*, 1691, 4 vol. in-4, rel. en v. en bon état.

205 Institution au droit françois, par M. Argou. *Paris*, 1753, 2 vol. in-12.
206 Recueil de jurisprudence civile du pays de droit écrit et coutumier, par M. Guy du Rousseaud de la Combe. *Paris*, 1753, 1 vol. in-fol., rel. en v. b. cons.
207 Recueil d'aucuns notables arrêts du parlement, par le sieur Louet ; 1 vol. in-fol., le titre manq.
208 Journal des principales audiences du parlement, par J. Dufresne. *Paris*, 1652, 1 vol. in-fol.
209 Le même ouvrage, même édition ; 1 vol. in-fol.
210 Les Œuvres de M. Ant. Despeisses. *Lyon*, 1660, 3 vol. in-fol.
211 La Science parfaite des notaires, par Cl. de Ferrières. *Paris*, 1692, 1 vol. in-4.
212 Mémoire de M. de la Bourdonnais. *Paris*, 1650, 1 vol. in-4, rel. v.
213 Mémorial alphabétique des choses concernant la justice, la police et les finances de France pour les gabelles et cinq grosses fermes, par le sieur Bellet-Verrier. *Paris*, 1714, 1 vol. in-8.
214 Praticiens françois ; trois exemplaires, diverses éd.

3° SCIENCES ET ARTS.

Philosophie et Politique.

215 Cursûs philosophici thomistici Pars 2ª, auct. R. P. Joanne à Sto Thomâ. *Colon. Agr.*, 1638, 2 vol. in-4.
216 Chrysostomi Javellii Opera philosophica. *Lugduni*, 1651, 1 vol. in-fol.
217 Institutiones ad naturalem et christianam philosophiam maximè verò ad scholasticam theologiam, etc., auct. Joanne Viguerio. *Lugd.*, 1571, 1 vol. in-fol.
218 Variorum Commentarii in Aristotelis Logicam ; 1 vol. in-4, 16ᵉ s., les 1ᵉʳˢ et dᵉʳˢ feuillets manq.
219 Philosophia ad usum Scholæ accommodata, auct. Dagoumer. *Parisiis*, 1703, 4 vol. in-12.

220 Philosophus in utramque partem cum responsionibus, auct. Laurentii Duhan. *Parisiis,* 1747, 1 vol. in-12.

221 Duplex commentatio in Boetium de consolatione philosophicâ. *Lugd.,* 1505, 1 vol. in-4.

222 Divers traités d'Aristote, traduction latine ; 9 vol. in-4, reliure mauv.

223 Collegii complutensis et collegii conimbricensis Commentaria in Aristotelem ; 6 vol. in-4, dépareillés.

224 Essai philosophique concernant l'entendement humain, trad. de l'anglais de Locke, par Pierre Coste. *Amsterdam,* 1723, 1 vol. in-4, cartonné.

225 Académie du sieur de la Primaudaye ; 1 vol. in-fol., le titre manque, rel. parch.

226 Discours sur la Méthode, plus la Dioptrique et les Météores, par René Descartes. *Paris,* 1668, 1 vol. in-4.

227 L'Usage des Passions, par le R. P. Senault, S. J.; 1 vol. in-12, deux exemplaires.

228 L'Art de connaître les hommes, par M. de la Chambre ; 1re partie. *Paris,* 1660, 1 vol. in-8.

229 Les Essais de Montaigne ; 1 vol. in-4, le titre manq.

230 Projet d'une dixme royale remplaçant tous les autres impôts, par le maréchal de Vauban ; 1708, 1 vol. in-12.

231 Le même ; le titre manque.

232 Testament politique de Louvois (par Gatien de Courtilz). *Cologne,* 1695, 1 vol. in-12.

233 Compte-rendu au roi, par M. Necker. *Paris,* 1781, 1 vol. in-4.

234 Id. id.

Sciences diverses.

235 Dictionnaire portatif encyclopédique (abrégé de l'Encyclopédie). *Paris,* 1760, 5 vol. in-8 pour 8, le 1er, le 6e et le 7e manq. sans couvertures.

236 Les Entretiens physiques d'Ariste et d'Eudoxe, par le P. Regnault, S. J. *Paris,* 1732, 4 vol. in-12.

237 Ptolomæus Parvus in genethliacis junctus arabibus Andreæ Argoli *Lugduni*, 1632, 1 vol. in-4.

238 Ephemerides Andreæ Argoli a Talliacozzo, ab anno 1621 usque ad annum 1640; 1 vol. in-4.

239 Les Instructions militaires du sieur de Billon ; 1 vol. in-fol. parch., le titre manq.

240 Mineralogia, sive naturalis Philosophiæ Thesauri, auct. Bernardo Cæsio. *Lugduni*, 1636, 1 vol. in-fol.

241 Instructions pour les jardins fruitiers et potagers , par M. de la Quintinie. *Paris*, 1690, 2 vol. in-4.

242 Mémoires de M. le marquis de Feuquières, contenant ses maximes sur la guerre et l'application des exemples aux maximes. *Londres*, 1740, 4 vol. in-12.

4° BELLES-LETTRES.

243 Nicolai Caussini Rhetorica. *Lugduni*, 1643, 1 vol. in-4.

244 Idem opus ; 1657, 1 vol. in-4, couverture raccornie.

245 Idem opus. *Parisiis*, 1623, 1 vol. in-4, en bon état.

246 Quintiliani Institutiones oratoriæ ; 1 vol. in-4, caractères aldins, couv. parch., les 1ers et d^{ers} feuillets manq.

247 Ciceronis Opera rhetorica. *Lugd.*, 1588, 1 vol. in-32.

248 Grammatica hebraica, auct. Roberto Bellarmino. *Neapoli*, 1822, 1 vol. in-8.

249 Eadem, eodem auct. *Coloniæ*, 1616.

250 Eadem, auct. Mayr. *Lugd.*, 1622.

251 Eadem, titre déchiré.

252 Sept dictionnaires latins et grecs en mauvais état.

253 Laurentii Valle de Elegantiis linguæ latinæ opus ascensianis epitomatis illustratum. *Parrhisiis*, 1519, 1 vol. p. in-fol.

254 La Rhétorique de Cicéron, ou les Trois livres du dialogue de l'orateur trad. en françois. *Lyon*, 1691, 1 vol. in-12.

255 De Arte rhetorica, auct. R. P. de Colonia. *Lugd*, 1728, 1 vol. in-12.

256 Ciceronis Opera. *Lugd.*, 1616, 2 vol. in-8 en m. état.
257 Menagiana, ou les Bons-Mots de M. Ménage. *Paris*, 1729, 2 vol. in-12.
258 Histoire de l'Académie royale des Inscriptions et Belles-Lettres, avec les Mémoires de littérature tirés des registres de cette académie. *Paris*, 1769, 74 vol. in-12.
259 Antiquarum lectionum Vindicis Ceselii Commentaria, per Cælium Rhadiginum reparata, etc. *Parrhisiis, in œdibus Jodoci Badii*, 1517, 1 vol. in-fol.
260 Les OEuvres de messire Guillaume du Vair. *Paris*, 1625, 1 vol. in-fol.
261 Le même ouvrage. *Rouen*, 1614, 1 vol. in-8, parch.
262 Les Délices de l'esprit, par J. Desmarests. *Paris*, 1658, 1 vol. in-fol.
263 Caii Sollii Sidonii Apollinaris Opera. *Parisiis*, 1609, 1 vol. in-4.
264 Des. Erasmi Adagiorum Chiliades. *Aureliæ*, 1606, 1 v. in-fol.
265 Idem opus. *Lugd., ap. Gryph.*, s. couv. les 1ers feuill. manquent.
266 Les Tableaux de Philostrate, trad. par Vigenère; 2 vol. in-4, le titre manq.
267 OEuvres diverses du sieur Despréaux. *Paris*, 1674, 1 v. in-4.
268 Apophtegmata ex probatis græcæ latinæque linguæ scriptoribus à Conrado Lycosthene collecta. *Lugd.*, 1602, 1 vol. in-8, en mauv. état.
269 Relation contenant l'histoire de l'Académie française. *Paris*, 1653, 1 vol. in-8.
270 Observations sur la nouvelle édition des Mémoires de M. le duc de Sully. *La Haye*, 1747, 1 vol. in-12.
271 Reverendi Patris magistri Petri Lavinii in Metamorphosin Ovidii tropologicæ Enarrationes. *Lugd., ap. Mareschal*, 1524, 1 vol. in-4, goth.
272 Bibliotheca Scriptorum ordinis capucinorum, auct. F. Dionysio Genuensi. *Genuæ*, 1691, 1 vol. in-4, parch.

273 De Scriptoribus ecclesiasticis liber unus, auct. Roberto card. Bellarmino. *Lugduni, Cardon*, 1613, 1 v. in-4, parch.

274 Le même ouvrage, la moitié du titre déchirée.

275 Auli Gellii Noctium atticarum libri undeviginti. *Parrhisiis, in œdibus Jodoci Badii*, 1524, 1 v. in-fol., parch.

276 Idem opus. *Lugd., ap. hæredes Gryphii*, 1560, 1 vol. in-8.

277 Macrobii in somnium Scipionis libri II, etc. *Lugd., ap. Theobaldum Paganum*, 1560, 1 vol. in-8.

278 Joannis de Bussières, S. J., Scanderbergus Poema. *Lugd.*, 1658, 1 vol. in-12.

279 Joan. Pierii Valeriani Hieroglyphica, seu de sacris Ægyptiorum aliarumque gentium litteris Commentarii. *Lugduni*, 1610, 1 vol. in-fol.

280 Polyanthea cum additionibus; 1 vol. in-fol., les derniers feuillets manq.

5° HISTOIRE.

Histoire religieuse.

281 Histoire du Peuple de Dieu, depuis son origine jusqu'à la la naissance du Messie, par le R. P. Berruyer, S. J. *Paris*, 1742, 10 vol. in-12.

282 Histoire du Peuple de Dieu, depuis la naissance du Messie jusqu'à la fin de la Synagogue, par le même. *La Haye*, 1753, 6 vol. in-12.

283 Annales sacri, auct. Henrico Spondano; 1 vol. in-fol., le frontisp. m.

284 Annualium ecclesiasticorum Baronii Continuatio, per Henricum Spondanum. *Lutetiæ*, 1659, 2 vol. in-fol., frontisp. gravé.

285 Annualium ecclesiasticorum Baronii Epitome, per Henricum Spondanum ; 2 vol. in-fol., le titre m.

286 L'Histoire ecclésiastique nommée Tripartite, suivie de celle de Nicéphore Calliste. *Paris*, 1587, 2 vol. in-8.

287 Histoire ecclésiastique, par M. l'abbé Fleury jusqu'en 1545. *Paris*, 1722 et suiv., 28 vol. in-4.

<small>Cet exemplaire pourrait être porté à 33 vol. au moyen des cinq d^{ers} de l'édition in-12, dont les volumes coïncident parfaitement avec l'in-4.</small>

288 Même ouvrage, édition in-12, jusques et compris le 34e vol., le 8e manq. le 2e et le 22e sont d'une édition et rel. différentes ; 33 vol. in-12.

289 Mémoires chronologiques et dogmatiques pour servir à l'histoire ecclésiastique, depuis 1600 jusqu'en 1716. *Paris*, 1723, 4 vol. in-12.

290 Mémoires historiques présentés au Souverain Pontife Benoit XIV, sur les missions des Indes-Orientales (relatifs aux démêlés survenus entre les Jésuites et les Dominicains, au sujet des cérémonies chinoises, par le R. P. Norbert. *Lucques*, 1744, 2 vol. in-4.

291 Le même ouvrage. *Lucques*, 1744, 2 vol. in-4.

292 Table chronographique de l'estat du Christianisme, depuis la naissance de J.-C., jusques à l'année 1625, par Jacques Gauthier, S. J.; 1626, 1 vol. in-fol.

293 Le même ouvrage, sans couverture ; 1613, 1 vol. in-fol.

294 Histoire des Empereurs et des autres Princes qui ont régné durant les six premiers siècles de l'Eglise, par M. Lenain de Tillemont. *Paris*, 1690, 4 vol. in-4.

295 Platinæ de vitis Pontificum Historia ; 1 vol. in-fol., le titre m.

296 La vie du Pape Sixte V, traduite de l'italien de Grégoire Leti ; 2 vol. in-12.

297 La vie de saint Athanase, patriarche d'Alexandrie, qui comprend l'histoire de plusieurs autres saints, par M. Godefroy Hermant. *Paris*, 1679, 2 vol. in-8.

298 Histoire de la naissance, progrès et décadence de l'hérésie de ce siècle, par M. Florimond de Remond. *Rouen*, 1618, 1 vol. in-4.

299 Histoire de l'Eglise gallicane, par le R. P. Jacques de Longueval, S. J. *Nîmes*, 1782, 17 vol. in-12 pour 18, le 15e manq., en bon état.

300 Les Religions du Monde, par Alexandre Ross; 1668, 1 vol. in-4.
301 Histoire des Chevaliers de Malthe, par M. l'abbé de Vertot. *Paris*, 1737, 5 vol. in-12.
302 Le même ouvrage. *Lyon*, 1779, 6 vol. in-12.
   Le 6ᵉ vol. d'une édition différente contient les statuts de l'Ordre.
303 Histoire des Chevaliers de l'ordre de St-Jean de Jérusalem, par Baudouin; 1 vol. in-fol., avec fig., le titre manque ainsi que quelques feuillets à la fin.
304 Histoire du royaume du Tonquin et des grands progrès que l'Evangile y a faits de 1627 à 1646, par le R. P. de Rhodes. *Lyon*, 1651, 1 vol. in-4.
305 De l'Estat de l'Eglise avec le discours des temps, depuis les apôtres, sous Néron, jusques à présent sous Charles V, l'an 1556, 1 vol. in-8.

Histoire civile.

306 Tractatus chronologicus, auct. F. Aurelio à Genua. *Genuæ*, 1712, 1 vol. in-4.
307 Le Nouveau Théâtre du monde, contenant les états, empires, etc. *Paris*, 1644, 1 vol. in-fol.
308 Le même ouvrage; 1 vol. in-4, le titre manque.
   Le titre du dos est : *Histoire du Monde.*
309 Géographie historique, ecclésiastique et civile, par Dom Vaissette. *Paris*, 1755, 12 vol. in-12.
310 Le Dictionnaire de Moreri avec les suppléments. *Paris*, 1732, 10 vol. in-fol.
311 Le même ouvrage. *Nancy*, 1740, 4 vol. in-fol. pour 6; le 1ᵉʳ et le 3ᵉ manq.
312 Le Voyage de France, par le sieur du Verdier, historiographe du Roy. *Paris*, s. d., 1 vol. in-8, parch.
313 Les Histoires d'Hérodote, mises en françois par Pierre Du Ryer. *Paris*, 1645, 1 vol. in-fol.
314 Antiquitatum romanarum Corpus, auct. Rosino. *Coloniæ All.*, 1613, 1 vol. in-4.

315 T. Livii Patavini historiarum lib. xxxv recensuit J. B. L. Crevier. *Parisiis*, 1748, 6 vol. in-12.

316 Ammiani Marcellini rerum gestarum libri xviii. *Hamburgi*, 1609, 1 vol. in-4, sans couverture.

317 Historiæ Augustæ Scriptores. *Parisiis*, 1603, 1 vol. in-4, parch.

318 L'Histoire de Tacite, ou la suite des Annales. *Paris*, 1651, 1 vol. in-8, parch.

319 Officinæ Ravisii Textoris epitome. *Aureliæ All.*, 1626, 1 vol. in-8.

320 Idem opus. *Parisiis*, 1575, 1 vol. in-8.

321 Crispi Sallustii de Catilinæ conspiratione et bello jugurthino Historia. *Lugd., ap. Sebastianum Gryphium*, 1536, 1 vol. in-8.

322 Caii Julii Cæsaris Commentaria. *Lugduni, ap. Gryphium*, 1 vol. in-8, le titre manq.

323 Vita Sullæ græcè, auct. Plutarcho Chæroneo; ejusdem Vita Sertorii, 1 vol. in-12.

324 Xenophontis Cyripædiæ libri quatuor priores græcè. *Parisiis, in officinâ Wechel*, 1538, 1 vol. in-4.

325 Histoire de la décadence de l'empire grec et establissement de celui des Turcs, par Chalcondyle, trad. par Blaise de Vigenère. *Rouen*, 1660, 1 vol. in-fol.

326 Histoire moderne des Chinois, des Japonais, des Russes, etc.; les 16 1ers vol. moins le 14e. *Paris*, 1755, 15 vol. in-12.

327 Histoire philosophique et politique des établissements et du commerce des Européens dans les deux Indes, par M. Raynal. *Amsterdam*, 1772, 7 vol. in-12.

328 Le même ouvrage en 10 vol., dont manquent les 2e, 4e et 6e. *Genève*, 1780, 7 vol. in-12.

329 Abrégé de l'histoire de ce siècle de fer, par J. de Parival. *Bruxelles*, 1661, 1 vol. in-12.

330 Histoire de France, par Scipion Dupleix, jusqu'au règne de Louis XIII; 6 vol. in-fol., en mauvais état.

331 Histoire de France, par Velly Villaret et Garnier. *Paris*, 1764, 27 vol. in-12.

332 Histoire généalogique et chronologique de la Maison royale de France et des Grands Officiers de la couronne, par le R. P. Anselme, 3ᵉ édit. *Paris*, 1726, 9 vol. in-fol.

333 Le même ouvrage (ancienne édition en 2 vol.) 2 vol. in-fol.

334 Histoire de François Iᵉʳ, par M. Gaillard. *Paris*, 1766, 7 vol. in-12.

335 Recherches pour servir à l'histoire de Lyon, ou les Lyonnais dignes de mémoire (par l'abbé Pernetti). *Lyon*, 1757, 2 vol. in-12.

336 Mémoires de Marguerite de Valois; 1 vol. in-12, le titre manque.

6° OUVRAGES DIVERS.

337 150 vol. dépareillés ou hors de service, de différents formats.

338 12 cartes géographiques incomplètes.

FIN.

TABLE DES CHAPITRES

PREMIÈRE PARTIE. — Théologie.

		Pages.
Chapitre Ier.	Ecriture sainte.	1
Chapitre II.	Saints-Pères.	17
Chapitre III.	Conciles, Droit-Canon, Liturgie.	26
Chapitre IV.	Théologie proprement dite.	37
Appendice a la première partie.	Œuvres complètes, Ouvrages divers.	80

DEUXIÈME PARTIE. — Jurisprudence.

| Chapitre Ier. | Droit-Canon. | 28 |
| Chapitre II. | Droit civil. | 83 |

TROISIÈME PARTIE. — Sciences et Arts.

Chapitre Ier.	Sciences philosophiques.	97
Chapitre II.	Sciences naturelles.	122
Chapitre III.	Sciences mathématiques.	134
Chapitre IV.	Arts.	139
Appendice a la troisième partie.	Recueils encyclopédiques, Ouvrages divers.	146

QUATRIÈME PARTIE. — Belles-Lettres.

Chapitre Ier.	Préceptes.	149
Chapitre II.	Œuvres littéraires.	160
Chapitre III.	Histoire littéraire.	185

CINQUIÈME PARTIE.	Histoire.	
PREMIÈRE DIVISION.	HISTOIRE EN GÉNÉRAL.	
CHAPITRE Ier.	Préliminaires.	191
CHAPITRE II.	Histoire proprement dite.	200
CHAPITRE III.	Compléments historiques.	225
DEUXIÈME DIVISION.	HISTOIRE DE FRANCE.	
CHAPITRE Ier.	Préliminaires.	231
CHAPITRE II.	Histoire proprement dite.	233
CHAPITRE III.	Compléments historiques.	244
TROISIÈME DIVISION.	HISTOIRE LOCALE.	
CHAPITRE UNIQUE.	Histoire du Lyonnais, Forez et Beaujolais.	253
SIXIÈME PARTIE.	Polygraphie.	
CHAPITRE UNIQUE.	OEuvres, Lettres, Dialogues, Recueils.	259
SEPTIÈME PARTIE.	Manuscrits.	271
HUITIÈME PARTIE.	Ouvrages doubles.	279

FIN DE LA TABLE.

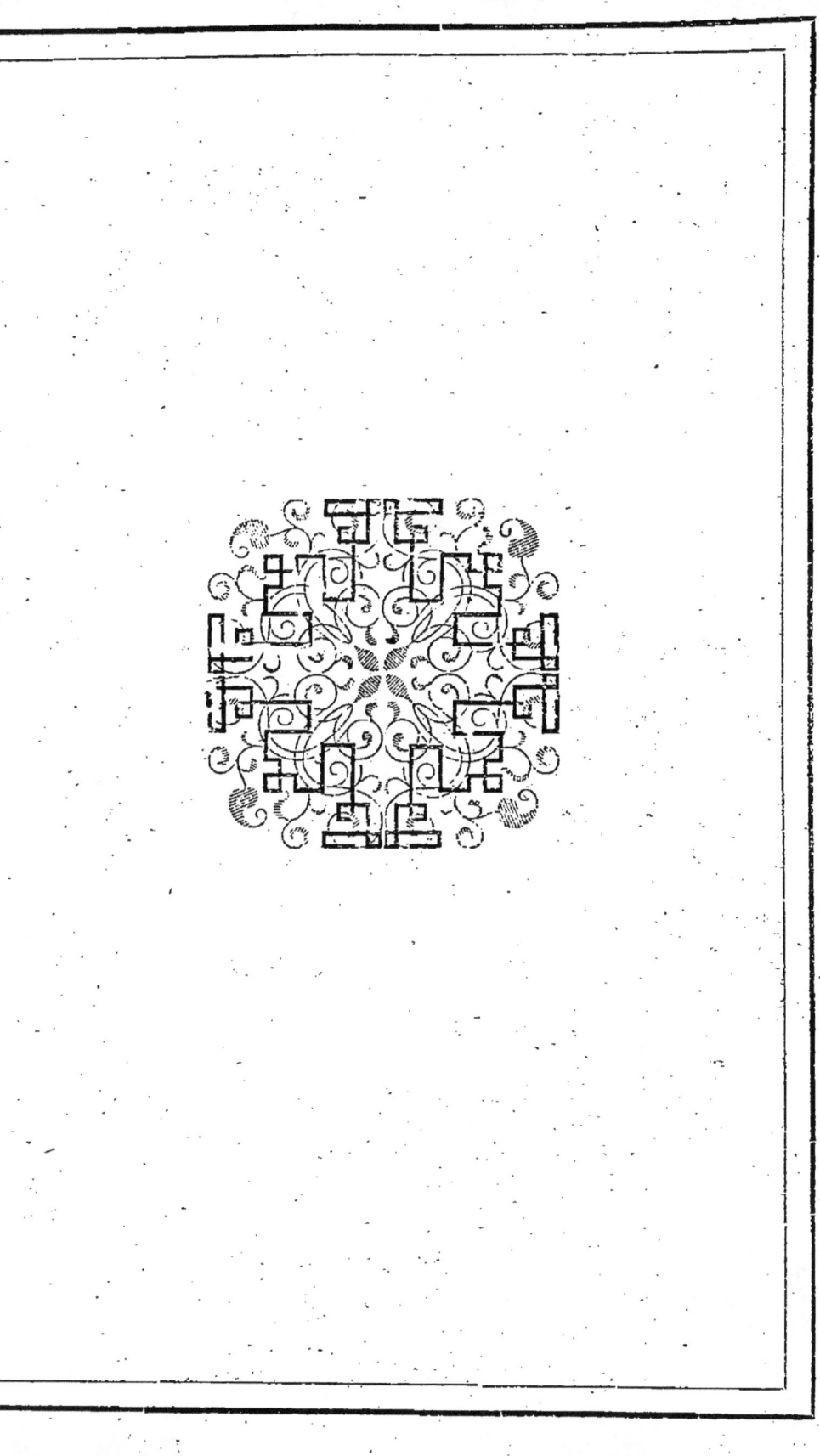

www.ingramcontent.com/pod-product-compliance
Lightning Source LLC
Chambersburg PA
CBHW071244160426
43196CB00009B/1156